5ª CONFERÊNCIA ANUAL DE DIREITO URBANÍSTICO INTERNACIONAL & COMPARADO

Artigos selecionados

Lilian Regina Gabriel Moreira Pires
Geeta Tewari
Coordenadoras

Prefácio
Felipe Chiarello

5ª CONFERÊNCIA ANUAL DE DIREITO URBANÍSTICO INTERNACIONAL & COMPARADO

Artigos selecionados

Belo Horizonte

FÓRUM
CONHECIMENTO JURÍDICO
2020

© 2019 Editora Fórum Ltda.

É proibida a reprodução total ou parcial desta obra, por qualquer meio eletrônico, inclusive por processos xerográficos, sem autorização expressa do Editor.

Conselho Editorial

Adilson Abreu Dallari
Alécia Paolucci Nogueira Bicalho
Alexandre Coutinho Pagliarini
André Ramos Tavares
Carlos Ayres Britto
Carlos Mário da Silva Velloso
Cármen Lúcia Antunes Rocha
Cesar Augusto Guimarães Pereira
Clovis Beznos
Cristiana Fortini
Dinorá Adelaide Musetti Grotti
Diogo de Figueiredo Moreira Neto (in memoriam)
Egon Bockmann Moreira
Emerson Gabardo
Fabrício Motta
Fernando Rossi
Flávio Henrique Unes Pereira

Floriano de Azevedo Marques Neto
Gustavo Justino de Oliveira
Inês Virgínia Prado Soares
Jorge Ulisses Jacoby Fernandes
Juarez Freitas
Luciano Ferraz
Lúcio Delfino
Marcia Carla Pereira Ribeiro
Márcio Cammarosano
Marcos Ehrhardt Jr.
Maria Sylvia Zanella Di Pietro
Ney José de Freitas
Oswaldo Othon de Pontes Saraiva Filho
Paulo Modesto
Romeu Felipe Bacellar Filho
Sérgio Guerra
Walber de Moura Agra

Luís Cláudio Rodrigues Ferreira
Presidente e Editor

Coordenação editorial: Leonardo Eustáquio Siqueira Araújo
Aline Sobreira de Oliveira

Av. Afonso Pena, 2770 – 15º andar – Savassi – CEP 30130-012
Belo Horizonte – Minas Gerais – Tel.: (31) 2121.4900 / 2121.4949
www.editoraforum.com.br – editoraforum@editoraforum.com.br

Técnica. Empenho. Zelo. Esses foram alguns dos cuidados aplicados na edição desta obra. No entanto, podem ocorrer erros de impressão, digitação ou mesmo restar alguma dúvida conceitual. Caso se constate algo assim, solicitamos a gentileza de nos comunicar através do e-mail editorial@editoraforum.com.br para que possamos esclarecer, no que couber. A sua contribuição é muito importante para mantermos a excelência editorial. A Editora Fórum agradece a sua contribuição.

Dados Internacionais de Catalogação na Publicação (CIP) de acordo com a AACR2

Q7	5ª Conferência Anual de Direito Urbanístico Internacional & Comparado: artigos selecionados / Lilian Regina Gabriel Moreira Pires, Geeta Tewari (Coord.). – Belo Horizonte : Fórum, 2020. 234p.; 14,5cm x 21,5cm ISBN: 978-85-450-0706-7 1. Direto Urbanístico. 2. Arquitetura. 3. Urbanismo. I. Pires, Lilian Regina Gabriel Moreira. II. Tewari, Geeta. III. Título. CDD: 341.374 CDU: 349.44

Elaborado por Daniela Lopes Duarte – CRB-6/3500

Informação bibliográfica deste livro, conforme a NBR 6023:2018 da Associação Brasileira de Normas Técnicas (ABNT):

PIRES, Lilian Regina Gabriel Moreira; TEWARI, Geeta (Coord.). 5ª Conferência Anual de Direito Urbanístico Internacional & Comparado: artigos selecionados. Belo Horizonte: Fórum, 2020. 234p. ISBN 978-85-450-0706-7.

SUMÁRIO

PREFÁCIO
Felipe Chiarello 11

INTRODUÇÃO
Nestor M. Davidson, Geeta Tewari 13

A CRISE NA AUTONOMIA MUNICIPAL EM FACE DO FATO METROPOLITANO: PROBLEMA LEGAL OU POLÍTICO?
Antônio Cecílio Moreira Pires, Raisa Reis Leão 15
1 Introdução 15
2 O interesse regional dos Estados *versus* o interesse local dos Municípios à luz do fato metropolitano 16
3 O fato metropolitano e a realidade dos municípios brasileiros: autonomia jurídica e dependência financeira 18
   Conclusão 20
   Referências 21

MOBILIDADE URBANA E O DESAFIO NA REGIÃO METROPOLITANA
Lilian Regina Gabriel Moreira Pires, He Nem Kim Seo 23
   Da urbanização para a metropolização 23
   Instituição da região metropolitana 25
   A competência para prestação do serviço público de transporte coletivo de passageiros intermunicipal 27
   Reflexos das decisões relativas à prestação de serviço de transporte de passageiro em municípios integrantes de regiões metropolitanas 30
   Conclusão 31
   Referências 32

O PROBLEMA UBER EM SÃO PAULO: DESAFIOS À GOVERNANÇA URBANA EXPERIMENTAL
Pedro C. B. de Paula, Rafael A. F. Zanatta 35
   Introdução 35

1	Da regulação dos transportes à governança urbana no Brasil: uma breve revisão	39
A	A construção da regulação do transporte privado em São Paulo	40
B	Mobilidade urbana, governança urbana e empresas de redes de transporte	44
2	O problema do Uber em São Paulo: enxergar as TNCs através das lentes urbanas	48
A	O processo de regulação: aprendendo com experiências anteriores	49
B	Uso de mecanismos de mercado e análise de dados para promover a justiça social	53
C	O desenho institucional do regulamento e o papel do CMUV	57
D	Indo além dos passeios sob demanda: serviços de compartilhamento de bicicletas	62
E	Desafios legais ao experimentalismo local	64
	Conclusão	67
	Referências	68

PRINCÍPIO DA RESERVA DE PLANO: COMENTÁRIOS AO ACÓRDÃO DO RECURSO EXTRAORDINÁRIO Nº 607.940/DF

Vinícius Monte Custodio		71
	Introdução	71
1	Competências constitucionais em matéria de Direito Urbanístico	73
2	Análise da Lei Complementar Distrital nº 710/2005	76
3	O Princípio da Reserva de Plano	81
	Conclusão	88
	Referências	89

POR UM DIREITO URBANÍSTICO CRÍTICO A PARTIR DO SUL GLOBAL: ENSAIO EXPLORATÓRIO A PARTIR DO CASO DE SÃO PAULO, BRASIL

Julia de Moraes Almeida, Gabriel Antonio Silveira Mantelli		93
	Introdução	93
1	Neoliberalismo entre o estado e o urbano	94
2	Um prefeito *empreendedor*: o caso de São Paulo (2017-2018)	95
3	O que significa pensar criticamente o direito urbanístico a partir do sul global?	98
	Conclusão	99
	Referências	100

LÁ E DE VOLTA OUTRA VEZ: QUESTÕES ENVOLVENDO LEIS DE ZONEAMENTO DE SÃO PAULO

Rodrigo Oliveira Salgado, Beatriz Sakuma Narita 103

    Introdução 103

1   Planejamento e zoneamento em conjunto com as políticas de financiamento imobiliário 104

a)   Sistema Financeiro de Habitação e a política urbana na ditadura militar 104

b)   Empréstimo de crédito imobiliário na política habitacional 109

2   O zoneamento é o plano 113

a)   O início do zoneamento em São Paulo 113

b)   O cenário da ditadura: o Plano Diretor de Desenvolvimento Integrado e a Lei Geral de Zoneamento – 1971-72 116

c)   O Plano Diretor Estratégico e a Lei de Parcelamento, Uso e Ocupação do Solo (LPUOS) – 2014 e 2016 119

3   Mudanças nas leis de zoneamento como instrumento de cooptação do interesse público pelo interesse do mercado imobiliário 122

a)   As mudanças na Lei de Zoneamento de 1972 122

b)   As mudanças na Lei de Zoneamento de 2016 123

    Conclusão 128

    Referências 130

GENTRIFICAÇÃO *VS* MORADIA ACESSÍVEL: É POSSÍVEL TER MUDANÇAS REAIS E POSITIVAS EM UM BAIRRO SEM O DESLOCAMENTO DOS RESIDENTES DE BAIXA RENDA?

Antonio Cecílio Moreira Pires, Igor Baden Powell Mendes Rosa 133

    Introdução 133

    Moradia acessível: uma solução possível à gentrificação 139

    Habitação de Interesse Social (HIS) 141

    Cota solidariedade 142

    Aluguel social 143

    Conclusão 147

    Referências 147

A REGULARIZAÇÃO FUNDIÁRIA EM ÁREAS DE PRESERVAÇÃO PERMANENTE E OS COMPROMISSOS EM ADAPTAÇÃO CLIMÁTICA ASSUMIDOS PELO BRASIL EM SUA iNDC: AVANÇOS OU RETROCESSOS?

Mariana Mencio, Debora Sotto 149

    Introdução 149

1	A iNDC Brasileira e as ações nacionais, regionais e locais de mitigação	150
2	As cidades e o Plano Nacional de Adaptação: aspectos gerais	153
3	O papel estratégico da regularização dos assentamentos informais urbanos no PNA	154
4	As Áreas de Preservação Permanente (APPs) e a adaptação climática	155
5	Assentamentos informais em APPs – Colocação do problema	156
6	A regularização fundiária em APPs como *supressão legal de vegetação* – Quadro normativo de 1965 a 2006	157
7	A regularização fundiária em APPs como consequência do direito constitucional à moradia – Lei Federal nº 11.977/2009	158
8	A Medida Provisória nº 759/2016 e a Lei Federal nº 13.465/2017 – A regularização fundiária como instrumento indutor de desenvolvimento econômico – Inconstitucionalidades	161
9	Considerações finais	163
	Referências	164

POLÍTICA PÚBLICA NA RECEPÇÃO DE MIGRANTES E REFUGIADOS NO BRASIL – CRAI (CENTRO DE REFERÊNCIA E ASSISTÊNCIA AO IMIGRANTE NA CIDADE DE SÃO PAULO)

Lilian Regina Gabriel Moreira Pires, Victor Vieira Abecia Vicuña		167
	Introdução	167
	Brasil e o indivíduo estrangeiro	170
	Proteção e estrutura aos direitos humanos	172
	Defensoria Pública e seu desenho institucional	174
	CRAI – Fruto da política pública municipal para migrantes	175
	Conclusão	178
	Referências	180

AS CIDADES E OS RELATÓRIOS DE SUSTENTABILIDADE: ELES SÃO REAIS?

Ricardo Pedro Guazzelli Rosario, Adriano Palharini de Araújo, Isabela Coleto, Victor Kenzo Hirokado, Giulia da Matta Nigro, Estéfani Nuñes Perez Soares, Yuji Caiani Taniguchi		185
1	Introdução	185
2	Análise de padrões	191
2.1	Padrões econômicos	191
2.2	Padrões ambientais	193
2.3	Padrões sociais	195
3	Relatórios de Sustentabilidade	199

Considerações finais.. 202
Referências.. 204
Anexo A: Indicadores econômicos.. 206
Anexo B: Indicadores ambientais.. 208
Anexo C: Indicadores sociais... 212

DEMOCRACIA, URBANISMO E A CRISE DE IDENTIDADE DO ESTADO

André Simionato Castro, Claudia Elias Elias Valente............................ 217

1   Introdução 217
2   Participação democrática no contexto capitalista............... 219
2.1   O Estado moderno: do contratualismo à crise de identidade......... 220
2.2   Urbanismo em tempos de financeirização do espaço.............. 224
3   Conclusão 227
       Referências... 228

SOBRE OS AUTORES... 231

PREFÁCIO

A presente obra dedica-se às exposições feitas por palestrantes de diversos países durante a 5ª Conferência Anual Internacional de Direito Urbano Comparado, realizada em parceria com o *Urban Law Center* da Universidade de *Fordham* Nova Iorque, com o apoio da UN-Habitat, na Universidade Presbiteriana Mackenzie.

A obra – organizada pela brilhante Lilian Regina Gabriel Moreira Pires, que se debruça sobre o tema do direito urbano há anos, tanto na academia quanto no exercício da sua atividade profissional – reflete o caráter dinâmico dos temas abordados, de forma a seduzir os acadêmicos da área do direito a engajar-se em diversas perspectivas internacionais, comparativas e interdisciplinares sobre a interseção entre Cidades e Direito.

O resultado da Conferência, que pode ser acompanhado pelo leitor, traz questões urbanísticas modernas como a estrutura e funções da autoridade local e autonomia; a habitação e o ambiente construído; migração e cidadania; equidade urbana, inclusão e saúde pública urbana; sustentabilidade, mudança climática e resiliência além de temas que envolvem o direito econômico como a governança urbana e metropolitana, finanças e economia política urbana; o desenvolvimento econômico e comunitário e os desafios enfrentados pelas cidades nos países em desenvolvimento e no Sul Global.

Assim, além da especificidade do tema sobre *Urban Law*, a obra – dentro da linha de pesquisa do Direito da Universidade Presbiteriana Mackenzie *A cidadania modelando o Estado* e *Os limites jurídicos do Poder Econômico* – atende ao princípio da interdisciplinaridade do direito e sua integração a outras áreas do conhecimento como forma de juntar forças e atingir o objetivo único de aprofundar a compreensão do direito urbano no século XXI e ser melhor aplicado à realidade.

A obra nos apresenta, portanto, o desafio da integração das pessoas com as cidades e oferece soluções para problemas de ocupação, migração e uberização nas relações e no uso da coisa pública.

Boa Leitura!

Felipe Chiarello
Diretor da Faculdade de Direito da
Universidade Presbiteriana Mackenzie.

INTRODUÇÃO

A 5ª Conferência Anual de Direito Urbanístico Internacional e Comparado, organizada em colaboração com o Programa MackCidade, da Universidade Presbiteriana Mackenzie, em São Paulo, Brasil, e UN-Habitat, faz parte de uma série de conferências anuais que o Centro de Direito Urbano da *Fordham Law* (Faculdade de Direito da Universidade *Fordham*) tem organizado desde 2014, visando a reunir acadêmicos interessados em estudos urbanos de todo o mundo. Essas conferências, que também foram realizadas em Londres, Paris, Hong Kong e Cidade do Cabo fornecem fóruns para o diálogo internacional sobre experiências e percepções legais urbanas. As conferências demonstraram que os desafios que impulsionam a interseção entre a lei e as cidades têm um surpreendente número de pontos em comum em todo o mundo, apesar das significativas diferenças socioeconômicas, políticas e culturais nos sistemas jurídicos.

Os trabalhos selecionados neste volume refletem a determinação de planejadores urbanos internacionais, advogados e líderes de políticas para elaborar cidades mais sustentáveis e inclusivas. A 5ª Conferência anual forneceu uma oportunidade única para acadêmicos jurídicos da América do Norte e da Europa envolverem acadêmicos formuladores de políticas e planejadores urbanos do Sul Global, que direcionaram suas energias para pensar criticamente sobre a lei como um catalisador para o desenvolvimento urbano. A academia brasileira de direito tem valorizado o direito à cidade – participação, igualdade e segurança, especialmente no nível do solo. Por exemplo, o corpo docente e os parceiros da Universidade Presbiteriana Mackenzie fundaram o MackCidade, um núcleo de estudos em direitos urbanos.

Nos dias que antecederam à Conferência, tivemos o privilégio de nos sentarmos em uma sala de aula com professores do Mackenzie, alunos e ex-alunos, para aprender sobre as iniciativas de planejamento estratégico do MackCidade, que vem desenvolvendo um trabalho com a comunidade de baixa renda na periferia de São Paulo. Aprendemos sobre o bairro e a comunidade e os planos de desenvolvimento criados pela equipe do MackCidade. Ao ouvir nosso parceiro falar sobre o direito à cidade e o que ele significava para essa comunidade específica, sabíamos que tínhamos a sorte de aprender com o trabalho deles.

Gostaríamos de agradecer à Professora Lilian Regina Gabriel Moreira Pires, Igor Baden Powell Mendes Rosa, He Nem Kim Seo, ao corpo docente e funcionários da Universidade Presbiteriana Mackenzie, e ao nosso parceiro UN-Habitat por possibilitarem essa troca única de ideias.

Por fim, agradecemos a todos os participantes da 5ª Conferência Anual de Direito Urbanístico Comparado e Internacional por dois dias de estudos inspiradores e produtivos. Os trabalhos apresentados representaram perspectivas de pelo menos cinco continentes e doze cidades globais, com as questões do Brasil e do Sul Global na vanguarda.

A visão coletiva de cidadania, sob a ótica da mobilidade urbana, saúde pública e segurança, migração, estrutura de governança e outras questões-chave foi um diálogo inesquecível que certamente ajudará a moldar o futuro do direito urbano.

Nestor M. Davidson
Diretor da Faculdade de Direito *Fordham* e do *Urban Law Center*. Cadeira *Albert A. Walsh* em Direito Imobiliário, Uso do Solo, e Direito de Propriedade.
Faculdade de Direito da Universidade *Fordham*.

Geeta Tewari
Diretora Adjunta e *Fellow* do *Urban Law Center*.
Faculdade de Direito da Universidade *Fordham*.

A CRISE NA AUTONOMIA MUNICIPAL EM FACE DO FATO METROPOLITANO: PROBLEMA LEGAL OU POLÍTICO?

Antônio Cecílio Moreira Pires
Raisa Reis Leão

1   Introdução

A organização político-administrativa do Brasil compreende a União, os Estados, o Distrito Federal e os Municípios. A Constituição Federal vigente, promulgada em 1988, adotou o federalismo como forma de Estado, assim entendido como uma aliança entre os entes federados, baseada em uma Constituição em que *os Estados que ingressam na federação perdem sua soberania no momento do ingresso, preservando, contudo, uma autonomia política limitada.*[1]

O princípio basilar que norteia a repartição de competências dentro do princípio federativo é o da predominância de interesses, por meio do qual à União caberão aquelas matérias e questões de predominância do interesse geral; aos Estados, as matérias de predominante interesse regional e aos municípios concernem os assuntos de interesse local. Em relação ao Distrito Federal, em razão da expressa disposição do artigo 32, parágrafo 1º da Constituição Federal de 1988, acumulam-se, em regra, as competências estaduais e municipais.

Da leitura de nossa Constituição Federal de 1988, mais precisamente dos artigos 21, 22, 23, 24, 25, 29 e 30, verifica-se que, do ponto

---

[1] DALLARI, Dalmo de Abreu. *Elementos de Teoria Geral do Estado*. 11. ed. São Paulo: Saraiva. 1985. p. 227.

de vista estrutural, o legislador elegeu uma construção verticalizada, porém não hierarquizada, e fundada na predominância de interesses. E, mais, de modo inédito, elevou o Município à categoria de ente federado atribuindo-lhe um plexo robusto de competências.

A autonomia municipal – recentíssima, portanto, em nosso ordenamento – encontra, ainda, obstáculos para sua efetivação, seja à luz da competência dos demais entes da Federação, sobretudo dos Estados, bem como da própria limitação orçamentária e técnica que assola as cidades do país, as quais, em sua maioria são pequenas, não possuindo mais do que 20 mil habitantes.

2 O interesse regional dos Estados *versus* o interesse local dos Municípios à luz do fato metropolitano

As competências de cada uma das unidades federativas no Brasil foram traçadas em razão do primado do interesse, somado ao critério da territorialidade: a União tem interesse geral; os Estados, interesse regional; o Distrito Federal, interesse regional e local; e o Município, interesse local.

A inteligência do art. 30, inciso V, da Constituição Federal sustenta-se no princípio da subsidiariedade, pelo qual todos os serviços dotados de um interesse tipicamente local, e que possam ser prestados de forma adequada pelo Município serão prestados pelo ente federativo em questão.[2]

Entretanto, impende, pois, trazer o conceito de interesse local. Para tanto, e examinando o dispositivo constitucional, verifica-se que o legislador constitucional omitiu-se de ofertar qualquer definição daquilo que pode ser entendido como interesse local, dando, assim, uma elasticidade ao aludido comando constitucional.

O interesse local não deve ser visto como algo estático, na medida em que as atividades públicas, genericamente consideradas, são alteradas através do tempo e do espaço, em razão dos mais diversos fatores, tais como as necessidades da sociedade e do desenvolvimento tecnológico.

Disso deflui que o interesse local, intrinsecamente, tem um elemento dinâmico que o faz ser alterado em lapsos temporais determinados por fatores sociais e tecnológicos.

---

[2] BARROSO, Luís Roberto. Saneamento básico: competências constitucionais da União, Estados e Municípios, *Revista eletrônica de Direito Administrativo Econômico* – RDAE, n. 11, 2007. p. 10.

A despeito do dinamismo do conceito, o fato é que existem serviços que, em razão de determinados condicionantes, se configuram como de interesse prevalentemente local, a atrair exclusivamente a competência dos Municípios.

Paralelamente a isso, existem outros diversos serviços que não são de interesse de um único Município, mas de interesse comum de um conjunto de Municípios, atraindo assim atuação do Estado, nos termos do art. 25, parágrafo 3º, da Constituição Federal.

Alaôr Caffé Alves nos ensina que, em verdade, os Estados e Municípios são os titulares do exercício de competências relativas às funções públicas de interesse comum, devendo, em conjunto, criar as condições para a organização desses serviços. Vale dizer que o Estado deverá criar mecanismos aptos a permitir efetivamente a participação dos Municípios para decidirem sobre os assuntos regionais que, em última instância, são também de seu interesse.[3]

Noutras palavras, o Estado não poderá, de forma solitária e individual, gerenciar as funções públicas consignadas como de interesse comum. Em última análise, a titularidade e gerenciamento das denominadas funções públicas de interesse comum serão partilhadas entre Estado e Municípios.[4]

Trata-se de uma consequência ao fato metropolitano que decorre da aglomeração de áreas urbanas em torno de um município maior, eliminando as áreas rurais e fazendo surgir, entre os municípios, uma área urbana única, que passa a exigir a integração dos serviços municipais.[5]

Por vezes, os Municípios, de forma isolada, não são capazes de prestar os serviços necessários, ensejando, a título de solução mais adequada, a colaboração do Estado, enquanto autoridade regional. Cumpre-nos assinalar que é nesse fato que reside a transição entre o interesse local do Município para o interesse regional do Estado, em razão do fato metropolitano que impinge a adoção de uma solução compartilhada entre os integrantes da região metropolitana.

Nessa situação, não se concebe a prestação do serviço de forma egoística e independente pelos Municípios, sobretudo porque, referido

---

[3] Alves, Alaôr Caffé. Regiões Metropolitanas, aglomerações urbana e microrregiões: novas dimensões constitucionais da organização do Estado Brasileiro. *Revista da Procuradoria-Geral do Estado de São Paulo* – Edição Especial em Comemoração aos 10 anos da Constituição Federal por ocasião do XXIV Congresso Nacional de Procuradores do Estado. Setembro 1988. p. 2.

[4] Esse, aliás, foi o entendimento do STF, ao julgar a ADIN 2.809/RS.

[5] TEMER, Michel. *Elementos de direito constitucional.* 24. ed. Malheiros, 2012. p. 115.

serviço – agora de interesse comum, não mais local – poderá impactar os municípios limítrofes e deverão ser prestados de forma conjugada, a assegurar a melhor satisfação das necessidades pessoais.

3 O fato metropolitano e a realidade dos municípios brasileiros: autonomia jurídica e dependência financeira

Em que pese ser possível reconhecer a necessidade de gestão compartilhada entre Estado e Municípios para execução de determinados serviços públicos, há que se ter claro que o constituinte consagrou o Município com competências robustas, capazes de cuidar e gerir seu território, de modo que não é possível supor o completo esvaziamento da competência municipal apenas em razão da instituição de uma região metropolitana.

Para conseguir efetivamente exercer sua competência, mais do que um dispositivo na Constituição Federal, é preciso que o Município tenha hábeis instrumentos e recursos para consecução de seus interesses.

Nesse ponto, a Constituição Federal parece ter tomado o cuidado de revestir os Municípios brasileiros com autonomia política, administrativa e financeira.

Autonomia política é a capacidade de auto-organização, por meio da elaboração de seu próprio diploma político-jurídico: a denominada Lei Orgânica Municipal, em que são instituídos direitos e deveres e partilhadas competências locais, desde que dentro dos limites estabelecidos pelas constituições Federal e Estadual. Essa autonomia abarca, ainda, a prerrogativa de a população local eleger seus representantes políticos para o Poder Legislativo e o Poder Executivo municipais.

Já a Autonomia administrativa é a capacidade de gestão dos negócios locais pelos representantes eleitos pela população local, sem interferências da União ou dos Estados, cabendo unicamente ao próprio município organizar seus serviços públicos e ordenar seu território.

A capacidade de instituir e arrecadar seus tributos e administrar seu orçamento é a denominada autonomia financeira municipal. Essa autonomia é pressuposto básico para o exercício das demais, uma vez que a gestão do município depende da disponibilidade de recursos financeiros.

Segundo a Constituição Federal, os recursos financeiros dos Municípios advêm de arrecadação própria (art. 156), de repasses da União e dos Estados (arts. 153, 158 e 159). Ao prever essas fontes próprias de arrecadação, a Constituição pretendeu assegurar ao Município recursos financeiros necessários para a consecução autônoma de suas competências.

Em linhas gerais, as maiores fontes de arrecadação própria dos Municípios advêm da cobrança do IPTU (Imposto Predial e Territorial Urbano), do ISS (Imposto sobre Serviços) e do ITBI (Imposto de Transmissão de Bens Imobiliários entre pessoas vivas).

Todavia, importa ressaltar que a previsão constitucional da competência para instituir e arrecadar tributos não assegura a plena autonomia financeira. Em 2016, aproximadamente 81,7% das cidades brasileiras não geraram nem 20% de suas receitas, reflexo da crônica dependência das transferências federais e estaduais.[6]

Esses repasses externos acabam por não revelar verdadeiramente o nível de capacidade financeira dos municípios, porque a manutenção de sua estrutura político-administrativa é essencialmente custeada por outros entes da federação. A ampla insuficiência orçamentária dos municípios brasileiros parece contradizer sua plena autonomia.[7]

Uma das razões para essa dependência externa decorre das próprias características das cidades brasileiras. O Brasil é um país composto predominantemente por municípios de pequeno porte. Para se ter ainda mais claro, em termos numéricos, segundo informações recentes do IBGE[8] em 2017 o Brasil tinha aproximadamente 207,7 milhões de habitantes vivendo nos 5.570 municípios brasileiros. Dentre a população brasileira, 56,5% vivem em apenas 5,6% dos municípios (310), com mais de 100 mil habitantes; apenas 42 municípios concentram população superior a 500 mil habitantes e cerca de 68,3% dos municípios possui menos de 20 mil habitantes e abriga apenas 15,5% da população do país.

Ou seja, a maioria esmagadora das cidades brasileiras é pequena e apresenta arrecadação ínfima para fazer frente a todas as suas missões, dentre as quais destacamos: gestão dos resíduos sólidos e recursos hídricos; saneamento básico; transporte coletivo de passageiros; planejamento e controle do uso, do parcelamento e da ocupação do solo urbano, dentre outros.

A dependência financeira dos municípios de pequeno porte representa uma parcela do problema enfrentado por eles, porém, outro

---

[6] ANDRADE. Mário Cesar da Silva. Dependência financeira dos Municípios brasileiros: entre o federalismo e a crise econômica. *Revista Espaço Acadêmico*. n. 185. 2016.

[7] *Idem.*

[8] Disponível em: https://agenciadenoticias.ibge.gov.br/16131-ibge-divulga-as-estimativas-populacionais-dos-municipios-para-2017.html.

fator que deve ser considerado é a falta de estrutura e de capacitação do corpo técnico dos municípios brasileiros. Muitas vezes os servidores públicos municipais apresentam qualificação baixa, muitos sequer possuem ensino superior.

Apesar da baixa qualificação, a despesa com pagamentos de servidores públicos é o grande responsável pela despesa municipal, porém apenas 83 municípios geram receitas suficientes para pagar seus funcionários.[9]

Diante da combinação desses dois fatores: altas despesas e a baixa capacidade de arrecadação por parte do município, menos de 10% da receita líquida dos municípios foi efetivamente destinada aos investimentos na cidade. Isso significa que os investimentos em educação, saúde e infraestrutura urbana ficaram à margem do orçamento municipal, cada vez mais comprometido com as despesas com funcionalismo público.[10]

Conclusão

No Brasil, a Constituição Federal de 1988 elevou o município à categoria de ente federado. As competências de cada uma das unidades federativas foram traçadas em razão da predominância de interesses: a União tem interesse geral; os Estados, interesse regional e o Município, interesse local.

Apesar de a Constituição ter dotado o município de autonomia política, administrativa e financeira, grande parte dos municípios, ainda nos dias de hoje, permanece dependente de transferências de verba pela União e pelos Estados, porque não consegue arrecadar, por meios próprios, verba suficiente para cobrir suas despesas.

O que se vê, em grande maioria dos casos, são municípios que, apesar de serem legitimados para exercer as competências mais importantes no âmbito de uma cidade, se afastam do seu compromisso, seja por falta de recursos financeiros, seja por falta de inabilidade de seus agentes públicos, por questões técnicas ou questões políticas.

Em razão do fato metropolitano torna-se imperiosa a adoção de uma gestão compartilhada dos serviços de interesse comum entre Estados e Municípios. O desafio atualmente enfrentado é justamente a compatibilização dessa gestão, considerando: de um lado a autonomia

---

[9] FIRJAN. Disponível em: http://www.firjan.com.br/ifgf/destaques. Acesso em: 13 jun. 2018.

[10] *Idem.*

municipal consagrada na Constituição Federal e, de outro, a dependência financeira de grande parte dos municípios brasileiros. O sucesso da autonomia municipal passa pelo enfrentamento da questão da independência financeira, qualificação de seus funcionários, e, principalmente, do entendimento da dimensão do interesse público, bem-estar da população, transparência nas ações e democracia.

Referências

ALVES, Alaôr Caffé. Regiões Metropolitanas, aglomerações urbana e microrregiões: novas dimensões constitucionais da organização do Estado Brasileiro. *Revista da Procuradoria-Geral do Estado de São Paulo* – Edição Especial em Comemoração aos 10 anos da Constituição Federal por ocasião do XXIV Congresso Nacional de Procuradores do Estado. 1988.

ANDRADE. Mário Cesar da Silva. Dependência financeira dos Municípios brasileiros: entre o federalismo e a crise econômica. *Revista Espaço Acadêmico*. n. 185. 2016

BARROSO, Luís Roberto. Saneamento básico: competências constitucionais da União, Estados e Municípios. *Revista eletrônica de Direito Administrativo Econômico* – RDAE, n. 11, 2007.

DALLARI, Dalmo de Abreu. *Elementos de Teoria Geral do Estado*. 11. ed. São Paulo: Saraiva. 1985.

TEMER, Michel. *Elementos de Direito Constitucional*. 24. ed. Malheiros. 2012.

Informação bibliográfica deste texto, conforme a NBR 6023:2018 da Associação Brasileira de Normas Técnicas (ABNT):

PIRES, Antônio Cecílio Moreira; LEÃO, Raisa Reis. A crise na autonomia municipal em face do fato metropolitano: problema legal ou político?. In: PIRES, Lilian Regina Gabriel Moreira; TEWARI, Geeta (Coord.). *5ª Conferência Anual de Direito Urbanístico Internacional & Comparado:* artigos selecionados. Belo Horizonte: Fórum, 2020. p. 15-21. ISBN 978-85-450-0706-7.

MOBILIDADE URBANA E O DESAFIO NA REGIÃO METROPOLITANA

Lilian Regina Gabriel Moreira Pires
He Nem Kim Seo

Da urbanização para a metropolização

No Brasil, a partir da década de 30, a industrialização ganhou força e, como consequência, o eixo populacional da área rural migra para a área urbana, resultando em um expressivo processo de urbanização desordenado e desorganizado.

As cidades cresceram sem planejamento ou controle criando distanciamentos e exclusões, atualmente e de acordo com dados recentes do IBGE, não obstante 60% dos municípios brasileiros possuírem classificação de rurais, a população urbana se aproxima de 80%.[1]

Essa urbanização[2] e adensamento do território provocou a junção do tecido urbano e resultou no que denominamos fato metropolitano.[3]

---

[1] Relatório: Na tipologia proposta neste estudo, vemos que 76,0% da população brasileira se encontra em municípios considerados predominantemente urbanos, correspondendo somente a 26,0% do total de municípios. A maior parte dos municípios brasileiros foi classificada como predominantemente rural (60,4%), sendo 54,6% como rurais adjacentes e 5,8% como rurais remotos. Classificação e caracterização dos espaços rurais e urbanos do Brasil. Disponível em: https://www.ibge.gov.br/apps/rural_urbano. Acesso em: 10 jun. 2018, às 15h15.

[2] Emprega-se o termo *urbanização* para designar o processo pelo qual a população urbana cresce em proporção superior à população rural. Não se trata de mero crescimento de cidades, mas de um fenômeno de concentração urbana. Vide SILVA, José Afonso da. *Direito urbanístico brasileiro*. São Paulo: Malheiros, 2000, *passim*.

[3] O fato metropolitano se consolidou e, decorrente disso, a complexidade da vida coletiva nas metrópoles se mostrou cada vez mais antagônica, na medida em que produziu riqueza e acirrou desigualdades. A junção do tecido urbano alterou conceitos pré-definidos das

Os limites de espaço, de serviços, de elementos econômicos e culturais são inexistentes e se consolidam as metrópoles.[4] No Brasil existem hoje 38 Regiões Metropolitanas e estas congregam 444 municípios.

A ausência de planejamento consolidou uma realidade urbana desigual e os benefícios da urbanização não se apresentaram de forma isonômica no território. A realidade que se desenhou foi terreno fértil para o surgimento da defesa do meio urbano, a respeito dessa questão já registramos o quanto segue:

> Deste modo, surgiu uma luta em defesa do direito à cidade, à habitação digna, ao transporte e aos demais serviços públicos de qualidade. Isso tanto é verdade que em janeiro de 1985 foi criado o Movimento Nacional pela Reforma Urbana, com o objetivo de "reduzir os níveis de injustiça social no meio urbano e promover uma maior democratização do planejamento e da gestão das cidades".
>
> A sociedade civil se organiza registrando sua crítica e denúncia do quadro de desigualdade social. Essa nova ética social politiza a discussão sobre a cidade e formula um discurso e uma plataforma política dos movimentos sociais urbanos, em que o acesso à cidade deve ser um direito a todos os seus moradores e não uma restrição a apenas alguns, ou aos mais ricos. A bandeira da reforma urbana se consolida não somente na perspectiva da articulação e unificação dos movimentos sociais por meio de uma plataforma urbana que ultrapassa as questões locais e abrange as questões nacionais, mas também na crítica da desigualdade espacial, da cidade dual.[5]

Essa pauta de reivindicações da sociedade organizada ganhou força e a Constituição Federal de 1988 dedicou um Capítulo da Política

---

municipalidades, quais sejam: (i) limite territorial; (ii) serviços públicos com abrangência restrita e delimitada; (iii) separação econômica e cultural. Nesse contexto, surgiu a realidade urbanística denominada *região metropolitana* e com ela os grandes dilemas do planejamento urbano metropolitano, que envolve várias questões de difícil solução, tais como espaço entre municípios conurbados, mobilidade, proteção de mananciais, qualidade de vida e outros tantos. PIRES, Lilian R.G.M. Região metropolitana: governança como instrumento de gestão compartilhada. Belo Horizonte: Fórum, 2018.

[4] Tania Maria Fresca averba: "Metrópole é um termo marcado por diferentes conceitos e abordagens, que vem sendo discutido por diferentes autores e teorias desde o final do século XIX. Marcado pela polissemia, apresenta diferentes interpretações no último século, denotando tratar-se de um objeto que é fluido no tempo e espaço". Uma discussão sobre o conceito de metrópole. *Anpege – Associação Nacional de Pós-Graduação em Geografia*, Dourados-MS, v. 7, n. 8, 2011, p. 31.

[5] PIRES. Lilian R. G. M; PIRES, A. C. M. Estado e Mobilidade Urbana, artigo na obra Mobilidade Urbana: desafios e sustentabilidade, coordenado pelos mesmos autores, publicada em 2016. Disponível em: http://cidadeemmovimento.org/wp-content/uploads/2016/10/Mobilidade-Urbana-Desafios-e-Sustentabilidade.pdf.

Urbana,[6] cuja finalidade é ordenar o desenvolvimento das cidades garantindo a satisfação dos interesses coletivos e individuais dos habitantes, com o desenvolvimento das funções sociais da cidade e o desenvolvimento das funções sociais da propriedade.

Em 2001 foi editado o Estatuto da Cidade, Lei Federal nº 10.257/2001, legislação que redefine a função social da propriedade e cria instrumentos que possibilitam intervenção no desenvolvimento urbano. Mais tarde a Lei Federal nº 12.587/2012 instituiu a Política Nacional da Mobilidade Urbana e a Lei Federal nº 13.089/2015 trouxe o Estatuto da Metrópole, que estabelece diretrizes gerais para o planejamento, a gestão e a execução das funções públicas de interesse comum em regiões metropolitanas.

Instituição da região metropolitana

A Constituição Federal de 1988 criou um federalismo de cooperação, estabelecendo competências para União, Estados e Municípios. No que diz respeito ao tratamento das peculiaridades regionais definiu competência aos Estados-Membros para instituir e organizar as regiões metropolitanas. O artigo 25, parágrafo 3º assim está disposto:

> Art. 25. Os Estados organizam-se e regem-se pelas Constituições e leis que adotarem, observados os princípios desta Constituição.
> §3º Os Estados poderão, mediante lei complementar, instituir regiões metropolitanas, aglomerações urbanas e microrregiões, constituídas por

---

[6] Art. 182. A política de desenvolvimento urbano, executada pelo Poder Público municipal, conforme diretrizes gerais fixadas em lei, tem por objetivo ordenar o pleno desenvolvimento das funções sociais da cidade e garantir o bem-estar de seus habitantes.§1º O plano diretor, aprovado pela Câmara Municipal, obrigatório para cidades com mais de vinte mil habitantes, é o instrumento básico da política de desenvolvimento e de expansão urbana.
§2º A propriedade urbana cumpre sua função social quando atende às exigências fundamentais de ordenação da cidade expressas no plano diretor.
§3º As desapropriações de imóveis urbanos serão feitas com prévia e justa indenização em dinheiro.
§4º É facultado ao Poder Público municipal, mediante lei específica para área incluída no plano diretor, exigir, nos termos da lei federal, do proprietário do solo urbano não edificado, subutilizado ou não utilizado, que promova seu adequado aproveitamento, sob pena, sucessivamente, de:
I – parcelamento ou edificação compulsórios;
II – imposto sobre a propriedade predial e territorial urbana progressivo no tempo;
III – desapropriação com pagamento mediante títulos da dívida pública de emissão previamente aprovada pelo Senado Federal, com prazo de resgate de até dez anos, em parcelas anuais, iguais e sucessivas, assegurados o valor real da indenização e os juros legais.

agrupamentos de municípios limítrofes, para integrar a organização, o planejamento e a execução de funções públicas de interesse comum.

A criação da região metropolitana, que sempre será por Lei Complementar de iniciativa do Estado-Membro, tem por finalidade integrar a organização, o planejamento e a execução de funções públicas de interesse comum. Lembrando que a Região Metropolitana não é entidade política autônoma e possui função executiva e administrativa.

Materializando-se o interesse comum, a criação da Região Metropolitana é obrigatória, a inclusão dos municípios é compulsória e não há direito de retirada.[7] Essa obrigatoriedade não colide com a autonomia municipal, inclusive o STF já se posicionou sobre a questão no julgamento da ADI 1842/RJ:

> A Constituição Federal conferiu ênfase à autonomia municipal ao mencionar os municípios como integrantes do sistema federativo (art. 1º da CF/1988) e ao fixá-la junto com os estados e o Distrito Federal (art. 18 da CF/1988). A essência da autonomia municipal contém primordialmente (i) autoadministração, que implica capacidade decisória quanto aos interesses locais, sem delegação ou aprovação hierárquica; e (ii) autogoverno, que determina a eleição do chefe do Poder Executivo e dos representantes no Legislativo. *O interesse comum e a compulsoriedade da integração metropolitana não são incompatíveis com a autonomia municipal.* O mencionado interesse comum não é comum apenas aos municípios envolvidos, mas ao Estado e aos municípios do agrupamento urbano. O caráter compulsório da participação deles em regiões metropolitanas, microrregiões e aglomerações urbanas já foi acolhido pelo Pleno do STF (ADI 1841/RJ, Rel. Min. Carlos Velloso, DJ 20.9.2002; ADI 796/ES, Rel. Min. Néri da Silveira, DJ 17.12.1999). O interesse comum inclui funções públicas e serviços que atendam a mais de um município, assim como os que, restritos ao território de um deles, sejam de algum modo dependentes, concorrentes, confluentes ou integrados de funções públicas, bem como serviços supramunicipais. (grifos nossos)[8]

Evidente que o denominado interesse comum ou regional não é nem poderia ser privativo do município ou do estado.

---

[7] ADI nº 1841/RJ, Relator Ministro Carlos Veloso, DJ 29/02/2002; ADI n. 796/ES, Relator Ministro Néri da Silveira, DJ 17/12/1999.

[8] ADI 1842/RJ. Relator Ministro Luiz Fux. Redator Gilmar Mendes. DJ 13/09/2013. Ementário 2701. Tópico 3.

Alaôr Caffé ensina:

Estas funções compreendem também, por sua natureza, o interesse local dos municípios metropolitanos, o que justifica a participação destes nas decisões sobre sua organização planejamento e execução. Por isso essa questão não pode ser solucionada adequadamente dentro do quadro institucional tradicional. O interesse metropolitano não é especificamente (privativamente) local, estadual ou nacional, mas refere-se a todos eles ao mesmo tempo (reclamando legislação condominial).[9]

O Estatuto da Metrópole, em seu artigo 10, determina que as regiões metropolitanas e aglomerações urbanas deverão contar com plano de desenvolvimento integrado. Assim as obrigações de gestão da organização dos serviços comuns metropolitanos envolvem planejamento, controle, fiscalização e execução.

Aqui não vamos discutir as formas possíveis dessa organização,[10] mas apresentamos a competência para criá-la, quando o fato metropolitano se consolida e impõe a organização dos serviços comuns.

Não obstante a recente edição do estatuto da Metrópole, a realidade brasileira esbarra nas discussões relativas às competências dos municípios centradas no interesse local. Dessa tensão o resultado é uma inércia na resolução de problemas que afligem o cidadão e resultam em ausência de eficiência no tratamento com serviços prestados.

Como recorte exemplificativo, apresentamos o serviço de transportes coletivo de passageiros.

A competência para prestação do serviço público de transporte coletivo de passageiros intermunicipal

O serviço de transporte coletivo de passageiros foi qualificado como serviços públicos de caráter essencial, nos termos do inciso V do art. 30 da Constituição Federal; em assim sendo, esta qualificação cria obrigação da prestação.

Para Vitor Rhein Schirato, essa qualificação independe se o serviço é municipal ou regional, eis que a atividade material é a mesma. A partir

---

[9] ALVES, Alaôr Caffé. Regiões Metropolitanas, Aglomerações Urbanas e Microrregiões: Novas Dimensões constitucionais da organização do Estado Brasileiro. *Revista da Procuradoria-Geral do Estado de São Paulo*, São Paulo, set./1998, *passim*.

[10] Solução foi proposta na tese de doutoramento: PIRES, Lilian Regina Gabriel Moreira. *Região metropolitana*: governança como instrumento de gestão compartilhada. Belo Horizonte: Fórum, 2018.

do momento em que se tem incontroverso que o transporte coletivo de passageiros é um serviço público, tem-se uma consequência jurídica fundamental que é a obrigatoriedade de sua prestação (ou, no mínimo, de sua garantia) pelo Estado.[11]

Conforme a determinação constitucional, estabelecida pelo artigo 175, os serviços públicos devem ser prestados ou, no mínimo, garantidos pelo Estado. No Brasil essa afirmação não é suficiente para se identificar qual a pessoa responsável pela prestação do serviço público, na medida em que o rol de atividades é repartido entre entes federativos, cuja divisão está fundada na predominância de interesse.

Celso Bastos averba que a cada ente federativo caberá a prestação do serviço de transporte de sua jurisdição:

> a partilha de competências desemboca num modelo de repartição que se incumbe de entregar a cada um desses níveis de governo a competência para organizar o transporte na esfera da sua jurisdição; cabe, portanto, à União o transporte Federal, aos Estados o transporte estadual ou intermunicipal, chegando-se por este mesmo caminho à mesma conclusão: ao Município cabe a organização e prestação do transporte de interesse local ou Municipal.[12]

O art. 22, IX e XI da Constituição Federal confere à União, privativamente, competência para legislar sobre as diretrizes da política nacional de transportes: trânsito e transporte. Além disso, a Constituição Federal, no art. 21, XII, 'e', afirma competir à União explorar diretamente ou mediante autorização, concessão ou permissão: serviço de transporte rodoviário, interestadual e internacional de passageiros.

O art. 30, V, faz referência expressa à competência municipal para o transporte coletivo local: *organizar e prestar, diretamente ou sob regime de concessão ou permissão, os serviços públicos de interesse local, incluído o de transporte coletivo, que tem caráter essencial.*

O Estado tem competência remanescente para, mediante lei complementar, instituir regiões metropolitanas, aglomerações urbanas e microrregiões, constituídas por agrupamentos de municípios limítrofes, para integrar a organização, o planejamento e a execução de funções

---

[11] SCHIRATO, Vitor Rhein. A prestação de serviços públicos de transporte coletivo nas Regiões Metropolitanas. *Fórum Municipal & Gestão das Cidades – FMGC*, Belo Horizonte, ano 1, n. 1, set./out. 2013. Disponível em: http://www.bidforum.com.br/PDI0006.aspx?pdiCntd=96717.

[12] BASTOS. Celso Bastos. *Cadernos de Direito Constitucional e Ciência Política*, n. 5. Revista dos Tribunais, p. 169.

públicas de interesse comum, artigo 25, parágrafo 3º, da Constituição Federal.

Assim, no momento em que se identifica a necessidade de solução para interesses comuns, a criação da região metropolitana é media que se impõe. Portanto, o fato metropolitano cria serviços que transcendem o limite territorial demarcador da competência dos Municípios. Marcos Juruena Villela Souto averba:

> em algumas situações, a divisão espacial descentralizada da prestação desses serviços, afetos que se encontram, por disposição expressa, às municipalidades, poderia causar inconvenientes insuperáveis pelos Municípios, isoladamente, ainda mais se contemplados os Estados--membros, em que se concentram grandes densidades populacionais, gerando uma interpenetração econômica entre municípios limítrofes, chegar-se-ia, inelutavelmente, à conclusão de que, em vez de prestar, adequadamente, tais serviços, reputados essenciais pelo constituinte, ter-se-ia, isto sim, estabelecido um verdadeiro e completo caos na sua exploração.[13]

No que toca a prestação dos serviços de transporte coletivo municipal o legislador constituinte atribuiu competência aos Municípios. Entretanto, não significa que eles serão sempre e em qualquer caso de competência *exclusiva* de referidos entes federativos, posto que em regiões metropolitanas a oferta e prestação desta atividade materializa o denominado *interesse comum*, possibilitando ao Estado, por meio de lei complementar, disciplinar sua organização e sua prestação à população.

Isso porque, quando falamos de transporte coletivo estamos tratando de uma das espécies que integra a mobilidade urbana. E mobilidade urbana[14] é o conjunto organizado e coordenado dos modos de

---

[13] SOUTO, Marcos Juruena Villela. *Desestatização, Privatizações, Concessões e Terceirizações*. 4. ed. Rio de Janeiro: Lumen Juris, 2001. p. 145.

[14] Art. 3º O Sistema Nacional de Mobilidade Urbana é o conjunto organizado e coordenado dos modos de transporte, de serviços e de infraestruturas que garante os deslocamentos de pessoas e cargas no território do Município. §1º São modos de transporte urbano: I – motorizados; e II – não motorizados. §2º Os serviços de transporte urbano são classificados: I – quanto ao objeto: a) de passageiros; b) de cargas; II – quanto à característica do serviço: a) coletivo; b) individual; III – quanto à natureza do serviço: a) público; b) privado. §3º São infraestruturas de mobilidade urbana: I – vias e demais logradouros públicos, inclusive metroferrovias, hidrovias e ciclovias; II – estacionamentos; III – terminais, estações e demais conexões; IV – pontos para embarque e desembarque de passageiros e cargas; V – sinalização viária e de trânsito; VI – equipamentos e instalações; e VII – instrumentos de controle, fiscalização, arrecadação de taxas e tarifas e difusão de informações.

transporte, de serviços e de infraestrutura que garante os deslocamentos de pessoas e de cargas no território do município.

O município cuidando de seu interesse local[15] cria seus atrativos que dizem respeito a seu território. Entretanto, nas localidades fortemente adensadas, essas decisões individuais podem trazer reflexos muito além do interesse local.

Se o município decide instituir zona industrial, essa decisão necessariamente não tem reflexo somente sobre seu território, na medida em que pode atrair trabalhadores de municípios vizinhos induzindo a maiores deslocamentos diários intermunicipais. O trabalho atrativo no município vizinho faz com que os equipamentos públicos utilizados sejam aqueles próximos do trabalho (creches, postos de saúde, sistema de transporte, escolas.

Portanto, o sistema de transportes coletivos, em região metropolitana, não pode atender somente aos interesses dos munícipes de um determinado centro urbano exclusivamente, mas, sim, aos interesses dos munícipes de toda a Região Metropolitana, possibilitando-lhes o deslocamento por toda a área integrada.

Reflexos das decisões relativas à prestação de serviço de transporte de passageiro em municípios integrantes de regiões metropolitanas

Os deslocamentos e a necessidade de locomoção impõem a prestação do serviço pelo Poder Público, seja diretamente ou mediante delegação. Assim, o tratamento do assunto, com caráter de interesse comum, sob a ótica do interesse local impede o planejamento conjunto e cria sistemas paralelos e não comunicantes de transporte coletivo (um estadual e vários municipais) e bem como induz a política regulatória própria para cada local.

O resultado disso é a ausência de integração entre os sistemas, que refletirá no desconforto do usuário, como na tarifa.

A política regulatória individual determinará custos operacionais de idade de frota, modelo de ônibus, manutenção etc., que criará nichos de prestação de serviços. Por exemplo, se em determinado município

---

[15] Lembrando que a distribuição do território que se organiza com a regulação do espaço, parcelamento, uso e ocupação do solo, que são matéria de interesse local, tem íntima relação com mobilidade urbana e, consequentemente, com o serviço de transporte coletivo de passageiro.

houver a exigência de porta plataforma com abertura para os dois lados do veículo e o município vizinho não tiver o viário e a parada adequada, esses veículos não poderão ali circular.

No exemplo acima, quando se decide pela contratação da prestação do serviço, seja por execução própria ou mediante delegação do serviço, o eventual interessado no procedimento licitatório terá que se organizar economicamente em seus investimentos e sua frota deverá ser adequada exclusivamente para aquela realidade, ou seja, seus investimentos serão claramente maiores frente àqueles que já prestam serviços. Isso representa uma barreira para a competitividade.

No caso específico de fretamento, que é transporte coletivo de passageiro com itinerário fixo, há regras intermunicipais – fixadas pelo Estado – e há regras em cada município. Esse custo e excesso de burocracia certamente terá reflexo no valor cobrado do usuário e gastos duplos com a fiscalização, na medida em que cada ente federado terá que fiscalizar sua regra.

O sistema de arrecadação e fiscalização operacional quando tratado individualmente encarece e não apresenta eficiência e economicidade. Em regiões metropolitanas uma câmara única de arrecadação pode funcionar como elemento de organização financeira, na medida em que o valor arrecadado fica em um único local podendo equilibrar o sistema entre regiões menos rentáveis, ou seja, o valor gerenciado de modo global pode ser fator de equilíbrio nos pagamentos para as regiões menos atrativas.

Outra situação que comumente acontece diz respeito à circulação e transporte de carga. Se os municípios integrantes da região metropolitana tiverem regras legais diferentes para a circulação e parada, ou seja, os horários para entrar no município e nele circular, a operacionalização e logística das cargas ficarão comprometidas e com possibilidade de impactar no trânsito e circulação local, com reflexo direto na operação e circulação do transporte coletivo de passageiro.

Se o viário entre esses municípios não estiver planejado de forma sistêmica, ele não poderá receber os veículos de passageiros e/ou fazer as integrações possíveis. Além do que a infraestrutura viária desconforme reflete na prestação do serviço e, ainda, danifica os veículos (ônibus).

Conclusão

Assim, nas regiões metropolitanas o transporte coletivo é serviço de interesse comum e como tal deve estar na pauta de atribuições da própria Região Metropolitana. Não há razão para entender que exista conflito entre o inciso V do art. 30 e o §3º do art. 25 da Constituição Federal, na verdade tais competências se completam, pois, quando o interesse comum surgir, a competência será conjunta entre Estado e Municípios.

Essa interpretação constitucional soa como a mais adequada, inclusive à luz do federalismo de cooperação e do princípio da predominância de interesses, pois determina as competências dos entes federativos de acordo com o interesse prevalecente e não de acordo com a interpretação literal dos dispositivos constitucionais.

Com efeito, o serviço público poderá ser organizado, com níveis de operação equânime, competitivo e com custos com previsão mais clara e permanente. Enfim, uma prestação de serviço público buscando a eficiência e efetividade.

Referências

ALVES, Alaôr Caffé. Regiões Metropolitanas, Aglomerações Urbanas e Microrregiões: Novas Dimensões constitucionais da organização do Estado Brasileiro. *Revista da Procuradoria-Geral do Estado de São Paulo*, São Paulo, set. 1998.

BASTOS, Celso Ribeiro. Cadernos de Direito Constitucional e Ciência Política, n. 5, *Revista dos Tribunais*.

FRESCA, Tania Maria. Uma discussão sobre o conceito de metrópole. *Anpege Associação Nacional de Pós-Graduação em Geografia*, Dourados-MS, v. 7, n. 8, 2011.

PIRES, Lilian Regina Gabriel Moreira; PIRES, Antônio Cecílio Moreira. *Estado e Mobilidade Urbana*. Artigo na obra Mobilidade Urbana: desafios e sustentabilidade, coordenado pelos mesmos autores, publicada em 2016. Disponível em: http://cidadeemmovimento. org/wp-content/uploads/2016/10/Mobilidade-Urbana-Desafios-e-Sustentabilidade.pdf.

PIRES, Lilian Regina Gabriel Moreira. *Região metropolitana*: governança como instrumento de gestão compartilhada. Belo Horizonte: Fórum, 2018.

SCHIRATO, Vitor Rhein. A prestação de serviços públicos de transporte coletivo nas Regiões Metropolitanas. *Fórum Municipal & Gestão das Cidades – FMGC*, Belo Horizonte, ano 1, n. 1, set./out. 2013. Disponível em: http://www.bidforum.com.br/PDI0006. aspx?pdiCntd=96717.

SOUTO, Marcos Juruena Villela. *Desestatização, Privatizações, Concessões e Terceirizações*. 4. ed. Rio de Janeiro: Lumen Juris, 2001.

Sites: https://www.ibge.gov.br/apps/rural_urbano.

Informação bibliográfica deste texto, conforme a NBR 6023:2018 da Associação Brasileira de Normas Técnicas (ABNT):

PIRES, Lilian Regina Gabriel Moreira; SEO, He Nem Kim. Mobilidade urbana e o desafio na região metropolitana. *In*: PIRES, Lilian Regina Gabriel Moreira; TEWARI, Geeta (Coord.). *5ª Conferência Anual de Direito Urbanístico Internacional & Comparado*: artigos selecionados. Belo Horizonte: Fórum, 2020. p. 23-33. ISBN 978-85-450-0706-7.

O PROBLEMA UBER EM SÃO PAULO: DESAFIOS À GOVERNANÇA URBANA EXPERIMENTAL

Pedro C. B. de Paula
Rafael A. F. Zanatta

Introdução

A empresa Uber mudou o mundo, para o bem ou para o mal.[1] Ele também mudou a paisagem legal de muitas megacidades do sul global[2] como São Paulo – a maior cidade da América do Sul, com mais de 12 milhões de habitantes –, abrindo espaço para uma regulamentação mais ampla de "mercados bilaterais para transporte sob demanda" (CHEN & SHELDON, 2015, p. 3). As empresas que operam nesses mercados são chamadas de *empresas de transporte por tecnologia* (ou, no inglês, *transport network companies*, TNCs), seguindo a experiência regulatória da Califórnia. Entre elas estão empresas de tecnologia criadas nos últimos quinze anos, como a Cabify (criada em 2011 em Madri), 99 (criada em 2012 em São Paulo e recentemente adquirida por

---

[1] Motherboard, "Welcome to the Uber Earth", 9 de maio 2016. Disponível em: https://motherboard.vice.com/en_us/article/pgkk4v/uber-week-uber-earth.

[2] Oldfield e Parnell afirmam que o sul global é "o novo epicentro do urbanismo" e que devemos promover uma "teorização meridional do urbanismo". Na abertura do *Routledge Handbook on Cities of the Global South*, eles afirmam: "com as enormes mudanças demográficas e econômicas das últimas três décadas, o paroquialismo do centro de pesquisa é um problema. Isso significa que as cidades que são altamente perfiladas no cânone dos estudos urbanos não refletem mais os centros de urbanização ou os problemas urbanos globais contemporâneos mais críticos "(OLDFIELD & PARNELL, 2014, p. 2).

Didi Chuxing),[3] BlaBlaCar (criado em 2006 em Paris) e Uber (criada em 2009 em São Francisco).[4]

A experiência de São Paulo na regulação das TNCs é um caso interessante que mistura complexidade jurídica, escolhas entre mecanismos regulatórios tradicionais e ferramentas de autorregulação, tensões políticas e uma mudança "do conflito para a experimentação regulatória" (ZANATTA & KIRA, 2017). Entre 2015 e 2016, a Prefeitura reconheceu a novidade e a complexidade do tema em questão, tanto em termos sociais quanto econômicos. Não se tratava apenas da tradicional *regulação do transporte*, no sentido de definir regras para controlar a entrada no mercado e garantir a qualidade do serviço e o bem-estar do consumidor. O *problema Uber* trouxe para São Paulo questões difíceis sobre externalidades (exacerbadas pelo crescimento desses mercados), o uso de bens públicos (vias pavimentadas construídas com recursos tributários), problemas ambientais (a possibilidade de mais carros na rua, engarrafamento e poluição), transparência algorítmica (transparência nos sistemas de preços dinâmicos e sistemas de classificação usados por essas empresas) e o uso dos dados gerados por essas empresas.

Entendemos a regulação das empresas TNCs em São Paulo como uma verdadeira experiência de *governança urbana*. Seguindo Davidson e Infranca (2016), acreditamos que a relação entre esses novos mercados e a governança urbana deve ser entendida por relações espaciais concretas e elementos urbanos, considerando as especificidades da densidade urbana, da produtividade e da infraestrutura de transportes em uma cidade como São Paulo.

Partindo desse *pensamento enraizado*, mas também inspirados por experiências de megacidades como a Cidade do México e Bogotá, os reguladores em São Paulo foram além dos conceitos tradicionais

---

[3] A Didi Chuxing é uma empresa chinesa que iniciou uma estratégia de aquisição agressiva. Eles adquiriram a Uber China por US$ 7 bilhões em agosto de 2016 e adquiriram 99 por US$ 1 bilhão em janeiro de 2018. Disponível em: https://www.crunchbase.com/organization/didi-dache.

[4] Concordamos com a definição ampla de regulação de Arun Sundararajan como "instrumentos usados para implementar objetivos de política social e econômica" ou, expressa de outra forma, "mecanismos legais e administrativos destinados a incentivar a atividade econômica" (SUNDARARAJAN, 2016, p. 138). No entanto, discordamos de sua visão limitada de que a regulação deve ser entendida como "intervenção para corrigir falhas de mercado" em termos econômicos clássicos. As "razões para regulamentar" são mais amplas do que corrigir falhas de mercado e também abrangem uma abordagem baseada em direitos. Seguimos a ideia de Tony Prosser de que "análises mais recentes expandiram a regulamentação para incluir uma ampla gama de outros tipos de controle social, incorporando *insights* da sociologia e da economia" (PROSSER, 2010, p. 2). Prosser não vê a regulação como "violação da autonomia privada", mas como um "empreendimento colaborativo".

de regulação de transporte (alvarás, verificação de antecedentes e requisitos de qualidade)[5] e inovaram a sua abordagem em três formas principais: (i) através da aplicação de mecanismos de mercado (preços) para controlar as externalidades produzidas pela nova forma de atuação mercado, (ii) aprendendo com outras megacidades e trazendo preocupações de equidade para a regulação,[6] (iii) inserindo a regulação das TNCs sob uma estrutura mais ampla sobre o uso de bens públicos e as questões municipais de mobilidade urbana, impactos ambientais e sustentabilidade do uso das estradas.

Como pesquisadores no campo, tivemos a oportunidade de nos envolver diretamente com os reguladores locais e discutir com eles quais políticas poderiam ser a melhor solução para a cidade de São Paulo (incluindo a criação de mecanismos de mercado para controle de externalidades).[7] Entre 2015 e 2016, encontramos economistas e advogados da SP Negócios, órgão vinculado à Prefeitura de São Paulo (Secretaria de Finanças e Desenvolvimento Econômico), responsável pelos programas de prospecção de setores prioritários para a economia da cidade.[8] Juntamente com o MobiLab, um "laboratório de soluções de mobilidade urbana montado pela cidade em colaboração com pesquisadores e empreendedores para analisar dados abertos" (MAHENDRA, 2014, p. 237), a SP Negócios assessorou a Prefeitura e o prefeito Fernando Haddad (Partido dos Trabalhadores) na concepção e consulta pública sobre um modelo regulatório para as TNCs em São Paulo. O objetivo político do prefeito, como ele declarou muitas vezes durante as entrevistas em 2015, era "incorporar modernidade e inovação sem perder o controle".[9]

---

[5] Como será mostrado abaixo, o órgão regulador da cidade criou requisitos tão detalhados em uma resolução em 2017, que foi fortemente contestada pelas empresas e sujeita a controvérsias em debates públicos e também em tribunais. Veja mais sobre isso em: https://www1.folha.uol.com.br/cotidiano/2018/01/1954497-novas-regras-para-uber-e-outros-apps-de-transportes-tem-5 – recuo-de-doria.shtml.

[6] Em um estudo anterior, concluído em janeiro de 2016, analisamos as diferentes soluções políticas de megacidades como São Paulo em relação às TNCs (ZANATTA, DE PAULA & KIRA, 2017).

[7] Na época, éramos ambos pesquisadores do InternetLab, um centro de pesquisa de direito e tecnologia com sede em São Paulo. Fomos chamados pela Prefeitura para discutir o assunto por causa de nossa pesquisa comparativa em andamento sobre "inovações regulatórias" para transporte e tecnologia.

[8] Veja: http://www.spnegocios.com/quem-somos.

[9] Globo, "Haddad Analisa outra Possibilidade de Regulação para Uber em São Paulo", 09 de outubro de 2015. Disponível em: http://g1.globo.com/sao-paulo/noticia/2015/10/haddad-analisa-outra-possibilidade-de – regulacao-para-uber-em-sp.html.

Com base nesses elementos, afirmamos que a experiência de São Paulo é um caso relevante de regulação de um setor da *economia do compartilhamento*[10] por uma abordagem de governança urbana que responde a um conjunto de problemas mais amplo e interconectado que o transporte e a mobilidade. Argumentamos também que a solução inovadora proposta pela Prefeitura para regular as TNCs só foi possível por causa de experiências anteriores de *experimentalismo institucional*[11] na cidade, como a criação da MobiLab e da SP Negócios.

Essas experiências levaram à criação de um órgão de governança urbana: CMUV (Comitê Municipal de Uso do Viário), fundado em maio de 2016, em consequência do *problema Uber* em São Paulo. Analisamos a experiência do CMUV lendo as atas de 18 reuniões oficiais do Comitê e as 18 resoluções formuladas pelo órgão nos últimos 2 anos.

Uma das características notáveis da história recente do CMUV é o fato de ele ter sobrevivido a uma grande mudança política na Prefeitura. Após o prefeito Fernando Haddad ter deixado o cargo, o novo prefeito João Dória (PSDB), apesar de sua agenda política de confronto com o legado de Haddad, decidiu manter o CMUV e suas resoluções sobre as TNCs. Argumentamos que essa "resistência institucional" (GERLAK & HEIKKILA, 2007) ocorreu em parte por causa do projeto experimental da instituição. Também ocorreu por causa da legitimidade que a Prefeitura construiu com empresas de tecnologia e sociedade civil através do processo de consultas públicas e uma *abordagem democrática* ao experimentalismo jurídico (RANCHORDAS, 2015; LOBEL, 2016).

Este artigo está dividido em duas partes. Na primeira, revisamos a literatura de direito urbanístico e das "economias do compartilhamento" e discutimos as principais diferenças entre uma abordagem tradicional de "regulação de transporte" e uma "abordagem de governança urbana" (DAVIDSON & INFRANCA, 2016). Discutimos a história da regulação do transporte em São Paulo e os atritos que as empresas

---

[10] Em um livro anterior, exploramos as múltiplas dimensões das economias do compartilhamento com base nos trabalhos de Yochai Benkler, Lawrence Lessig, Arun Sundararajan, Juliet Schor, Trebor Scholz e outros. Acreditamos que existem diferentes "economias do compartilhamento", não apenas uma (ZANATTA, DE PAULA & KIRA, 2017).

[11] Não é nosso objetivo discutir a teoria do experimentalismo institucional e a conexão entre racionalidade jurídica e experimentalismo democrático (UNGER, 1996). Como argumentado por Orly Lobel e Justin Desautels-Stein, os fundamentos teóricos dessa abordagem estão no trabalho de Roberto Mangabeira Unger, Charles Sabel e outros filósofos pós-Dewey. O experimentalismo institucional também está conectado com o "pragmatismo legal", um modo de pensar que defende "uma governança descentralizada, flexível e aberta a regimes de regras contínuas" (DESAUTELS-STEIN, 2007, p. 613).

TNCs provocaram com um modelo tradicional de regulação econômica do transporte. Também destacamos a agenda da mobilidade urbana em nível federal e como ela impactou o planejamento urbano em São Paulo. Argumentamos que São Paulo teve uma abordagem única para as empresas TNCs não apenas por razões políticas, mas também devido a instituições inovadoras criadas anteriormente, como *SP Negócios* e *Mobilab*.

Na segunda parte, descrevemos como a Prefeitura de São Paulo enfrentou o *problema Uber* e desenvolveu soluções inovadoras de políticas usando mecanismos de mercado e algumas das mesmas lógicas usadas pelas empresas de transporte por tecnologia que pretendiam regular. Discutimos como a Prefeitura criou o CMUV e como essa solução institucional estava profundamente conectada com experiências anteriores que buscavam equilibrar o interesse público com a inovação. Em seguida, analisamos o trabalho do CMUV e os mecanismos de mercado adotados pela Prefeitura para gerar incentivos a fim de alcançar determinados objetivos sociais. Afirmamos que uma das características únicas da experiência de São Paulo é a tentativa de usar mecanismos de mercado e análise de dados para promover a justiça social. Por fim, mostramos evidências de que o CMUV está indo além do debate sobre *viagens sob demanda* e tentando usar esse conjunto de ferramentas políticas para enfrentar problemas de inovação e uso de bens públicos (espaços públicos na cidade) no mercado de bicicleta compartilhadas.

1 Da regulação dos transportes à governança urbana no Brasil: uma breve revisão

As empresas de transporte por tecnologia (TNCs) mudaram a paisagem legal em todo o mundo e desafiaram os modelos tradicionais de regulação de transporte (RANCHORDAS, 2015; SUNDARARAJAN, 2016; TELÉSFORO, 2016; ZANATTA, PAULA & KIRA, 2017). Durante a década de 1970, a literatura de "regulação econômica do transporte" lidava com problemas de "nível de preço ótimo", "equilíbrio da indústria" e "nível de qualidade do serviço" (DOUGLAS, 1972). A literatura clássica sobre os problemas dos mercados de táxi concentrava-se principalmente em problemas de seleção de preço "para uma população de clientes com diversas preferências por qualidade de serviço" e mercados que poderiam resultar em "significativa capitalização das rendas das franquias existentes" (GEORGE, 1972, p. 116). Em resumo, essa é a versão simplificada das teorias de regulação tradicionalmente aplicadas ao transporte individual de passageiros.[12]

Seguindo Cass Sunstein, entendemos a regulação como "controles legais (autorizados por legislaturas e implementados por funcionários do executivo) que limitam ou autorizam a conduta pública ou privada a fim de promover algum objetivo social" (SUNSTEIN, 2014, p. 3). Se olharmos para a história da regulação dos transportes no Brasil (e possivelmente em outros lugares), podemos encontrar um cenário mais interessante de diferentes objetivos regulatórios, constantes tensões políticas e crescente complexidade na criação e seleção de ferramentas de implementação de políticas públicas.

A A construção da regulação do transporte privado em São Paulo

A regulamentação do transporte no Brasil remonta ao século XIX, altamente influenciada pelo Império Português e seus regulamentos municipais (*Códigos de Postura*). Mesmo antes da República brasileira – numa época em que o transporte era composto por cavalos, tilburies, bondes e *trolleys* –, cidades como Rio de Janeiro e São Paulo já sofriam "alterações das funções dos espaços em favor de maior controle e racionalização" (FREHSE, 2005). O transporte, durante esse período, tornou-se altamente regulado em termos de "regras para a segurança dos passageiros", controle rigoroso do "histórico de trabalhadores responsáveis pelo transporte" (ZANATTA, DE PAULA & KIRA, 2017, p. 135) e licenças concedidas pelas instituições de segurança como as Inspetorias de Polícia (TERRA, 2012, p. 127-128).

Em São Paulo, durante o início do século XX, quando os cavalos foram gradualmente substituídos por carros, a regulação do transporte individual também se concentrou em regulação de preços, com o objetivo de reduzir as assimetrias de poder no processo de negociação entre passageiros e motoristas (ZANATTA, DE PAULA & KIRA, 2017, p. 136). No entanto, após o *boom* de veículos e os ataques constantes

---

[12] Cass Sunstein critica a visão pura de economistas que veem uma "lógica única" para regimes regulatórios, especialmente as abordagens que partem de premissas do *laissez-faire* e que dependem exclusivamente da economia neoclássica. Em seu livro clássico sobre a ascensão do Estado regulador moderno, Sunstein afirma que "a regulação social e econômica foi projetada para promover eficiência econômica, redistribuir recursos de maneira pública, para reduzir ou eliminar a subordinação social, para refletir as aspirações coletivas, proteger gerações futuras de perdas irreversíveis e alterar preferências que são produzidas por vários defeitos motivacionais ou cognitivos "(SUNSTEIN, 1993, p. 228).

(em sua maioria por imigrantes italianos associados com ideias políticas do anarquismo e sindicalismo), a Prefeitura passou a compartilhar responsabilidades com a Secretaria de Justiça e Segurança do Estado de São Paulo.

Durante os anos 1930, e depois da "revolução e ascensão de [Getúlio] Vargas ao poder" (SKIDMORE, 2009), as regras de transporte tornaram-se progressivamente vinculadas aos Estados e não aos municípios (o objetivo de Vargas era controlar a União e confiar sua política a aliados no governo dos estados para enfraquecer o poder de seus oponentes). Eduardo Vasconcellos chama essa estratégia de "estadualização das regras de trânsito" (VASCONCELLOS, 1999) [ou "a mudança para a regulação estadual do trânsito"]. Entre as décadas de 1930 e 1960, instituições criadas pelo Estado como a Diretoria do Serviço de Trânsito foram responsáveis pela regulação do transporte, realizando atividades como "controle de fraudes em taxímetros, verificação de licenciamento, controle de qualidade de carros e processos administrativos baseados em queixas dos passageiros" (ZANATTA, DE PAULA & KIRA, 2017, p. 136).

Depois de Vargas, as cidades ganharam mais poder com o "movimento de municipalização", que influenciou a Constituição de 1967.[13] Durante a ditadura civil-militar, o general Costa e Silva assinou o Decreto nº 62.926/1968 e definiu que as cidades tinham o papel legal de (i) autorizar, permitir e regular o serviço de transporte coletivo, (ii) regular o serviço de táxis e (iii) limitar o número de carros particulares na cidade. Durante o mesmo período, o prefeito de São Paulo, Faria Lima, concebeu a Secretaria Municipal de Transporte[14] e estabeleceu as regras locais que durariam até o surgimento do Uber e de outras

---

[13] A Constituição de 1988 apenas exacerbou esse processo: "A autonomia dos municípios marca uma grande mudança no cenário político. Intervenções de esferas superiores de governo (o governo federal nos estados e municípios e os estados nos municípios) só são permitidas sob as condições estritas estabelecidas pelos artigos 34 e 35 da Constituição. (…) Além disso, os municípios estão agora autorizados a tomar decisões nas áreas mais importantes, tais como gestão territorial, desenvolvimento da terra, meio ambiente, questões de tributação local e industrialização "(PIANCASTELLI, 2005, p. 4).

[14] Segundo Raquel Rolnik (2011), as transformações das décadas de 1950 e 1960 foram de extrema importância para São Paulo. Os bondes elétricos decaíram e o transporte público se tornou progressivamente dependente dos ônibus. Em 1948, a Prefeitura criou a CMTC (Companhia Municipal de Transporte Coletivo). Durante a década de 1950, o transporte público era operado pela CMTC e 66 empresas privadas que tinham contratos (concessões) de 30 anos com a Prefeitura. Na década de 1960, São Paulo tinha 4 milhões de habitantes e 500 mil veículos. Como argumentado por Rolnik, houve uma "hegemonia nos investimentos na expansão do sistema rodoviário principal que se tornou eficaz na cidade a partir daqueles anos: entre 1965 e 1970, os investimentos no sistema rodoviário representavam, em média, 27% do orçamento total do município".

TNCs. Como discutimos em nossa pesquisa anterior sobre a história do transporte privado em São Paulo:

> O desenho regulatório criado para o transporte individual na década de 1960 permaneceu praticamente inalterado no Brasil desde então em termos estruturais (autoridade competente, controle de entrada e tarifa), com foco nos serviços de táxi. Há um número limitado de licenças que são emitidas pelo governo. Os motoristas que desejam oferecer o serviço de táxi (transporte público individual e serviço público local) devem obter tal licença de um procedimento altamente burocrático. Nesse sentido, a indústria de táxis se desenvolveu no Brasil como um mercado fechado, no qual a regulação é caracterizada, antes de tudo, por barreiras à entrada e saída do mercado e pela política tarifária (ZANATTA, DE PAULA & KIRA, 2017, p. 137).

Com base nas diferentes experiências históricas desenvolvidas localmente em São Paulo, os táxis foram considerados "transporte público individual". Esse mercado de transporte era regulado por uma autoridade pública (Secretaria Municipal de Transporte) e havia cinco metas regulatórias claras: (i) redução da insegurança em relação ao motorista com base no controle dos motoristas registrados, (ii) definição de preço previamente conhecido pelos consumidores, (iii) limitação do número de prestadores de serviços face à demanda por eles e emissão controlada de permissões, (iv) fiscalização de veículos por agentes públicos para evitar acidentes e (v) prevenção de fraudes no controle de preços mecanismo (taxímetro).

No Brasil, o modelo tradicional de "regulação de transporte" tem sido desafiado nos últimos dez anos por dois fenômenos importantes. O primeiro foi o surgimento de uma importante agenda de pesquisa sobre "transporte e mobilidade urbana", que atentou não só para a sustentabilidade desses mercados e a prestação de serviços públicos, mas também para os problemas ambientais, desigualdades geradas por subsídios fiscais para setores específicos (*e.g.*, gasolina, indústria automóvel e táxis),[15] e a relação entre mobilidade urbana e qualidade

---

[15] Eduardo Vasconcellos e outros pesquisadores apresentaram dados relevantes sobre este tema: "Os táxis recebem principalmente três formas de subsídios governamentais. O primeiro, em nível federal, é a isenção do "Imposto sobre Produtos Industrializados" para a compra de veículos novos, que é de 12% se for considerado o imposto pago para veículos com potência entre 1.000 e 2.000 cilindradas. A frota estimada de táxis nos municípios brasileiros com mais de 60 mil habitantes em 2003 foi de 162 mil, número que sobe para 200 mil quando inclui as demais cidades do país. Assumindo uma vida média de cinco anos para veículos, a renovação atual é de 20%, ou seja, 40.000 novos táxis. Considerando o valor médio igual

de vida (VASCONCELLOS, CARVALHO & PEREIRA, 2012).[16] A segunda é o papel do governo federal em propor a Política Nacional de Mobilidade Urbana (GOMIDE, 2008). Essa iniciativa enquadrou o debate sobre a regulação dos transportes sob uma visão mais ampla da mobilidade urbana, influenciada pelo trabalho anterior conduzido pelos formuladores de políticas do Ministério das Cidades e da Secretaria Nacional de Transporte e Mobilidade Urbana, criados pelo Partido dos Trabalhadores. Como argumentado por Alexandre Gomide, o governo federal entendeu que "o transporte urbano integra a política de mobilidade urbana" e que as "condições de mobilidade de pessoas e bens na cidade estão profundamente relacionadas com o desenvolvimento urbano e bem-estar social" (GOMIDE, 2008, p. 16).

O surgimento desses dois fenômenos poderia ser explicado por uma série de fatores, seja o aumento de 119% na frota nacional de veículos de 2000 a 2010, o ressurgimento da agenda de mobilidade urbana em todo o mundo,[17] ou o fortalecimento e institucionalização de uma *agenda urbana* no Brasil que foi constitucionalizada em 1988 e consolidada com o Estatuto da Cidade em 2001 (que já estabeleceu em seu artigo 3, IV, a responsabilidade da União para políticas nacionais em mobilidade urbana, habitação e outros serviços urbanos).

Como explicaremos mais adiante, quando o *problema Uber* chegou a São Paulo, a tradicional abordagem de *regulação do transporte* já estava sendo desafiada por uma abordagem de *governança urbana* influenciada pelos debates nacionais sobre mobilidade urbana.

---

[16] ao veículo médio comprado no Brasil em 2003, o subsídio anual é de 151 milhões de reais. (...) A terceira forma de subsídio é de origem municipal, pelo estacionamento gratuito e exclusivo por 24 horas na via pública. Assumindo que, de forma conservadora, 50% dos táxis têm pontos exclusivos nas estradas, isso significa 100.000 assentos exclusivos por 24 horas. Se esses táxis precisassem pagar por esse estacionamento cerca de 6 reais por dia, suas despesas seriam 600.000 reais por dia, ou 187 milhões de reais por ano. (VASCONCELLOS, CARVALHO & PEREIRA, 2012, p. 18).

[17] Em pesquisa realizada pelo Instituto Brasileiro de Pesquisas Econômicas em 2012, Vasconcellos e sua equipe afirmaram que o tempo médio de trajeto de casa para o trabalho aumentou 6% entre 1992 e 2008. Mais de 1/5 da população gastou mais de uma hora para chegar ao local de trabalho. Segundo seu relatório, "as políticas de mobilidade urbana não foram suficientes para deter a ascensão do transporte privado e a degradação das condições de trânsito urbano" (VASCONCELLOS, CARVALHO & PEREIRA, 2012, p. 26).

[17] Uma pesquisa simples no *google books ngram viewer* mostra um pico do uso relativo do termo *mobilidade urbana* em 1975 e um ressurgimento de sua relevância desde 2003: https://books.google.com/ngrams/graph?content= urban + mobilidade & year_start = 1900 & year_end = 2008 & corpus = 15 & suavização = 3 & share = & direct_url = t1% 3B% 2Curban% 20mobilidade% 3B% 2Cc0. Quanto ao termo mobilidade urbana, a ferramenta não permite consultas.

B Mobilidade urbana, governança urbana e empresas de redes de transporte

Entre 2008 e 2012, os principais atores nesse ecossistema brasileiro discutiram a Política Nacional de Mobilidade Urbana. José Carlos Xavier e Renato Boareto, da Secretaria Nacional de Transportes e Mobilidade Urbana, argumentam que o Brasil estava enfrentando uma "degradação cíclica dos serviços de transporte público e aumento do tempo de viagem". A mobilidade urbana não mais poderia ser entendida "como apenas o número de viagens que uma pessoa é capaz de fazer em um período de tempo específico", mas também "a capacidade de realizar as viagens necessárias para alcançar os direitos básicos de um cidadão, bem como a preocupação com os impactos ambientais que resultam da escolha" (XAVIER & BOARETO, 2011, p. 5). De acordo essa leitura, "mobilidade urbana sustentável" deve ser buscada "por meio de um conjunto de políticas de transporte e circulação que visem proporcionar acesso amplo e democrático ao espaço urbano, priorizando meios de transporte não motorizados e coletivos, de forma efetiva e socialmente inclusiva" (*idem*: 6). No conceito de mobilidade urbana defendido pelo governo federal, "a cidade não deve ser planejada para ter tráfego com veículos particulares fluindo em segurança, mas para ter uma ocupação baseada na lógica da moradia com qualidade de vida onde o tráfego de veículos é a consequência da circulação de pessoas" (*idem* : 7).

Em 2012, o Congresso aprovou um Projeto de Lei proposto pelo Partido dos Trabalhadores sobre a Política Nacional de Mobilidade Urbana. A Lei nº 12.587/12 definiu nove princípios para a mobilidade urbana: (i) acessibilidade universal, (ii) desenvolvimento sustentável das cidades, nas dimensões socioeconômica e ambiental, (iii) equidade no acesso dos cidadãos ao transporte público coletivo, (iv) eficiência e efetividade na prestação de serviços de transporte urbano, (v) gestão democrática e controle social do planejamento e avaliação da Política Nacional de Mobilidade Urbana, (vi) segurança da mobilidade do cidadão, (vii) distribuição justa de benefícios e ônus decorrentes da uso de diferentes modos e serviços, (viii) justiça no uso do espaço público de circulação, caminhos e lugares; (ix) eficiência e eficácia na circulação urbana. A lei também definiu diferentes tipos de transporte, conforme descrito na tabela a seguir:

Tabela 1 – Tipos de transporte na Política Nacional para a Mobilidade Urbana

Tipo	Descrição legal
Transporte coletivo público	Serviço público de transporte de passageiros acessível a toda a população mediante pagamento individual, com itinerários e preços fixados pela autoridade pública
Transporte coletivo privado	Serviço de transporte de passageiros não aberto ao público, para viagens com características operacionais exclusivas para cada linha e demanda
Transporte público individual	Serviço pago de transporte de passageiros aberto ao público, por meio de veículos de aluguel, para viagens individualizadas
Transporte urbano de mercadorias	Transporte de mercadorias ou animais
Transporte motorizado privado	Meios motorizados de transporte de passageiros utilizados para a realização de viagens individualizadas por meio de veículos particulares

Dois anos depois, quando a Uber finalmente chegou ao Brasil, essa taxonomia de transporte teve um papel-chave no debate sobre como regulamentar *empresas de transporte por tecnologia*. Um relatório de Zanatta, De Paula e Kira (2015) mostrou que, no Brasil, os taxistas alegavam que os motoristas da Uber ofereciam "transporte público individual" e, portanto, precisavam cumprir os procedimentos de licenciamento existentes e se enquadrar nas regulações aplicadas aos táxis em São Paulo. Por outro lado, representantes da Uber no Brasil alegaram que seu serviço pertencia a um novo tipo de transporte, "transporte motorizado privado" em vez de "transporte público individual".

Mahendra (2014) explica que "novos serviços de transporte de mobilidade" aproveitam os aplicativos de telefonia móvel e permitem que os cidadãos "compartilhem veículos, compartilhem viagens, acessem táxis, *rickshaws* e outras opções semelhantes de transporte público intermediário". Seu estudo identificou, em 2014, que as empresas de rede de transporte estavam se expandindo rapidamente nas cidades do Sul Global: "enquanto perturbam os modelos tradicionais de mobilidade, as TNCs também competem com os serviços tradicionais existentes e o transporte informal nessas cidades, com impactos negativos nos meios de subsistência desses operadores" (MAHENDRA, 2014: 236). Davidson e Infranca (2016) também descrevem alguns dos efeitos que as TNCs geram para o planejamento urbano:

O transporte, como surgiu na economia do compartilhamento, impacta diretamente nos padrões de deslocamento, tráfego e questões de segurança pública em nível local. Uma promessa do consumo colaborativo é que ele reduzirá o uso de carros ao explorar o excesso de capacidade de transporte pessoal, mas mesmo que essa meta otimista seja alcançada, as cidades ainda enfrentarão as repercussões imediatas de serviços de direção adicionais (ou de substituição). Esses serviços também podem proporcionar viagens a um custo que atraia os indivíduos para longe do transporte público, levando a mais veículos do que a menos nas ruas. Novamente, a tendência da economia do compartilhamento de aumentar a intensidade de uso pode criar ficções na infraestrutura de transporte e potencialmente em toda uma variedade de espaços comuns, dado que o congestionamento é um desafio onipresente para a governança urbana (DAVIDSON & INFRANCA, 2016, p. 241).

Enquanto nos Estados Unidos empresas de tecnologia como Uber e Lyft enfrentaram regulamentação de legislaturas estaduais (45 estados durante as sessões legislativas de 2015), revelando "um componente urbano" (DAVIDSON & INFRANCA, 2016, p. 246), no Brasil a discussão foi completamente abraçada pelos municípios, com uma preocupação explícita de mobilidade urbana e governança urbana. Desde o início, cidades como Rio de Janeiro e São Paulo desenvolveram soluções locais diferentes, refletindo "diferenças nas condições políticas, econômicas e sociais locais" (DAVIDSON & INFRANCA, 2016, p. 248). É verdade que "governos locais diferentes terão, naturalmente, incentivos políticos e econômicos variados para promover ou resistir ao compartilhamento", especialmente quando os reguladores estão lidando com ameaças aos incumbentes locais. Essa natureza local da regulação, por outro lado, "permite que as empresas – e os governos locais – experimentem, interajam e se adaptem, como estão fazendo" (DAVIDSON & INFRANCA, 2016, p. 249).

Acadêmicos no campo do *direito e economia do compartilhamento* nos Estados Unidos enfatizaram a natureza experimental da regulação local, a possibilidade de usar *sunset clauses* (ou cláusulas com prazo de vigência pré-determinado) para testar modelos regulatórios por meio do direito administrativo (RANCHORDAS, 2015) e as dificuldades enfrentadas pelas pequenas cidades para se adaptar; eles geralmente usam os exemplos de megacidades.[18] Eles também enfatizam a natureza

---

[18] Davidson & Infranca (2016: 252) descrevem como cidades como Kansas e San Antonio não usaram as mesmas regras desenvolvidas em Nova York e Houston. Uber ameaçou deixar a cidade se eles exigissem verificações de antecedentes de impressões digitais. A Uber

corregulatória desses mercados, considerando que as empresas de tecnologia na área de transporte também têm *regulação interna*, como *software* e algoritmos para avaliação *peer-to-peer* e diferentes formas de modificação de comportamento através de sanção econômica (*e.g.*, penalizar os motoristas que prestam um mau serviço ao consumidor ou excluindo motoristas que têm comportamento ofensivo para com as mulheres, uma vez que uma reclamação é registrada e documentada através do celular). Como argumentado por Arun Sundararajan em seu livro *The Sharing Economy*, "a regulamentação, muitas vezes entrelaçada com o provimento de confiança, nem sempre tem que se originar do governo" (SUNDARARAJAN, 2016, p. 138). Para ele, "as plataformas *peer-to-peer* podem fornecer uma base sobre a qual a sociedade pode desenvolver modelos mais racionais, éticos e participativos de regulação – modelos nos quais usuários e provedores são igualmente investidos e responsáveis por aprovar as regulamentações em questão" (*idem*: 138).

Numa "abordagem de governança urbana", como a defendida por Davidson e Infranca (2016), os problemas e impactos das TNCs devem ser medidos em termos de "transformação da economia urbana", "transformação física" e "modificações da composição dos bairros e a vitalidade das ruas das cidades", além da promoção do "capital social" dentro da cidade. Isso significa que esses novos mercados e atividades econômicas exigem uma "abordagem holística para regular a economia do compartilhamento no nível local, que explica o quão profundamente entrelaçado é o setor com o espaço urbano e a vida urbana" (DAVIDSON & INFRANCA, 2016, p. 270). Nessa nova frente regulatória, deve-se atentar aos seguintes elementos (que David e Infranca chamam de *spillover effects*):

a) A mobilização dos consumidores para lutar pelos interesses das TNCs e impulsionar o discurso político, forçando as cidades a *articular mais claramente as razões para regulamentações específicas e apoiá-las empiricamente*;

b) Novas formas de participação e consultas públicas para ajudar os reguladores no desenvolvimento de novos modelos regulatórios;

---

e a Lyft também uniram forças para aprovar uma cláusula proibindo expressamente as impressões digitais. A cidade convocou uma votação em 7 de maio de 2016 e as empresas de tecnologia perderam.

c) Acesso, pelos governos locais, aos dados que essas empresas possuem (por meio de parcerias voluntárias ou transferências impostas legalmente);

d) Níveis mais altos de transparência para a regulação do governo local;

e) Cenários nos quais os reguladores passam de conflito e confronto para parceria e confiança em dados compartilhados.[19]

No caso de São Paulo, como iremos explorar na seção abaixo, os elementos de uma abordagem de governação urbana estavam presentes e fundiu-se com uma abordagem de mobilidade urbana já defendida pelo Partido dos Trabalhadores. São Paulo também aprendeu com sua própria experiência e com cidades do Sul Global que enfrentaram os mesmos desafios.

2 O problema do Uber em São Paulo: enxergar as TNCs através das lentes urbanas

Usamos a expressão *problema Uber* para descrever o fenômeno da regulação de novos mercados de tecnologia e transporte baseados em mercados de dois ou múltiplos lados (empresas que usam plataformas online para conectar passageiros a motoristas). Em outras palavras, o problema da Uber lida com o problema da regulamentação das *empresas de rede de transporte*, conforme tratado pela *California Public Utilities Commission* em 2013 e outras autoridades públicas. O problema do Uber, nesse sentido, não se restringe ao próprio Uber, mas inclui todas as outras empresas que operam de maneira semelhante (as empresas TNCs famosas incluem Cabify, Lyft, Sidecar, OlaCabs, Didi Kuaidi, 99 e outras). De fato, Uber foi o responsável por provocar uma forte

---

[19] Davidson e Infranca usam o exemplo da cidade de Nova York: "O governo de Blasio propôs colocar limites para a Uber e, em resposta, o Uber lançou uma função 'de Blasio' em seu aplicativo, visível apenas para usuários em Nova York e pretendendo mostrar 'o que Uber será em NYC se o projeto de lei de limites do prefeito de Blasio passar". Em resposta ao alvoroço que isso causou, a administração de Blasio rapidamente abandonou os planos para um teto e anunciou um acordo através do qual a Uber compartilharia dados para um estudo dos efeitos de tráfego local dos operadores de transportes por tecnologia. Isso pode simplesmente ser interpretado como o desmoronamento do governo da cidade para uma oposição rapidamente mobilizada e generalizada. Mas também pode ser visto como um exemplo de um governo municipal propondo uma regulamentação, confrontando a oposição e, depois, através de parceria e confiança em dados compartilhados, trabalhando para construir uma resposta regulatória mais estreitamente adaptada e empiricamente fundamentada" (DAVIDSON & INFRANCA, 2016, p. 274).

resposta regulatória devido a seu conhecido comportamento agressivo de *intervir e depois pedir que as regras mudassem* (um comportamento que Frank Pasquale e Siva Vaidhyanathan chamavam de *ilegalidade* em um famoso artigo publicado no The Guardian).[20] Considerando que a empresa Uber provocou enormes debates durante o ano de 2014 em São Paulo, escolhemos essa expressão como forma de destacar um processo de regulação composto por três elementos: (i) a definição de qual é o problema e o que deve ser regulamentado, (ii) a reunião de informações para o empreendimento regulatório, (iii) a definição de regras de modificação de comportamento, colocando-as em movimento.

A O processo de regulação: aprendendo com experiências anteriores

São Paulo é um tremendo mercado para as empresas TNCs. É uma megacidade com mais de 12 milhões de pessoas e enormes problemas de mobilidade urbana. Em 2014, quando o Uber chegou lá, um mercado emergente de empresas de tecnologia já estava conectando motoristas com passageiros por meio de aplicativos para telefones celulares. Em 2013, a empresa de tecnologia "99 Taxis", com sede em São Paulo, já havia registrado 10.000 taxistas e alcançado 2 milhões de passeios.[21] Um ano depois, 9 em cada 10 taxistas em São Paulo (de um total de 35.000) usaram aplicativos para taxiar. Somente a 99 registrava 1 milhão de viagens por mês (cobrando 9% quando os passageiros pagavam com cartão de crédito).[22] As coisas mudaram radicalmente com o modelo de negócios proposto pelo Uber. Em vez de conectar os passageiros com taxistas, a Uber permitiu que qualquer adulto com carteira de motorista se tornasse um *parceiro* e oferecesse uma carona pela plataforma. Eles

---

[20] Em 2015, eles escreveram: "O Uber enfrentou restrições sufocantes às licenças de motorista de táxi na França ao lançar um serviço chamado UberPop. Várias autoridades na Europa consideraram o UberPop ilegal, mas o Uber manteve-o funcionando de qualquer maneira, conforme apelou. (...) Poder-se-ia argumentar fortemente que a França se beneficiaria de mais taxistas e mais competição. Mas isso é para o povo da França decidir através de seus representantes eleitos. O espírito do Vale do Silício não deve ditar a política para o resto do mundo. Nova York, Paris, Londres, Cairo e Nova Dheli têm valores e questões de tráfego diferentes. As necessidades locais devem ser respeitadas "(PASQUALE & VAIDHYANATHAN, 2015).

[21] Veja: https://canaltech.com.br/mercado/Taxistas-faturam-R-25-milhoes-com-aplicativo-99Taxis/.

[22] A empresa recebeu investimento de capital de risco da Monashees Capital e da Qualcomm. Veja a entrevista com Paulo Veras, ex-CEO, em: https://glamurama.uol.com.br/poder-os-altos-e-baixos-de-paulo-veras-homem-por-tras-da-99taxis/.

entraram no mercado, alegando que eles não estavam oferecendo *transporte público indivíduo*, conforme definido pela Política Nacional de Mobilidade Urbana, porque eles eram uma *plataforma fechada* em que os serviços eram privados.

Entre 2014 e 2016, discussões regulatórias sobre Uber e TNCs tiveram três fases diferentes em São Paulo. De acordo com Zanatta & Kira (2017), a primeira fase, denominada *o problema surge*, foi caracterizada por *projetos de lei propostos pela Prefeitura e Legislativo que representavam os interesses dos motoristas de táxi* e debates sobre a ilegalidade de empresas como Uber. Esses debates concentraram-se entre partes interessadas (associações de taxistas de um lado e empresas de tecnologia do outro) e não envolveram uma comunidade jurídica maior. A segunda fase, denominada *a batalha de opiniões jurídicas*, envolveu processos levados ao Poder Judiciário em 2015 e uma enorme quantidade de pareceres de advogados conhecidos no Brasil sobre a natureza jurídica do transporte individual e o regime legal que deve ser aplicado. Como argumento pelos autores, as principais questões mudaram e a questão "não era binária (é legal ou ilegal?), Mas sim reflexiva e conceitual (por que o serviço de taxista deveria ser considerado público?)" (ZANATTA & KIRA, 2017, p. 8). A terceira fase, denominada *regulação experimental*, começou com a aprovação da Lei nº 349/2014 pela Assembleia Legislativa e a sanção da Lei nº 16279/2015 pelo prefeito Fernando Haddad. O poder executivo procurou regulamentar essas novas empresas de tecnologia e começou a desenvolver uma estratégia para regular a Uber, entre outras, com base em normas do executivo. Nesse estágio, "o debate sobre a proibição, por um lado, e a permissão, por outro lado, perdeu o protagonismo perante a consciência de muitos reguladores sobre a expansão incontrolável dos serviços de transporte mediados por smartphones, bem como os impactos urbanos de tal mercado, ou seja, proteção ambiental, gestão de tráfego e gestão de sistemas de mobilidade urbana como um todo, integrando o transporte individual a outros modos e dinâmicas urbanas" (ZANATTA & KIRA, 2018, p. 9). A marca desta fase foi a abertura de uma consulta pública sobre o *Decreto de Regulação da Exploração Econômica do Uso Intensivo do Viário Urbano.*

Percebe-se a crescente complexidade das discussões em São Paulo neste curto período de tempo de dois anos. A tabela abaixo, criada por Zanatta & Kira (2018), descreve como as diferentes fases tiveram um número crescente de atores legais e uma discussão mais sofisticada sobre como regular as TNCs.

Tabela 2 – Do conflito ao regulamento experimental: três períodos diferentes

	Atores	Instrumentos Jurídicos	Questões principais
"Problema surge"	Uber Motoristas de taxi Vereadores	Projetos de lei (nível municipal)	Legal ou ilegal? Por ou contra?
"Batalha de opiniões legais"	Uber Motoristas de taxi Vereadores Professores de Direito Advogados Prefeitura Autoridade da Concorrência Centros de pesquisa	Projetos de lei (níveis municipais) Petições judiciais Decisões judiciais Opiniões Jurídicas Audiências públicas convocadas pelo poder Legislativo	O que torna o transporte individual público? Qual é o regime legal que deve ser aplicado?
"Regulação experimental"	Uber Motoristas de taxi Vereadores Professores de Direito Advogados Prefeitura Autoridade da Concorrência Centros de pesquisa Secretaria de negócios da prefeitura Secretaria de infraestrutura de prefeitura	Projetos de lei (municipal e federal) Audiências públicas Consultas Públicas Notas técnicas (executivo) Decretos	Como regulamentar novas empresas que operam no setor de transportes? Como conseguir o equilíbrio no mercado com a entrada de novos jogadores? Como regular as TNCs para atingir metas de políticas públicas?

Fonte: Zanatta & Kira (2017).

Em vez do Rio de Janeiro, que adotou uma abordagem conservadora e se limitou a discussões binárias de legalidade e ilegalidade durante os anos de 2014 e 2015, São Paulo testou diferentes formas de regulação. O primeiro não foi tão bem sucedido. A Prefeitura ampliou o número de licenças (medalhões) e criou uma nova categoria de motoristas, inspirada no UberBlack. A Secretaria de Transporte lançou 5.000 licenças para *táxis pretos* e aplicativos selecionados para motoristas que desejavam ter o direito legal de oferecer seus serviços como *transporte público individual*. Os requisitos para a obtenção de uma licença eram: (i) disponibilidade de meios eletrônicos de pagamento, (ii) a adoção de uma tecnologia de plataforma para conectar os usuários e motoristas de táxi, (iii) o uso de mapas digitais, a avaliação do serviço pelos usuários, e uma identificação eletrônica do driver a ser disponibilizada ao usuário. Os *táxis pretos* também permitiram a adoção de taxas flutuantes, sujeitos ao limite de aumento de 25% da categoria regular.[23]

Essa primeira tentativa de regulação não produziu os resultados esperados. A Prefeitura esperava que os motoristas conectados com a Uber e outras empresas de tecnologia solicitassem a licença dos "táxis pretos", considerando que dirigir sem autorização poderia ser entendido como ilegal. No entanto, no mesmo dia em que a Prefeitura lançou o Decreto, o Uber anunciou que não reconhecia a legitimidade do regulamento e que os *táxis pretos* não deveriam ser tratados como táxis.[24] Apoiado pela posição pública da empresa, milhares de motoristas continuaram a operar na cidade. Na verdade, o lançamento de 5.000 licenças beneficiado taxistas que trabalhavam em condições precárias, geralmente *alugando a licença* de outros taxistas registrada em uma base semanal (táxis de frota). A segunda razão pela qual o regulamento falhou foi direcionado aos motoristas da UberBlack. Três meses antes da proposta da Prefeitura, a empresa norte-americana lançou o "UberX" no Brasil, permitindo que qualquer pessoa com um carro fabricado após 2008 ofereça passeios pelas aplicações.[25] Esse cenário de oposição e incompatibilidade fez com que a Prefeitura repensasse a forma de regular as TNCs.

Entre outubro e dezembro de 2015, o prefeito Fernando Haddad pediu à equipe da SP Negócios (agência pública de empreendedorismo) e Mobilab (laboratório ou mobilidade urbana e big data) para desenhar um novo sistema regulatório. Essas instituições públicas realizaram uma série de mesas-redondas com pesquisadores[26] e partes interessadas

---

[23] Veja http://www.internetlab.org.br/en/opinion/regulating-individual-transportation-in-sao-paulo-what-is-at-stake/.

[24] Veja https://sao-paulo.estadao.com.br/noticias/geral,prefeitura-de-sp-lanca-5-mil-alvaras-de-novo-servico-de-taxi,1776724.

[25] Veja https://economia.estadao.com.br/noticias/geral,versao-mais-barata-do-uber-chega-ao-brasil-imp-,1704887.

[26] Em duas reuniões com a SP Negócios em 2015, discutimos nossa pesquisa comparativa em andamento que foi publicada em 2017 (ZANATTA, PAULA & KIRA, 2017). Naquela época, explicamos que as TNCs eram reguladas de novas maneiras, indo além das regras tradicionais de "quantidade e qualidade" do mercado de táxis. Ao estudar a experiência de 21 megacidades em todo o mundo, vimos regras destinadas a: (i) compartilhar dados de empresas de tecnologia com autoridades públicas, (ii) manter servidores de dados em jurisdições específicas, (iii) disponibilizar informações de motoristas aos usuários, (iv) auditar o sistema de avaliação / classificação de motoristas, (v) proteger os dados pessoais gerados através de plataformas, (vi) combater a desigualdade de gênero e crimes contra a

e procuraram ativamente inspirações em outras megacidades como a Cidade do México, Bogotá e Nova Deli. Em dezembro, a prefeitura abriu uma consulta pública com uma *proposta inovadora para a regulação dos operadores de transporte credenciados que fazem uso do viário urbano.*[27] Os reguladores criaram um novo conceito legal para as empresas de rede de transporte – que chamaram de *Operadora de Transporte Credencial (OTCs)* –, uma categoria diferente de *transporte público individual* (táxis). A principal preocupação da Câmara Municipal foi a gestão das externalidades geradas pelo uso do viário urbano (ruas e avenidas), um bem público mantido por impostos e pelo setor público. Como explicaremos a seguir, a principal característica dessa proposta experimental foi a obrigação, imposta ao setor privado, de comprar quilômetros de crédito para os OTCs, mediante autorização do governo, emitida após o pagamento de um preço público.

Conforme desenhado pela Prefeitura, o uso do crédito flutuaria dependendo de variáveis como o horário do passeio, pontos de início e término ou tipo de carro utilizado (assim, seria possível incentivar comportamentos dos agentes relevantes, cobrando menos para passeios na periferia da cidade). A Prefeitura também definiu obrigações de colaboração com o Mobilab, o Laboratório de Mobilidade Urbana, especialmente em coleta de dados e análise de dados. Na próxima seção, discutiremos os detalhes desses modelos e se eles funcionaram.

B   Uso de mecanismos de mercado e análise de dados para promover a justiça social

O modelo regulatório proposto pela equipe do prefeito Fernando Haddad é bem desenhado. Se considerarmos a ampla definição de Julia Black dos processos de regulação (definindo o que deve ser regulado, definindo por que uma questão deve ser regulada, criando mecanismos de coleta de informações e definindo técnicas de modificação de comportamento),[28] podemos ver claramente tais elementos na versão preliminar do decreto:

---

mulher, (vii) gerar incentivos para passeios em áreas pobres, (ix) permitir subsídios cruzados (cobrança de impostos e investimento em transporte público).

[27] Veja http://www.internetlab.org.br/en/opinion/regulating-individual-transportation-in-sao-paulo-what-is-at-stake/.

[28] A contribuição de Julia Black para a teoria da regulação é enorme. Durante anos, ela defendeu que "podemos construir uma conceituação de regulação que seja consistente com a perspectiva de descentralização, de modo a desenvolver uma compreensão de regulação descentralizada que nos permita reconhecer melhor como determinadas formas de poder

a) *Definição do que deve ser regulamentado:* o decreto fez uma distinção entre os passeios que são puramente "compartilhados" e outros que são o resultado de uma atividade econômica entre motoristas e passageiros mediada por uma empresa de tecnologia e uma plataforma acessível através de telefones celulares;

b) *Definição de por que deve ser regulamentada:* a Prefeitura acredita que o setor público deve monitorar o impacto sobre os operadores históricos e o número de motoristas que ocupam as ruas, potencialmente gerando poluição e engarrafamentos. O setor público também deve cobrar pelo uso de um bem público em um sistema de créditos por quilômetros, permitindo que o regulador influencie quando e onde os passeios ocorrem por meio de um sistema de preços flutuante;

c) *Obtendo informações para regular:* Além da tradicional coleta de informações por meio de registro, o decreto estabeleceu uma abordagem colaborativa entre as empresas TNCs e a Mobilab por meio do compartilhamento de dados para a mobilidade urbana;

d) *Técnicas de modificação do comportamento:* Em vez de um sistema puramente de comando e controle, a Prefeitura decidiu modificar o comportamento das empresas de tecnologia ("operadoras") com incentivos de mercado. No modo em que foi projetado, o operador deve comprar créditos por quilômetros para permitir que os *motoristas parceiros* estejam na estrada. Se eles só permanecerem no centro da cidade durante os horários de pico, o crédito será usado mais rapidamente (o preço a ser no centro da cidade seria mais caro, por assim dizer). Se forem às periferias e aos arredores da cidade, o crédito durará mais (o preço seria menor).

---

e controle são exercidas em toda a sociedade". (BLACK, 2017: 20). A análise centralizada da regulamentação baseia-se em "regras respaldadas por ações" de regulamentação de controle e comando. A análise descentrada envolve complexidade, fragmentação, interdependências, ingovernabilidade e rejeição de uma clara distinção entre público e privado. Como argumentado por Black, "as análises descentralizadoras também recorrem a noções foucaultianas de poder à ênfase que, além da fragmentação do conhecimento, há fragmentação de poder e controle. O governo não tem o monopólio do exercício do poder e controle. Pelo contrário, está disperso entre os atores sociais e entre os atores e o Estado" (BLACK, 2017, p. 21).

Na primeira vez em que o modelo foi apresentado, pesquisadores do projeto *Transporte para o Desenvolvimento* do Banco Mundial o descreveram como uma *proposta inovadora*. Segundo eles, "essa abordagem criaria um mercado para esses créditos e estaria alinhada com o princípio comumente conhecido no setor de seguros de veículos como *pay-as-you-drive*, e permitiria que a cidade recebesse uma taxa de TNCs pelo uso comercial de sua infraestrutura viária pública, que pode então ser usada para melhor manejar e manter".[29]

De acordo com o Banco Mundial, a regulamentação "dá a São Paulo mais flexibilidade na criação e precificação de incentivos para as TNCs oferecerem serviços que complementem o transporte público e os táxis em períodos fora de ponta, particularmente em áreas carentes e para populações carentes". Além disso, o decreto "requer que as empresas TNCs forneçam a São Paulo dados sobre origens de viagem e destinos, tempos, distâncias e rota de viagem, preço e avaliação do serviço".

São Paulo foi a primeira cidade a projetar algo assim: um modelo regulatório baseado em preços dinâmicos para o uso da estrada, baseado em dados e análises em tempo real, e preços diferenciados (ou taxas) para *veículos-quilômetros* em congestionamentos. áreas ou áreas carentes e bairros.[30] Em outras palavras, a Prefeitura *hackeou* a ideia de preços dinâmicos – uma das principais inovações das TNCs nesses mercados – e a usava em favor de metas urbanas e sociais, como a melhoria do transporte em áreas carentes (gerando recursos econômicos e incentivos/preços mais baixos para motoristas e TNCs estarem lá) ou o desestímulo ao uso de veículos particulares em áreas centrais da cidade (bem cobertos por infraestrutura de transporte de massa). Também obrigou, na primeira proposição, que as empresas TNCs deveriam comprar créditos de quilômetro a serem utilizados por motoristas do sexo feminino, abordando uma lacuna de desigualdade de gênero.[31]

Esse empreendimento regulatório é muito consistente com as "justificativas [*rationales*] para a regulação" defendidas pelo teórico legal Tony Prosser (2010). Como se pode ver, o modelo não é simplesmente projetado para corrigir falhas de mercado (e não é percebido como uma

---

[29] Disponível em: https://blogs.worldbank.org/transport/sao-paulo-s-innovative-proposal-regulate-shared-mobility-pricing-vehicle-use:.

[30] Como pudemos avaliar em uma revisão de todas as experiências regulatórias existentes até 2015 em Zanatta, De Paula & Kira (2017)..

[31] De acordo com o decreto, 15% de todos os motoristas do TNC devem ser do sexo feminino.

invasão no setor privado). O regulamento tem fortes objetivos sociais e econômicos. Os mecanismos de mercado e as técnicas de análise de dados são usados para, pelo menos em teoria, corrigir desequilíbrios de poder e desigualdades sociais. Isso é consistente com as teorias contemporâneas de justiça aplicadas ao transporte. Rafael Pereira, Tim Schwanen e David Banister, da Universidade de Oxford, defendem que "uma política de transporte é justa se distribuir investimentos em transportes e serviços de maneira a reduzir a desigualdade de oportunidades". De acordo com esses estudiosos, "embora objetivando melhorar os níveis gerais de acessibilidade, as políticas devem priorizar os grupos vulneráveis e, assim, mitigar as desvantagens moralmente arbitrárias que reduzem sistematicamente seus níveis de acessibilidade, como idosos, deficientes ou nascidos em uma minoria étnica ou família pobre" (PEREIRA, SCHWANEN & BANISTER, 2017, p. 186).

É claro que a *priorização de grupos vulneráveis* é extremamente limitada quando se trata de transporte privado, que geralmente é muito mais caro que o transporte público (ônibus e metrô) e, portanto, menos acessível para cidadãos de classes mais baixas. É difícil falar sobre inclusão e mobilidade urbana baseado em empresas TNCs, embora a alegação de que TNC s promover algum tipo de inclusão e fornecer o transporte privado para áreas carentes.[32] No entanto, no caso de São Paulo, sustentamos que o modelo regulatório proposto pela Prefeitura tem um forte componente de redução da desigualdade, como percebido pelo seu desenho institucional e metas regulatórias.

Na próxima seção, passamos da análise dos objetivos regulatórios para a discussão sobre o desenho institucional e o experimentalismo jurídico que ocorreu no nível municipal em São Paulo. Sustentamos que o *problema Uber* abriu espaço para a criação de CMUV, uma comissão *multidepartamental* que lida com externalidades dos bens públicos de uso (viário urbano) e para o alinhamento entre o transporte público e meios de transporte alternativos.

---

[32] Rachel Telésforo acredita que as empresas TNCs poderiam substituir ônibus e transporte público se elas forem ineficientes. Ela menciona estudos de Portugal (*International Transport Forum*) e experimentos no México e afirma que eles poderiam reduzir os engarrafamentos e os custos para o setor público (TELÉSFORO, 2016: 74-77). Nós não acreditamos que existem elementos para endossar essa tese, mas concordamos com ela quando ela argumenta que "a fim de continuar operando, as economias de partilha, especialmente Uber, terá de demonstrar a sua capacidade para reduzir as desigualdades. A possibilidade de interconectar passageiros a periferias e áreas excluídas da estrutura urbana tradicional – seja pela distância ou pela falta de transporte público, como ônibus e metrô – torna-se importante" (TELÉSFORO, 2016, p. 78).

C O desenho institucional do regulamento e o papel do CMUV

O Decreto Municipal nº 56.981 de 2016[33] criou o CMUV e definiu o marco regulatório das TNCs em São Paulo para *regulamentar a exploração da atividade comercial de transporte individual, carona solidária e condução autônoma*. Seu fundamento jurídico, como instrumento de regulação, foram precisamente os referidos artigos 12 e 18, I da Lei de Política Nacional de Mobilidade Urbana, que lidam com os serviços de interesse público de transporte individual.

A definição de um tópico regulamentado mais amplo do que as TNCs, cobrindo *carpooling* e veículos autônomos, extrai de debates anteriores em contextos locais e federais (e internacionais) nos quais as TNCs pretendiam contornar as regulamentações argumentando sua natureza *compartilhada* em oposição a um setor tradicional. Também mostra que a estrutura regulatória a ser criada deve ser capaz de utilizar diferentes conjuntos de ferramentas para regular os provedores de serviços em áreas semelhantes, mas distintas, bem como para perseguir múltiplos objetivos de interesse público.

Nesta matéria, os objetivos estabelecidos no artigo 2º do decreto mostram a lógica urbana inerente a este regulamento:

Art. 2º – As vias públicas integrantes do Sistema Municipal de Mobilidade e seu uso e exploração obedecerão às seguintes diretrizes:

I – evitar a ociosidade ou sobrecarga da infraestrutura disponível;

II – racionalizar a ocupação e uso da infraestrutura existente;

III – proporcionar melhoria das condições de acessibilidade e mobilidade;

IV – promover o desenvolvimento sustentável da cidade de São Paulo em suas dimensões socioeconômica e ambiental;

V – garantir a segurança nos deslocamentos das pessoas;

VI – fomentar o desenvolvimento de novas tecnologias que aprimorem o uso dos recursos do sistema;

VII – alinhar-se com o incentivo ao uso do transporte coletivo e modos alternativos de transporte individual.

Tais objetivos se baseiam na lógica do decreto:[34] estradas são bens públicos no sentido econômico, há uma tendência de uso excessivo

---

[33] Todos os documentos oficiais referentes ao CMUV estão disponíveis em: http://www.prefeitura.sp.gov.br/cidade/secretarias/transportes/acesso_a_informacao/index.php?p=227570.

[34] Este não é um conjunto definitivo nem oficial de premissas que regem o decreto; eles podem ser extraídos do texto e dos instrumentos do decreto (especialmente os artigos 8º

desses bens, se não for regulamentado, esquemas de preços podem ser adaptados para incentivar e dificultar o comportamento individual para promover objetivos de interesse público, existe um ótimo equilíbrio a ser perseguido na gestão do sistema de mobilidade municipal em seus diversos aspectos, e, em sua totalidade, gerenciar e controlar a disponibilidade e o preço do transporte é uma ferramenta importante para governar o desenvolvimento urbano.

É importante observar que esses objetivos e fundamentos não se aplicam apenas às TNCs, mas a todo *uso comercial intensivo de vias públicas na cidade,* incluindo veículos autônomos e esquemas de compartilhamento de bicicletas.[35] Este será um aspecto importante do desenvolvimento da CMUV como órgão dirigente dos aspectos comerciais das estradas de São Paulo.

Ao regulamentar as empresas TNCs, o decreto estabeleceu que qualquer empresa realizando atividades comerciais relativas a transporte urbano e usando intensamente o viário urbano deveria ser registrado na cidade como Operador de Tecnologia de Transporte Credenciado, a fim de operar em São Paulo. Ao fazer isso, o regulamento visa resolver dois problemas diferentes: a aplicabilidade de tais normas para as empresas de transporte em rede e a viabilidade prática de regular tais atividades. Ao definir que os OTTCs são os intermediários entre o cliente e os motoristas, os reguladores evitaram discussões legais sobre a definição de empresas TNCs como empresas de transporte ou tecnologia. Além disso, regulamentando os OTTCs como principais responsáveis perante o município pelo fornecimento de dados sobre as viagens, pagando preços públicos pelo uso intensivo de estradas, mantendo registro e registro junto à autoridade pública de todos os seus condutores e assegurando padrões mínimos de qualidade, o regulador optou por não monitorar cada veículo como um possível provedor de

---

a 12, que definiram os critérios de precificação), a partir das conversas mantidas entre os reguladores e nós mesmos, e das transcrições das reuniões do CMUV, principalmente os primeiro e terceiro encontros (realizados em maio e julho de 2016).

[35] É óbvio que as empresas de compartilhamento de bicicletas usam esse bem público de forma menos intensiva do que as empresas que colocam veículos autônomos nas estradas de São Paulo. Em entrevistas com empresários da indústria de compartilhamento de bicicletas e órgãos reguladores, descobrimos um intenso debate sobre preços de bicicletas sem estação (o que teria consequências para empresas de tecnologia como a MoBike e a Yellow). O município está preocupado com o uso de espaços públicos e externalidades criadas para os cidadãos (*e.g.,* sair de casa de manhã e enfrentar quatro ou cinco bicicletas na calçada). Os órgãos reguladores da CMUV também acreditam que deve haver um preço justo para o uso da infraestrutura pública da cidade. Não está decidido se este pagamento ocorrerá através de um imposto municipal (Imposto Territorial Urbano) ou um preço público estabelecido por uma resolução.

transporte, mas transferiu para algumas empresas a responsabilidade de responder em seu nome.

Outro aspecto notável da regulação de São Paulo é que ele resolveu a "tragédia dos comuns" ou problemas de tamanho de mercado ao não determinar um número fixo de motoristas autorizados a circular (o que implicaria um sistema de aplicação onerosa e, muito provavelmente, ser mal aplicada). Em vez disso, passou a cobrar por quilômetro viajado com passageiros. Além disso, ele permitiu que o órgão regulador (CMUV) pudesse determinar o preço a ser responsável pelo "crédito de quilômetro". Este instrumento de precificação não define um número anterior de viagens, motoristas ou veículos usando a infraestrutura pública. Em vez disso, permite que a cidade avalie esse mercado mensalmente, restabelecendo a próxima rodada de créditos a serem vendidos. Além disso, como já apontado, possibilita diferentes preços por quilômetro por região da cidade, tipo de serviço de transporte (passeios compartilhados *vs* individuais), gênero de motorista, horário do dia, emissões veiculares, integração com serviços de transporte coletivo, ou qualquer outro objetivo a ser perseguido de acordo com os objetivos do decreto.[36]

O decreto delegou ao órgão regulador a autoridade para determinar e especificar a maioria de seus instrumentos regulatórios, seja o preço real dos *créditos de quilômetro* ou os *padrões de qualidade* do serviço. Essas definições específicas são institucionalizadas por resoluções elaboradas pelo CMUV, composto pelos seguintes departamentos: (i) Transporte e Mobilidade, (ii) Finanças, (iii) Distritos locais, (iv) Desestatização e Parcerias, (v) Governo e (vi) Serviços e Construção Pública.

Um ano após a criação do CMUV, a instituição aprovou a Resolução nº 14/2017 estabelecendo os *fatores de multiplicação das categorias de incentivos e desincentivos para o uso da via pública*. A tabela abaixo mostra como o mecanismo de precificação flexível foi usado pelos reguladores para modificar os preços públicos do crédito de quilômetro (*preço público da outorga*):

---

[36] De acordo com a Resolução nº 15, aprovada em 7 de maio de 2017, os órgãos reguladores podem coletar os seguintes dados das TNCs: (i) porcentagem do deslocamento fora do centro da cidade (*centro expandido*), (ii) se o motorista é do sexo masculino ou feminino, (iii) o veículo está adaptado para pessoas com mobilidade reduzida (qualquer tipo de deficiência física), (iv), se o veículo é combustível l ed por recursos poluente (*Matriz Energética poluente*) ou se é de combustível l ed por recursos não poluentes (*Matriz energética não poluente*), (v) avaliação (de 1 a 5), (vi) comentários escritos pelos consumidores (até 140 caracteres).

Tabela 3 – Mecanismos de precificação para reduzir a desigualdade e alcançar metas sociais (Resolução 14/2017)

Fator multiplicador	Categoria	Fator aplicado ao preço público
M1	Quilômetro executado por motorista do sexo feminino	10%
M2	Quilômetro executado por carros acessíveis (adaptados para pessoas com deficiências)	10%
M3	Quilômetro executado por veículo híbrido ou não poluente	10%
M4	Quilômetro executado fora do centro da cidade	50%
M5	Quilômetro executado entre 10h e 17h	70%
M7	Quilômetro executado entre as 20h e 22h	50%
M8	Quilômetro executado aos domingos e feriados	70%
M9	Quilômetro executado em um sistema de compartilhamento de viagens (mais de um passageiro) por uma chamada	50%
M10	Quilômetro executado em um sistema de compartilhamento de viagens (mais de um passageiro) por duas chamadas	30%
M11	Quilômetro executado em um sistema de compartilhamento de viagens (mais de um passageiro) por três chamadas	20%
M12	Quilômetro executado em um sistema de compartilhamento de viagens (mais de um passageiro) por quatro chamadas	10%

Em suas Resoluções nº 1, 2 e 3, a CMUV detalhou os procedimentos para registro como *OTTC*, as metas de uso ótimo das rodovias (como medida interna de precificação), e definiu os primeiros preços específicos por quilômetro, considerando os critérios de diferenciação acima mencionados. Desde então, redigiu uma série de resoluções sobre TNCs, a maioria relacionada a variações e definições de preços, mas também auditoria de informações da TNC, especificações de compartilhamento de dados e qualidade de serviço (normas veiculares, requisitos de treinamento de motoristas, vestuário, verificação de antecedentes e registro dos motoristas).

Quatro considerações poderiam ser feitas após a leitura dos documentos oficiais do CMUV. Primeiro, a Resolução nº 16 (a controvertida norma que definiu padrões de qualidade e registro de controladores), embora necessária, mostra um distanciamento de sua lógica inicial de regulação de preços como uma ferramenta para simplificar a atividade regulatória. Um segundo ponto é que, independentemente do objetivo declarado de utilizar os dados para promover o interesse público, ainda não há estudos ou divulgação dos dados coletados das TNCs. Várias análises da dinâmica urbana podem acumular-se a partir desses dados agregados e a própria atividade regulatória pode ser substancialmente aprimorada se for bem empregada. Esta falta de políticas baseadas em evidências para calibragem do sistema de preços mostra que a moldura regulatória e os instrumentos de regulação estão longe de serem utilizados em suas melhores possibilidades. Além disso, esses dados poderiam informar outros tipos de políticas, como concorrência e antitruste, que se tornaram uma grande preocupação na economia de plataformas (CARVALHO & MATTIUZZO, 2017), que a própria Prefeitura demonstrou interesse em definir progressivamente maiores *créditos de quilômetros* para usuários pesados e, recentemente, criando uma empresa virtual de intermediação de táxis para aliviar as taxas cobradas pelas empresas (99 e outras) aos motoristas de táxi.

No entanto, e finalmente, o sistema de registro e de preços, ao permitir uma regulamentação mais flexível e direcionável, ao contrário da rigidez das concessões e barreiras de entrada, mostrou-se eficiente e justificou a expansão do alcance do CMUV para outros domínios, como estacionamento e o *bike-sharing* (compartilhamento de bicicletas). Desde sua criação em maio de 2016, o CMUV elaborou 18 resoluções e ampliou seu alcance de empresas TNCs para aplicativos de estacionamento e regulamentação de bicicletas compartilhadas, tendo também elaborado notas técnicas sobre a regulamentação de veículos autônomos e as razões socioeconômicas e jurídicas por trás de suas resoluções.

Muitas de suas 18 resoluções dizem respeito a empresas TNCs, embora algumas delas se concentrem em outros setores regulados (principalmente estacionamento e bicicletas compartilhadas), que foram atribuídas à CMUV após o decreto inicial e como prova de sua flexibilidade e capacidade de regulamentar os diversos setores que usam o viário urbano. A composição multidepartamental da CMUV – envolvendo reguladores do campo da mobilidade urbana, finanças públicas, parcerias público-privadas e infraestrutura – também mostra os múltiplos objetivos de interesse público envolvidos neste tipo de regulamentação da TNC e seu caráter de governança urbana.

Finalmente, uma característica importante do CMUV é seu mandato para procedimentos administrativos e sancionamento de empresas que violam as normas aplicadas às TNCs. Em dezembro de 2017, a CMUV determinou que a *Uber do Brasil Tecnologia Ltda* violou a Resolução nº 1/2016 por não cumprir com as obrigações de compartilhamento de dados.[37] Nos termos do artigo 8º da Resolução, a Uber deve registrar veículos e motoristas e compartilhar informações sobre os passeios com a Prefeitura *diariamente*.[38] A Uber não cumpriu a disposição e a CMUV deu início a um processo administrativo de sanção. A CMUV determinou que a Uber violou as disposições municipais e multou a empresa de tecnologia em 0,5% de todos os ganhos das TNCs em um ano.

D Indo além dos passeios sob demanda: serviços de compartilhamento de bicicletas

Como discutido acima, o CMUV foi criado com uma mentalidade de governança urbana, uma composição multidepartamental e uma missão para promover o desenvolvimento sustentável da cidade de São Paulo em suas dimensões socioeconômicas e ambientais. Um fenômeno interessante que ocorreu nos últimos dois anos é que a instituição foi além do debate sobre *corridas sob demanda* (*ride-sharing*). Ao ler as transcrições das reuniões e as resoluções aprovadas pelo Comitê, percebe-se um crescente interesse da CMUV em estabelecer regras para a exploração econômica dos serviços de compartilhamento de bicicletas na cidade de São Paulo.

Em 12 de dezembro de 2017, os reguladores da CMUV propuseram um sistema de *preço público* a ser pago pelos operadores de sistemas de compartilhamento de bicicletas (OTTCs). O preço seria pago levando em consideração a área ocupada pela parcela e poderia corresponder de 0,3% a 0,5% do *valor venal* do metro cúbico dos prédios na área ocupada pelas bicicletas. A fórmula matemática incluiria o valor unitário do lugar de estacionamento, a porcentagem a ser cobrada e a área ocupada

---

[37] CMUV, Procedimento para Aplicação de Penalidade, PA 2017-0.131.954-0, Uber do Brasil Tecnologia LTDA.

[38] Os dados exigidos foram: (i) identificação única da chamada, (ii) hora e data, (iii) latitude da chamada, (iv) longitude da chamada, (v) endereço de origem, (vi) duração da chamada carona, (vii) número do CPF do motorista (CPF), (viii) licença do veículo, (ix) distância do trajeto, (x) valor total em reais, (xi) valor por quilômetro, (xii) desconto, (xiii) avaliação (1 a 5). Ver a Resolução CMUV, Anexo II, n. 1, 12 de maio de 2016.

pela estação.[39] Estabelecem igualmente um sistema regressivo em que a percentagem do valor unitário diminui se o número de bicicletas aumentar (até 5 000 bicicletas são fixadas em 0,5% do valor unitário, de 5.001 a 10.000 são fixadas em 0,4% e mais de 10.001 estão fixados em 0,3%). Sergio Avelleda, então presidente da CMUV, defendeu que todas as áreas da periferia de São Paulo teriam a maior quantidade de desconto (o valor Pe, na fórmula matemática descrita na nota de rodapé 41, seria de 0,3%), considerando *a necessidade de atender a população de bairros distantes do centro da cidade, em que a densidade urbana necessária à eficiência do sistema não é a mesma do centro da cidade.* A ideia, segundo Avelleda, seria gerar incentivos para que as pessoas usem as bicicletas como última milha, levando as bicicletas para casa e voltando às estações em 14 horas.

Em 12 de dezembro de 2017, a CMUV publicou a Resolução nº 17, que *regulamenta o licenciamento de Empresas de Redes de Transporte para explorar os serviços de compartilhamento de bicicletas disponíveis em vias públicas.* A Resolução regula a atividade de empresas de tecnologia que oferecem dois tipos de serviços de compartilhamento de bicicletas: (i) serviços de compartilhamento de bicicletas com estações fixas e (ii) serviços de compartilhamento de bicicletas sem estação (*dockless*). A estrutura e os objetivos regulatórios desta resolução são muito semelhantes aos do anterior – a solução para o problema Uber em São Paulo.

O regulamento de compartilhamento de bicicletas criado pelo CMUV tem três componentes principais: (i) define uma série de requisitos para o licenciamento de empresas TNCs, (ii) usa um sistema de preços flexíveis (prêmio público anual) com incentivos para a periferia e áreas carentes, (iii) define também uma série de obrigações de compartilhamento de dados e proteção de dados pessoais de seus usuários.[40] Uma inovação importante é a possibilidade de pagamento com o cartão de transporte público (Bilhete Único). De acordo com

---

[39] A fórmula é "P = V * Pe * Ae" em que P é o preço público por ano, V é o valor unitário do espaço urbano, Pe é a porcentagem de V a ser cobrada e Ae é a área ocupada pela estação de bicicleta.

[40] De acordo com o Anexo II da Resolução nº 17/2017, a Prefeitura exige os seguintes dados das TNCs: (i) identificação única da viagem, (ii) hora e data da viagem, (iii) término da viagem, (iv) identificação do local de o início, (v) ID do lugar de estacionamento no final, (vi) identificação única da bicicleta, (vii) pagamento (dinheiro, cartão de crédito, cartão de débito ou cartão de transporte público), (viii) período em que a bicicleta foi utilizado, (ix) avaliação por usuário (de 0% a 100%), (x) comentários de usuários (até 140 caracteres). Em relação ao estacionamento, a Prefeitura também exige (i) latitude, (ii) longitude, (iii) endereço de estacionamento e (iv) região geográfica (0 se encontra no centro da cidade, 1

a nota técnica produzida pela Secretaria de Mobilidade Urbana, a regulamentação dos serviços de compartilhamento de bicicletas em São Paulo poderia ter "efeitos positivos para a mobilidade urbana na cidade", impactando não só os cidadãos da cidade de São Paulo, mas toda área metropolitana.

Como se pode ver, há muitas evidências de aprendizado e experimentação institucional em nível local. No entanto, como veremos na próxima seção, existem controvérsias sobre a legalidade desses experimentos.

E   Desafios legais ao experimentalismo local

A legalidade da abordagem inovadora projetada pela Prefeitura não é consensual entre a comunidade jurídica brasileira. Em 2017, o CMUV foi contestado na esfera jurídica e dogmática, isto é, tanto por juízes quanto por acadêmicos.

Floriano Azevedo Marques Neto, renomado estudioso do ramo de telecomunicações e professor de Direito Econômico da Universidade de São Paulo, publicou e ensaio afirmando que os regulamentos do CMUV são "cheios de distorções e excessos" (MARQUES NETO, 2017). Focando na Resolução nº 16, Marques Neto argumentou que o regulamento é "excessivo em termos materiais, inadequado para o que foi projetado, viola normas constitucionais e a jurisdição do município" (MARQUES NETO, 2017). Para ele, o transporte individual de passageiros é uma "atividade econômica livre" de acordo com a Constituição Brasileira e não deve ser regulamentado pelos municípios. De acordo com seu parecer e entendimento jurídico, a Prefeitura distorceu a interpretação da Política Nacional de Mobilidade Urbana e enquadrou as TNCs na mesma categoria como "transporte público indivíduo", criando poderes legais para a Prefeitura para regular mercados "que deveriam ser livres". Marques Neto comparou o regulamento às "regras medievais" e afirmou que isso prejudicaria a inovação e prejudicaria os cidadãos.

Casos perante o Tribunal de Justiça de São Paulo têm produzido raciocínios jurídicos muito diferentes sobre a legalidade dos regulamentos experimentais pela Câmara Municipal. Em dezembro de 2017, a Secretaria de Transportes Municipais enfrentou um mandado de segurança. A tese jurídica argumentada pelo autor, impetrante do mandado, era de que o Secretário de Transporte Público excedeu sua

---

se for centro da cidade em não exclusivo estacionamento, 2 se for fora do centro da cidade, 4 se for fora da cidade de São Paulo).

jurisdição e violou o direito de *liberdade de ocupação* e *liberdade de empreendedorismo* assegurado pela Constituição Federal. O autor questionou a constitucionalidade do Decreto nº 56.981/2016 e da Resolução nº 16/2017 do CMUV. O juiz Adriano Laroca, da 14ª Vara da Fazenda Pública, negou o pedido e argumentou que "a Prefeitura tem a jurisdição constitucional para regular o uso econômico das vias públicas, conseguindo a melhoria da mobilidade urbana".[41] O juiz Laroca também argumentou que o transporte privado de passageiros conduzido pelas TNCs interferia no planejamento urbano e na mobilidade urbana, modificando questões de interesse local como densidade de tráfego, poluição e mobilidade. De acordo com o juiz Laroca, a Política Nacional de Mobilidade Urbana determinou a jurisdição dos municípios, incluindo o planejamento e avaliação de mobilidade urbana e a regulação do transporte de serviços (artigo 18, I). Para ele, o regulamento era "coerente com as leis de trânsito nacionais e não colide com os princípios e objetivos da lei nacional de mobilidade urbana". O juiz não reconheceu nenhum tipo de *fumus boni iuris* e negou o mandado de segurança.

Quatro meses depois, em um processo movido pela Uber do Brasil Tecnologia Ltda. contra a Prefeitura de São Paulo, o juiz Antonio Galvão França, da 4ª Vara da Fazenda Pública, adotou um raciocínio jurídico completamente diferente. Os advogados da Uber argumentaram que a Resolução nº 12/2016 da CMUV, que estabeleceu o mecanismo de precificação flexível do *quilômetro de crédito* (uma das principais experiências institucionais criadas por São Paulo) era ilegal. A Uber argumentou que a regulamentação do CMUV carecia de motivação própria para "atos administrativos" e que o fim do regulamento colidia com suas próprias motivações. Uber argumentou que a Prefeitura estava tentando regular a concorrência, atribuindo *funções extra-fiscais aos preços públicos do crédito de quilômetro*.[42] O juiz Antônio França determinou que a atividade das operadoras de transporte credenciadas deveria ser tratada como "livre empresa econômica", de acordo com o artigo 170 da Constituição, e não como serviço público. A sentença declarou que a Prefeitura excedeu sua jurisdição e *usou o preço progressivo como um mecanismo para fomentar a concorrência*. Por isso, criou regras sobre *direito econômico* e interveio na atividade econômica, violando o artigo 24 da

---

[41] Veja a decisão da Corte em: https://www.conjur.com.br/dl/decisao-aplicativo-sp.pdf.

[42] Veja a decisão da Corte aqui: http://www.internetlab.org.br/wp-content/uploads/2018/04/Senten%C3%A7a-processo-n%C2%BA-1047591-20.2016.8.26.0053.pdf.

Constituição Federal.[43] Para o juiz, mesmo com a promulgação da Lei Federal nº 13.640/2018[44] – que garantiu aos municípios a competência para regular os serviços das ETNs –, a Prefeitura *precisava de uma lei municipal para fazê-lo* e não poderia ter agido por meio de uma resolução. Na sua decisão, o juiz da 4ª Vara da Fazenda Pública aceitou os argumentos jurídicos de Uber e desmantelou a Resolução CMUC nº 12/2016.

Esta última decisão foi uma grande derrota para o CMUV e a abordagem experimental usada pela prefeitura. É possível que este caso seja levado ao Superior Tribunal de Justiça (STJ), a mais alta corte do Brasil que trata de leis federais. Há também o problema de novas ONGs e *associações de motoristas* que estão usando o Judiciário para desmobilizar as Prefeituras e desafiar regulações experimentais que empresas de tecnologia não apreciam. O fenômeno emergente de *astroturfing* – grupos de defesa que recebem incentivos para participação, treinados por empresas de tecnologia e organizados de acordo com "patrocínio encoberto" (WALKER, 2016: 271) – deve ser mais explorado na literatura sobre direito e economia do compartilhamento. Não está claro o quanto dessas novas ONGs são mobilizadas para agir em nome das grandes empresas de tecnologia e das estratégias que elas usam antes do judiciário. Essa continua sendo uma questão em aberto para futuras pesquisas. O ponto que queremos fazer é que há desafios legais para a experimentação local e o Judiciário pode se opor (ou criar bloqueios) a esse novo direito administrativo (e regulatório) que está surgindo na cidade de São Paulo em relação às TNCs e ao uso de mecanismos de precificação de bens públicos.

---

[43] A Constituição brasileira prevê que somente a União tenha jurisdição para criar normas legais que afetem o direito econômico.

[44] A Lei Federal nº 13.640/2018, assinada em 26 de março de 2018, modificou a Política Nacional sobre Lei de Mobilidade Urbana e definiu "transporte individual privado de passageiros" como "transporte de passageiros, não aberto ao público, para viagens individuais ou compartilhados, feita exclusivamente por usuários previamente cadastrados em plataformas online" (Art. 4o, X, Lei 12.587 / 2012). Também modificou o Artigo 11 da Política Nacional e declarou que os Municípios têm a jurisdição para "regular e monitorar" o serviço de "transporte individual de passageiros". Em 2017, Uber, Cabify e 99 se reuniram para protestar contra o Projeto de Lei, que chamaram de "Lei do Retrocesso" (veja em: https://brasil.estadao.com.br/noticias/geral,usuarios-de-aplicativos-de – transporte-pressão-senadores-a-voto-contra-projeto, 70002064595). A Uber gastou milhões em campanhas publicitárias na televisão e em redes sociais como Twitter e Facebook (veja em: https://web.facebook.com/pg/uberbr/videos/).

Conclusão

Não há dúvidas de que a economia do compartilhamento é um fenômeno urbano e que as discussões regulatórias em torno das *Transport Network Companies* (TNCs) – um dos elementos das diversas e diversificadas economias do compartilhamento – estão enquadradas em uma abordagem holística, tentando equilibrar o *trade-off* entre inovação e empreendedorismo, de um lado, com questões ambientais, mobilidade urbana, novos tipos de externalidades e o uso econômico de bens públicos como viário urbano, de outro.

A experiência de São Paulo evoluiu de um cenário de conflitos e raciocínio binário (se as TNCs são legais ou ilegais?) para um nível mais sofisticado de experimentalismo regulatório local (como devemos regular e com quais objetivos sociais em mente?). Como argumentamos neste artigo, o *problema Uber* criou uma oportunidade para a Prefeitura comparar as experiências emergentes de outras cidades do Sul Global e projetar uma nova estrutura institucional para lidar com as TNCs em São Paulo. Juntamente com a SP Negócios e a Mobilab, a Prefeitura apresentou soluções inovadoras – na verdade, únicas em uma perspectiva comparativa, considerando as megacidades do Sul Global. Eles fizeram muito mais do que estabelecer mecanismos e regulamentos de licenciamento voltados para a segurança e a qualidade dos serviços. A Prefeitura tratou o viário urbano como um bem público que deveria ser precificado pelo seu uso. Com isso, os reguladores *hackearam* parte da lógica dos preços flexíveis da Uber para estabelecer um conjunto de mecanismos de mercado para gerar incentivos para comportamentos econômicos que são socialmente orientados, como fornecer incentivos econômicos para passeios fora do centro da cidade. A criação do CMUV (Comitê Municipal de Uso do Viário Urbano) institucionalizou essa *abordagem de governança urbana*. A estrutura multidepartamental do CMUV – incluindo reguladores de mobilidade urbana, finanças, serviços governamentais e secretaria de inovação – também permite que pontos de vista muito diferentes sejam discutidos, indo além das "caixas" tradicionais de direito administrativo no nível local. Em certo sentido, o CMUV é completamente interdisciplinar (ou, em outras palavras, é um lugar especial para a governança urbana e o pensamento interdisciplinar dentro da Prefeitura).

Ao entrevistar os reguladores em nível local e estudar as atividades do CMUV, argumentamos neste artigo que tal "experimentação local" só era possível por causa de experiências anteriores da Prefeitura. Nesse sentido, é muito difícil sustentar a existência de um modelo pronto para *exportação* mesmo dentro do Brasil. Cidades como o Rio de Janeiro, por exemplo, não avançaram propostas regulatórias de compartilhamento de dados (das TNCs à Prefeitura) porque não dispunham de laboratórios para análise de dados e análise de dados como o MobiLab. Mesmo cidades como Londres não têm essa estrutura institucional.

Também argumentamos que os mecanismos de precificação e as técnicas de análise de dados criadas pelo CMUV foram implantados com objetivos sociais muito específicos, visando a problemas de desigualdades sociais e geográficas. Argumentamos que essa abordagem para a governança urbana também está muito conectada com uma abordagem do *Sul Global*, porque se concentra em problemas estruturais de desigualdade e justiça social que estão presentes em megacidades como São Paulo. Essa mesma abordagem foi usada em mercados emergentes, como o mercado de compartilhamento de bicicletas e o surgimento de empresas de tecnologia para o compartilhamento de bicicletas sem cais. A experiência de regulação das TNCs em 2016 foi utilizada em 2017 para lidar com o mercado de compartilhamento de bicicletas e o CMUV tem utilizado abordagens muito semelhantes de precificação flexível do uso de bens públicos em São Paulo (neste caso, o espaço público como uma calçada e não apenas o viário urbano, ruas e avenidas).

Por fim, argumentamos que a *abordagem de governança urbana* implantada pela Prefeitura de São Paulo pode ser contestada – ou mesmo bloqueada – pelo Judiciário, dependendo do futuro raciocínio jurídico dos Tribunais de Justiça e, em última análise, do Superior Tribunal de Justiça. A Corte provavelmente terá uma palavra final sobre a jurisdição dos municípios para regular as TNCs e a possibilidade de usar mecanismos flexíveis de mercado para estabelecer preços para o uso de bens públicos. O experimentalismo regulatório das economias do compartilhamento pode ter um inimigo interno no Brasil, que é o próprio direito e interpretações rígidas da Constituição. Se o pensamento jurídico tradicional sobre *intervenção econômica* prevalecer, o experimentalismo jurídico de São Paulo e da CMUV pode ser ameaçado.

Referências

BLACK, J. (2017). Critical reflections on regulation. *In: Crime and Regulation*. p. 15-49. Routledge.

CHEN, M. K; SHELDON, M. (2016). *Dynamic Pricing in a Labor Market*: Surge Pricing and Flexible Work on the Uber Platform. In *EC*. p. 455.

COUTINHO, D. R; KIRA, B; LESSA, M. R; CASTRO, H. A. de. (2017). Participatory democracy and law-making in contemporary Brazil. The Theory and Practice of Legislation, 0(0), 1-19. Disponível em: https://doi.org/10.1080/20508840.2017.1407073.

DAVIDSON, N. M; INFRANCA, J. J. (2016). The sharing economy as an urban phenomenon. *Yale Law & Policy Review*, 34, 215.

DAVIDSON, N. M; INFRANCA, J. (2018) The Place of the Sharing Economy. Forthcoming, *Cambridge Handbook on the Law of the Sharing Economy* (Nestor M. Davidson, Michele Finck & John J. Infranca, eds.); Suffolk University Law School Research Paper No. 18-1; Fordham Law Legal Studies Research Paper. Available at SSRN: https://ssrn.com/abstract=3099564 or http://dx.doi.org/10.2139/ssrn.3099564.

DAVIES, A. R; DONALD, B; GRAY, M; KNOX-HAYES, J. (2017). Sharing economies: moving beyond binaries in a digital age. *Cambridge Journal of Regions, Economy and Society*, 10(2), 209-230.

DESAUTELS-STEIN, J. (2007). At War with the Eclectics: Mapping Pragmatism in Contemporary Legal Analysis. *Mich. St. L. Rev.*, 565.

FINCK, M; RANCHORDAS, S. (2016). Sharing and the City. *Vanderbilt Journal of Transnational Law*, 49, 1299.

FRENKEN, K; SCHOR, J. (2017). Putting the sharing economy into perspective. *Environmental Innovation and Societal Transitions*. https://doi.org/10.1016/j.eist.2017.01.003.

GERLAK, A. K; HEIKKILA, T. (2007). Collaboration and institutional endurance in US water policy. *PS: Political Science & Politics*, 40(1), 55-60.

GOMIDE, A. (2008). Agenda governamental e o processo de políticas públicas: o projeto de lei de diretrizes da política nacional de mobilidade urbana, Texto de discussão do Instituto de Pesquisa Econômica Aplicada n. 1334, IPEA, Brasília. Available at: https://www.econstor.eu/bitstream/10419/91155/1/577092952.pdf.

LIGHT, S. E. (2016). Precautionary federalism and the sharing economy. *Emory Law Journal*, 66, 333.

LOBEL, O. (2016). The law of the platform. *Minnesota Law Review*, 101, 87.

MAHENDRA, A. (2014). Balancing accessibility with aspiration: challenges in urban transport planning in the Global South, in: OLDFIELD, S; PARNELL, S., *The Routledge Handbook on Cities of the Global South*, New York.

MARQUES NETO, Floriano. (2017). Excessos da regulação paulistana sobre aplicativos de transporte. Conjur, September 18 2017. Available at: https://www.conjur.com.br/2017-set-18/floriano-neto-excessos-regulacao-sp-uber-outros.

OLDFIELD, S; PARNELL, S. (2014). From the South, In: OLDFIELD, S; PARNELL, S. *The Routledge Handbook on Cities of the Global South*, New York.

PEREIRA, R. H; SCHWANEN, T; BANISTER, D. (2017). Distributive justice and equity in transportation. *Transport reviews*, 37(2), 170-191.

PIANCASTELLI, M. (2005). *The Federal Republic of Brazil*, International Association of Centers for Federal Studies. Available at: http://www.thomasfleiner.ch/files/categories/Intensivkurs%20III/Brazilg2.pdf.

POLLMAN, E; BARRY, J. M. (2016). Regulatory Entrepreneurship. *S. Cal. L. Rev.*, 90, 383.

RANCHORDAS, S. (2015). Innovation Experimentalism in the Age of the Sharing Economy. *Lewis & Clark Law Review*, 19, 871.

ROLNIK, R; KLINTOWITZ, D. (2011). (I) Mobilidade na cidade de São Paulo. *Estudos avançados*, 25(71), 89-108.

SALICE, S. M; PAIS, I. (2017). Sharing Economy as an Urban Phenomenon: Examining Policies for Sharing Cities. In *Policy Implications of Virtual Work* (p. 199-228). Palgrave Macmillan.

SCHOR, J. B; FITZMAURICE, C. J. (2015). Collaborating and connecting: the emergence of the sharing economy. *Handbook of research on sustainable consumption*, 410.

SCHOR, J. B; ATTWOOD-CHARLES, W. (2017). The "sharing" economy: labor, inequality, and social connection on for-profit platforms. *Sociology Compass*, 11(8).

SKIDMORE, T. (2009). *Brazil: Five Centuries of Change*. Oxford University Press.

SUNSTEIN, Cass (1993). After Rights Revolution: reconceiving the regulatory state. Harvard University Press.

SUNSTEIN, Cass (2014). *Valuing Life: humanizing the regulatory state*. University of Chicago Press.

TELÉSFORO, R. (2016). Uber: inovação disruptiva e ciclos de intervenção regulatória. Dissertação de mestrado. Escola de Direito do Rio de Janeiro da Fundação Getulio Vargas. Orientador: Carlos Ragazzo. Available at: https://bibliotecadigital.fgv.br/dspace/bitstream/handle/10438/18082/RLT%20-%20DISSERTACAO%20MESTRADO%20-%202017.pdf.

UNGER, R. M. (1996). Legal analysis as institutional imagination. *The Modern Law Review*, 59(1), 1-23.

VASCONCELLOS, E; CARVALHO, C. E; PEREIRA, R. H. (2012). *Transporte e mobilidade urbana*. Texto de discussão do Instituto de Pesquisa Econômica Aplicada n. 1552, IPEA, Brasília. Available at: https://www.econstor.eu/bitstream/10419/91298/1/661582272.pdf.

ZANATTA, R. A; DE PAULA, P. C; KIRA, B. (2016). Inovações regulatórias no transporte individual: o que há de novo nas megacidades após o Uber?, *InternetLab Report*.

ZANATTA, R. A; KIRA, B. (2017a). Regulation of Uber in São Paulo: from conflict to regulatory experimentation, *Law and Society Association Annual Meeting*, Mexico City.

ZANATTA, R. A; DE PAULA, P. C; KIRA, B. (2017). *Economias do compartilhamento e o direito*. Curitiba: Juruá.

Informação bibliográfica deste texto, conforme a NBR 6023:2018 da Associação Brasileira de Normas Técnicas (ABNT):

PAULA, Pedro C. B. de; ZANATTA, Rafael A. F. O problema *Uber* em São Paulo: desafios à governança urbana experimental. *In*: PIRES, Lilian Regina Gabriel Moreira; TEWARI, Geeta (Coord.). *5ª Conferência Anual de Direito Urbanístico Internacional & Comparado:* artigos selecionados. Belo Horizonte: Fórum, 2020. p. 35-70. ISBN 978-85-450-0706-7.

PRINCÍPIO DA RESERVA DE PLANO: COMENTÁRIOS AO ACÓRDÃO DO RECURSO EXTRAORDINÁRIO Nº 607.940/DF

Vinícius Monte Custodio

Introdução

No dia 29 de outubro de 2015, o Plenário do Supremo Tribunal Federal (STF) concluiu o julgamento do Recurso Extraordinário (RE) 607.940/DF interposto pelo Ministério Público do Distrito Federal e Territórios (MPDFT) contra acórdão do Conselho Especial do Tribunal de Justiça do Distrito Federal e Territórios (TJDFT) que, por maioria de votos, julgou improcedente a Ação Direta de Inconstitucionalidade (ADI) 2007.00.2.006486-7, ajuizada pelo MPDFT contra a Lei Complementar Distrital (LCD) nº 710, de 06 de setembro de 2005.[1]

Em síntese, o MPDFT sustentou que a LCD nº 710/2005 viola o art. 182, §§1º e 2º, da Constituição da República Federativa do Brasil de 1988 (CRFB), pois permite a existência de projetos urbanísticos isolados e desvinculados da exigência constitucional do plano diretor.[2] A lei complementar distrital em questão dispõe sobre Projetos Urbanísticos com Diretrizes Especiais para Unidades Autônomas (PDEU), que ela conceitua como "o projeto devidamente aprovado pelo Governo

---

[1]   RE 607.940/DF (Plenário). *Diário da Justiça Eletrônico*, 04 abr. 2016. Rel. Min. Teori Zavascki.

[2]   Art. 182. [...] §1º O plano diretor, aprovado pela Câmara Municipal, obrigatório para cidades com mais de vinte mil habitantes, é o instrumento básico da política de desenvolvimento e de expansão urbana.
§2º A propriedade urbana cumpre sua função social quando atende às exigências fundamentais de ordenação da cidade expressas no plano diretor.

do Distrito Federal, para determinado lote, regido pelas diretrizes especiais [nela] constantes [...] e integrado por unidades autônomas e áreas comuns condominiais, nos termos da Lei Federal 4.591, de 16 de dezembro de 1964" (art. 1º, §1º).

Contudo, a maioria do STF – vencidos os ministros Marco Aurélio e Edson Fachin – entendeu pela legitimidade formal e material da LCD nº 710/2005, já que "nem toda a competência normativa municipal (ou distrital) sobre ocupação dos espaços urbanos se esgota na aprovação de plano diretor" e que "nada impede que a matéria [uma forma diferenciada de ocupação e parcelamento do solo urbano em loteamentos fechados] seja disciplinada em ato normativo separado do que disciplina o plano diretor." Basta, portanto, aos municípios com mais de vinte mil habitantes e ao Distrito Federal que as leis sobre programas e projetos específicos de ordenamento do espaço urbano "sejam compatíveis com as diretrizes fixadas no plano diretor."

O então Presidente Ricardo Lewandowski, pese embora haja concordado com a tese firmada, também ficou vencido, por entender que a lei complementar distrital burlou o plano diretor ao proceder a uma regularização genérica de todos os loteamentos irregulares de Brasília. Para ele, na realidade, a tese vencedora haveria de conduzir ao provimento do recurso.

Dois *problemas* centrais movem este artigo: (I) saber se existem matérias reservadas ao plano diretor pela Constituição da República; e (II), em caso afirmativo, saber se o STF errou ao não declarar a inconstitucionalidade da LCD 710/2005 e ao permitir que leis avulsas disponham sobre matérias reservadas ao plano diretor. O *objetivo* deste trabalho, pois, é investigar se existem matérias reservadas ao plano diretor pela Constituição da República, bem assim responder se a lei complementar distrital é inconstitucional e se a tese fixada no RE 607.940/DF é juridicamente correta. A *justificativa* desta pesquisa é a repercussão geral da tese fixada no aresto em comento, que afeta a política urbana de todos os municípios brasileiros com mais de 20.000 habitantes, isto é, 1.766 (31,7%) do total de 5.570 municípios.[3] As *hipóteses* levantadas são: (I) a Constituição da República consagrou o princípio da reserva de plano, que exige quaisquer medidas que ocasionem transformações no território sejam prescritas por planos urbanísticos como condição de execução delas; (II) a LCD 710/2005 é inconstitucional

---

[3] Disponível em: https://agenciadenoticias.ibge.gov.br/agencia-noticias/2013-agencia-de-noticias/releases/16131-ibge-divulga-as-estimativas-populacionais-dos-municipios-para-2017.html. Acesso em: 02 jun. 2018.

por violação ao princípio da reserva de plano; e (III) a tese firmada pelo STF abriu perigosa brecha para que o Poder Público frustre o princípio da participação popular no planejamento municipal mediante lacunas dolosas nos planos diretores e a consequente pulverização de seu conteúdo material em leis avulsas.

1 Competências constitucionais em matéria de Direito Urbanístico[4]

O Relator Teori Zavascki iniciou seu voto afirmando que "o estabelecimento de normas gerais de urbanismo foi cometido em regime de concorrência à União, aos Estados-membros, ao Distrito Federal e aos municípios", por força dos arts. 24, inc. I, §1º, e 30, inc. II, da CRFB.[5] Sempre nas palavras do ministro, além dessas competências, o art. 182, *caput*, da CRFB teria confiado aos municípios a competência para *fixar diretrizes gerais* com o objetivo de "ordenar o pleno desenvolvimento das funções sociais da cidade e garantir o bem-estar de seus habitantes".[6]

Antes de mais, faz-se necessário aclarar o sentido da expressão "normas gerais de urbanismo" (*rectius*, normas gerais de Direito Urbanístico) para que se compreenda o verdadeiro alcance dos preceitos constitucionais acima.

Podemos afirmar, com Macruz e Macruz, que *normas gerais* são "disposições aplicáveis, uniforme e indistintamente, sobre todo o território nacional, de observância obrigatória por todos (indivíduos, pessoas jurídicas e políticas), fixadoras de princípios e diretrizes fundamentais, que não esgotam ou exaurem o assunto por elas tratadas,

---

[4] Para um maior aprofundamento do tema das competências constitucionais em matéria de Direito Urbanístico, e também em matéria de Direito do Ordenamento Territorial, cf. o nosso Direito Urbanístico e Direito do Ordenamento Territorial: contributos para sua distinção conceitual na ordem jurídica brasileira. *Revista do Curso de Direito da Faculdade da Serra Gaúcha*, n. 21, 2017. p. 60-84.

[5] Art. 24. Compete à União, aos Estados e ao Distrito Federal legislar concorrentemente sobre:
I – direito tributário, financeiro, penitenciário, econômico e urbanístico;
[...] §1º No âmbito da legislação concorrente, a competência da União limitar-se-á a estabelecer normas gerais.
Art. 30. Compete aos Municípios:
[...] II – suplementar a legislação federal e a estadual no que couber;

[6] Art. 182. A política de desenvolvimento urbano, executada pelo Poder Público municipal, conforme diretrizes gerais fixadas em lei, tem por objetivo ordenar o pleno desenvolvimento das funções sociais da cidade e garantir o bem-estar de seus habitantes."

uma vez que não as (*sic*) detalham nem as (*sic*) pormenorizam."[7] As normas gerais atendem a três objetivos distintos: (I) fixar diretrizes de ação para os legisladores federal, estadual e municipal; (II) prescrever regras de atuação com vistas à prevenção de conflitos de competência entre os entes territoriais nas matérias afetas à competência concorrente; e (III) estabelecer normas com validade nacional e de observância obrigatória tanto para o Poder Público quanto para os particulares.[8]

Assim, de acordo com o art. 24, inc. I, da CRFB, cabe à União legislar sobre *normas gerais de Direito Urbanístico* (§1º), ao passo que aos estados e ao Distrito Federal cabe *suplementar* essas normas (§2º). Na falta de norma geral da União, os estados e o Distrito Federal exercerão *competência legislativa plena* para atender a suas peculiaridades (§3º), até que a superveniência de lei federal sobre normas gerais suspenda a eficácia da lei estadual naquilo que esta for incompatível com aquela (§4º). Compete aos municípios, nos termos do art. 30, inc. II, "suplementar a legislação federal e a estadual *no que couber*" – grifos nossos. O cabimento dessa competência suplementar municipal, em matéria urbanística, decorre diretamente de sua competência para "promover, no que couber, adequado ordenamento territorial, mediante planejamento e controle do uso, do parcelamento e da ocupação do solo urbano" (art. 30, inc. VIII); e para executar a política de desenvolvimento urbano (art. 182, *caput*).

Na ADI 3.098-1/SP,[9] o STF julgou inconstitucional a Lei nº 10.860, de 31 de agosto de 2001, do Estado de São Paulo, por violação da competência concorrente suplementar, uma vez que compete privativamente à União legislar sobre diretrizes e bases da educação nacional (art. 22, inc. XXIV, c/c art. 24, inc. IX, §§2º e 3º). Enfrentando lapidarmente a celeuma, o Relator Carlos Velloso consignou em seu voto que "[q]uando duas entidades políticas — União e estados — têm competência para legislar sobre uma mesma matéria, tem-se competência concorrente, que pode ser cumulativa e não cumulativa. É [competência concorrente] *cumulativa* quando os entes políticos legislam sobre a mesma matéria, sem limitações. A [competência concorrente] *não cumulativa* ocorre, por exemplo, quando à União reserva-se a competência para expedir normas gerais e aos estados a competência para *preencher os*

---

[7] Competência constitucional do município em urbanismo. *In*: MOREIRA, Mariana (coord.). *Estatuto da Cidade*. São Paulo: Fundação Prefeito Faria Lima – CEPAM, 2001. p. 63.

[8] MEIRELLES, H. L. Direito Urbanístico – Competências legislativas (Parecer). *Revista de Direito Público*, n. 73. São Paulo: RT, 1985. p. 98.

[9] ADI n. 3.098-1/SP (Plenário). *Diário da Justiça*, 10 de março de 2006. Rel. Min. Carlos Velloso.

vazios da lei federal, assim uma competência de *complementação"* — grifos nossos. Disso se infere que a competência concorrente não cumulativa corresponde à competência suplementar (art. 24, §2º), que tem a função de aclarar o sentido das normas gerais fixadas na legislação federal e adequá-las às peculiaridades locais. Já a competência concorrente cumulativa[10] corresponde à competência legislativa plena (art. 24, §§3º e 4º), que tem a função de suprir a ausência de lei federal de normas gerais, viabilizando aos entes federados o exercício de sua competência suplementar. Asseverou ainda o relator, citando Tércio Sampaio Ferraz Júnior, que "[t]ais normas gerais estaduais com função colmatadora por isso mesmo só podem ser gerais quanto ao conteúdo, mas não quanto aos destinatários: só obrigam nos limites da autonomia estadual."

Argumenta Marcondes Martins que, em razão da competência suplementar municipal, as normas gerais federais de Direito Urbanístico devem ser mais gerais do que as demais normas gerais, o que ele designa de *normas gerais de primeiro nível.* Já as normas suplementares de Direito Urbanístico editadas pelos estados, diversamente do que ocorre com as demais normas suplementares baseadas no art. 24, inc. I, não são efetivamente normas específicas; são normas gerais, mais específicas do que as da União, mas gerais em relação às normas suplementares municipais. Por consequência, são *normas gerais de segundo nível.*[11] [12]

Na ausência de legislação federal e estadual, o município afetado por tal inércia tem competência *implícita* para legislar sobre assuntos de seu interesse local (art. 30, inc. I).[13] Por interpretação lógica do art. 24, §4º, o advento de lei federal ou estadual suspende a eficácia da lei municipal naquilo em que forem conflitantes. Os municípios têm, ainda, *competência exclusiva* para elaborar seu plano diretor (art. 182, §1º) e a lei específica — leia-se plano urbanístico específico — para área nele incluída para exigir do proprietário do solo urbano não

---

[10] Competência cumulativa, comum ou paralela (art. 23) e competência *concorrente* cumulativa (art. 24, §§3º e 4º) não se confundem.

[11] As normas gerais de Direito Urbanístico. *Revista de Direito Administrativo,* n. 239. Rio de Janeiro: FGV, 2005. p. 80-81.

[12] Certa feita, o STF declarou inconstitucional lei estadual paulista que equiparou a distritos os subdistritos do Município de Pindamonhangaba, por entender que o estado, ao criar distritos diretamente, mesmo que por equiparação, editou norma de natureza específica, violando o princípio da autonomia municipal (art. 29, *caput*) e a competência legislativa municipal (art. 30, inc. IV), cf. ADI n. 478-6/SP (Plenário). *Diário da Justiça,* 28 fev. 1997. Rel. Min. Carlos Velloso.

[13] Nesse sentido, cf. DI SARNO, Daniela Campos Libório. Competências urbanísticas. *In*: DALLARI, Adilson de Abreu; FERRAZ, Sérgio (coord.). *Estatuto da Cidade*: Comentários à Lei Federal 10.257/2001, 4. ed. São Paulo: Malheiros. 2014. p. 67.

edificado, subutilizado ou não utilizado que promova seu adequado aproveitamento (§4º). À primeira vista, portanto, parece paradoxal que a Constituição cometa à União a competência para legislar sobre normas gerais de Direito Urbanístico e simultaneamente conceitue o plano diretor como o *instrumento básico* da política de desenvolvimento e de expansão urbana (art. 182, §1º), ou seja, como o mecanismo responsável pela fixação das *diretrizes gerais* da política urbana municipal. Para se resolver essa aparente contradição, é preciso interpretar as diretrizes gerais traçadas pelo plano diretor não como normas gerais decorrentes do exercício de competência legislativa plena (política urbana *lato sensu*), mas, sim, como normas gerais que informam e orientam o *planejamento urbanístico municipal* (política urbana *stricto sensu*).[14] É dizer, observados os caracteres geral e abstrato do plano diretor, não existem temas referentes ao planejamento urbanístico que fiquem fora de sua alçada.[15] E como "ninguém será obrigado a fazer ou deixar de fazer alguma coisa senão em virtude de lei" (art. 2º, inc. II, da CRFB), o plano diretor há de ser *aprovado pela Câmara Municipal* na forma de lei, já que ele é vinculante para os particulares.

Por último, vale lembrar que, como a Constituição da República veda a divisão do Distrito Federal em municípios (art. 32, *caput*), este recebeu daquela tanto as competências legislativas reservadas aos estados quanto as reservadas aos municípios (art. 32, §1º).

2 Análise da Lei Complementar Distrital nº 710/2005

O art. 1º da LCD nº 710/2005, ao delimitar o âmbito de aplicação da lei, define o PDEU como um projeto urbanístico *para determinado lote*, assim, no singular, integrado por *unidades autônomas* e *áreas comuns condominiais*, nos termos da Lei de Condomínios em Edificações e Incorporações Imobiliárias (Lei Federal nº 4.591, de 16 de dezembro de 1964). O art. 4º estipula como ônus do empreendedor realizar "no interior do lote": a demarcação das unidades autônomas e das áreas de uso comum dos condôminos (inc. I); e a implantação do sistema viário pavimentado e dos equipamentos urbanos (inc. II, alíneas 'a' e 'b', respectivamente). O art. 5º estabelece as *responsabilidades do condomínio*,

---

[14] Essa parece ser a inteligência do Estatuto da Cidade – ECi (Lei Federal nº 10.257, de 10 de julho de 2001), em cujo art. 4º, inc. III, alínea 'a', o plano diretor aparece como uma espécie do gênero planejamento municipal, que é instrumento da política urbana.

[15] CÂMARA, J. A. Plano Diretor. *In*: DALLARI, A. de A.; FERRAZ, S. (coord.). *Estatuto da Cidade*: Comentários à Lei Federal nº 10.257/2001. 4. ed. São Paulo: Malheiros, 2014. p. 340.

quais sejam manter os equipamentos urbanos (inc. I); manter e limpar as vias e outras áreas de uso comum (inc. II); custear a energia elétrica nas unidades autônomas e nas áreas de uso comum (inc. III); custear os serviços de água potável, esgoto e drenagem de águas pluviais (inc. IV); e coletar e guardar ou tratar e depor adequadamente os resíduos sólidos (inc. V). E o artigo 7º exige na apresentação do PDEU especialmente os seguintes documentos: a certidão atualizada da matrícula *do lote,* expedida pelo Ofício de Registro de Imóveis competente (inc. I); e a certidão negativa de tributos do Distrito Federal, relativa *ao lote* (inc. II). Logo, *prima facie,* tudo parece apontar para uma lei de diretrizes urbanísticas específicas para projetos de *condomínios edilícios,* algo em perfeita conformidade com as competências constitucionais do Distrito Federal.

No entanto, paradoxalmente, o art. 3º, inc. IV, da LCD nº 710/2005 conceitua *lote* como "o terreno *resultante de quaisquer das modalidades de parcelamento do solo previstas nesta Lei Complementar,* ou de outras modalidades de parcelamento, *servido* de infraestrutura básica, cujas dimensões atendam aos índices urbanísticos definidos em lei para a zona em que se situem, registrado no competente Ofício de Registro de Imóveis do Distrito Federal" – grifos nossos. Igualmente incoerente, o art. 6º traça, como diretrizes especiais dos PDEU, a *permissão de cercamento dos limites externos do empreendimento* (inc. I); e a *permissão de colocação de guarita na via principal de entrada do empreendimento, para controle do acesso,* desde que não haja qualquer impedimento à entrada de policiamento, fiscalização e servidores de concessionária de serviços públicos, devidamente identificados (inc. II). Porém, se não implicam os PDEU a subdivisão de uma gleba em lotes destinados a edificação, com a doação ao Poder Público de áreas para a implantação de vias públicas, equipamentos públicos e espaços livres, e sim um condomínio privado "integrado por unidades autônomas e áreas comuns" em "determinado lote", tal disposição é redundante a toda evidência: a possibilidade de controle de acesso a imóveis privados e do cercamento destes já decorre do *poder exclusivo do* proprietário sobre sua coisa (art. 1.231 do Código Civil) e do *direito de tapagem* (art. 1.297, *caput,* do Código Civil), respectivamente.[16]

---

[16] Art. 1.231. A propriedade presume-se plena e exclusiva, até prova em contrário.
Art. 1.297. O proprietário tem direito a cercar, murar, valar ou tapar de qualquer modo o seu prédio, urbano ou rural, e pode constranger o seu confinante a proceder com ele à demarcação entre os dois prédios, a aviventar rumos apagados e a renovar marcos destruídos ou arruinados, repartindo-se proporcionalmente entre os interessados as respectivas despesas.

A esse propósito, observou o relator que, "[a]o disciplinar os condomínios a partir do conceito previsto na Lei Federal 4.591/1964, a lei complementar distrital impugnada dispôs, na verdade, a respeito de uma forma diferenciada de parcelamento de lotes particulares fechados, tratando da economia interna desses espaços e dos requisitos urbanísticos mínimos que eles deverão conter." E continuou: "[t]rata-se de uma disciplina jurídica que se aproxima, de certa forma, da figura do loteamento prevista na Lei Federal nº 6.766/1979 [Lei de Parcelamento do Solo Urbano], mas que dela se diferencia, fundamentalmente, pela (a) possibilidade de fechamento físico e da consequente limitação de acesso da área a ser loteada; e (b) pela transferência, aos condôminos, dos encargos decorrentes da instalação da infraestrutura básica do projeto e dos gastos envolvidos na administração do loteamento, tais como consumo de água, energia elétrica, limpeza e conservação." Logo, o que a lei complementar distrital realmente estabelece é uma modalidade de parcelamento do solo *sui generis*, que não se identifica com nenhuma das espécies típicas consagradas pela Lei de Parcelamento do Solo Urbano: o loteamento e o desmembramento.[17]

A priori, o legislador distrital não vulnera o esquema de repartição de competências constitucionais ao estabelecer formas especiais de parcelamento do solo para além daquelas contempladas pela lei federal. Explicamos acima que o art. 24, inc. I, §2º, da CRFB endereçou ao Distrito Federal a competência para suplementar as normas gerais estabelecidas pela União em matéria de Direito Urbanístico. Diante da omissão federal, compete-lhe legislar plenamente para atender suas peculiaridades urbanísticas, por força do art. 24, inc. I, §3º. Portanto, conforme apontamos antes, o simples fato de existir lei federal sobre normas gerais não obsta o exercício da competência legislativa plena, por parte do Distrito Federal, para preencher lacunas deixadas pela União. Ora, se "a superveniência de lei federal sobre normas gerais suspende a eficácia da lei estadual, no que lhe for contrário", *ex vi* do art. 24, §4º, é lógico concluir que as normas gerais infranacionais que

---

[17] Art. 2º. O parcelamento do solo urbano poderá ser feito mediante loteamento ou desmembramento, observadas as disposições desta Lei e as das legislações estaduais e municipais pertinentes.
§1º – Considera-se loteamento a subdivisão de gleba em lotes destinados a edificação, com abertura de novas vias de circulação, de logradouros públicos ou prolongamento, modificação ou ampliação das vias existentes.
§2º – Considera-se desmembramento a subdivisão de gleba em lotes destinados a edificação, com aproveitamento do sistema viário existente, desde que não implique na abertura de novas vias e logradouros públicos, nem no prolongamento, modificação ou ampliação dos já existentes.

não contrariarem lei federal superveniente mantêm-se válidas. Logo, nada impede que o Distrito Federal disponha sobre normas gerais a par das já existentes em nível federal, contanto que aquelas sejam compatíveis com estas.

Do contrário, haveríamos de admitir a absurda hipótese de que os milhares de *desdobros*, que são a subdivisão de um lote em lotes menores, realizados pelos municípios brasileiros todos os meses, com base em normativas próprias, são inconstitucionais.[18] O fato de não ser acolhido pela Lei do Parcelamento do Solo Urbano não ofusca a importância do desdobro, particularmente relevante em processos de partilha que envolvam lotes, sendo fundamental para a segurança jurídica dos cidadãos que lei municipal, preferencialmente o plano diretor, cuide dessa espécie de parcelamento do solo urbano. Além de evitar casuísmos e arbitrariedades da Administração Pública na formulação dos requisitos urbanísticos para o desdobro (v.g., a definição da área mínima dos lotes resultantes), a colmatação desse assunto em lei local pode favorecer o pleno desenvolvimento das funções sociais da cidade e o bem-estar de seus habitantes (v.g., a proibição de desdobro de lotes que gerem lotes sem acesso direto a logradouro público, conhecidos como "lotes de fundos", e o estabelecimento de normas para a conversão de condomínios *pro indiviso* em loteamentos regulares).[19] Do mesmo modo, não existindo previsão para a figura do *remembramento* na lei federal, uma vez subdividida a gleba em lotes destinados a edificação, seria um contrassenso interditar aos municípios (e ao Distrito Federal) a possibilidade de regrar o reagrupamento de lotes para a constituição de lotes maiores em seu território, inviabilizando até mesmo a execução de projetos de reparcelamento do solo urbano.[20]

---

[18] O desdobro é assim definido pela Mensagem da Presidência da República 153, de 29 de janeiro de 1999, que vetou o conceito de *gleba* como "o terreno que não foi objeto de parcelamento aprovado ou regularização em cartório" trazido pela Lei Federal nº 9.785, de 29 de janeiro de 1999.

[19] Defendendo que, não se tratando da hipótese de constituição de loteamento ou desmembramento de solo, mas de desdobro de imóvel já registrado, é inaplicável a norma contida no art. 4º, inc. II, da Lei Federal nº 6.766/1979, que fixa o módulo urbano mínimo em 125 m² (cento e vinte cinco metros quadrados) e a testada mínima do lote em 5 m (cinco metros), cf. TJMG. Apelação Cível 1.0016.13.004163-1/001 (Segunda Câmara Cível). *Diário da Justiça Eletrônico*, 24 fev. 2014. Rel. Des. Hilda Teixeira da Costa. Em sentido oposto, defendendo que, mesmo a Lei do Parcelamento do Solo Urbano não incidindo sobre os desdobros, essa forma de parcelamento do solo não pode desobedecer ao comando do art. 3º, parágrafo único, e art. 4º, inc. II, ambos da Lei Federal 6.766/1979, cf. MUKAI, T. *Direito Urbano e Ambiental*. 4. ed. Belo Horizonte: Fórum, 2010. p. 144-157.

[20] O glossário do Decreto "E" 3.800, de 20 de abril de 1970, que aprova os regulamentos complementares à Lei do Desenvolvimento Urbano do Estado da Guanabara, ainda em

Portanto, não é inconstitucional a lei complementar distrital instituir uma modalidade de parcelamento do solo urbano sem prescrição em lei federal, e sim os PDEU serem uma espécie de parcelamento do solo que, em vez de gerar lotes autônomos entre si, resulta num condomínio edilício em que as unidades autônomas são constituídas sem a devida *incorporação imobiliária*. Sendo esta última "a atividade exercida com o intuito de promover e realizar a construção, para alienação total ou parcial, de edificações ou conjunto de edificações compostas de unidades autônomas", consoante o art. 28, parágrafo único, da Lei Federal nº 4.591/1964, sem ela não se podem discriminar as partes de propriedade exclusiva. Nas palavras de Caio Mário, o mentor dessa lei, "não basta, à criação da propriedade horizontal, que em um mesmo terreno duas ou mais pessoas construam unidades autônomas. É requisito fundamental de sua constituição, tal como resultante da lei, e assentado em doutrina, que tais unidades se encontrem reunidas em *edifício* ou conjunto de edificações, em que se associem as unidades autônomas e partes comuns, indissociáveis" — grifos do original.[21] Nessa medida, a lei complementar distrital deturpou a sistemática federal ao desvincular os PDEU da obrigação de edificação do lote, o que se depreende, especialmente, da leitura dos já citados arts. 4º e 5º da LCD nº 710/2005. Logo, gozando a União de *competência privativa* para legislar sobre Direito Civil, segundo o art. 22, inc. I, da CRFB, é inconstitucional o Distrito Federal dispor sobre condomínios edilícios, ainda que fosse para suplementar a lei federal.[22]

Todavia, esse argumento não foi invocado pelo MPDFT e hoje, após a inclusão do art. 1.358-A no Código Civil pela Lei Federal nº 13.465, de 11 de julho de 2017, que instituiu a figura jurídica do condomínio de lotes, ele não teria como prosperar.[23][24]

---

vigor no Município do Rio de Janeiro, conceitua *remembramento* como "o reagrupamento de lotes contíguos para constituição de unidades maiores".

[21] *Condomínio e Incorporações*. 11. ed. atualizada por Sylvio Capanema de Souza e Melhim Namen Chalhub. Rio de Janeiro: Forense, 2014. p. 66. No mesmo sentido, entendendo que não basta o mero intuito de edificação para o reconhecimento jurídico do condomínio edilício, e sim que o incorporador, ao menos, deve obter a aprovação de um projeto de construção perante a autoridade administrativa competente, cf. REsp 709.403/SP, *Diário da Justiça Eletrônico*, 10 fev. 2012. Rel. Min. Raul Araújo.

[22] Art. 22. Compete privativamente à União legislar sobre:
I – direito civil, comercial, penal, processual, eleitoral, agrário, marítimo, aeronáutico, espacial e do trabalho;

[23] Art. 1.358-A. Pode haver, em terrenos, partes designadas de lotes que são propriedade exclusiva e partes que são propriedade comum dos condôminos. (Incluído pela Lei nº 13.465, de 2017)

3 O Princípio da Reserva de Plano

O cerne da controvérsia constitucional do RE 607.940/DF foi a alegação, por parte do MPDFT, de que o acórdão do Conselho Especial do TJDFT, ao julgar improcedente a ADI 2007.00.2.006486-7 contra a LCD 710/2005, por considerá-la em harmonia com a Lei Orgânica do Distrito Federal, ofendeu o art. 182, §§1º e 2º, da CRFB. De acordo com o MPDFT, a LCD 710/2005 possibilita a constituição de loteamentos dotados de muros e guaritas, sem a correspondente doação de áreas ao Poder Público para a implantação de sistemas de circulação, equipamentos urbanos e comunitários, e espaços livres de uso público, modificando substancialmente a política de desenvolvimento e expansão urbana do Distrito Federal definida no plano diretor, contudo sem seguir o mesmo rigor procedimental de elaboração, aprovação, alteração e revisão deste. Isso configuraria uma agressão aos princípios e diretrizes da política urbana traçados pela União no Estatuto da Cidade, com base no art. 182, *caput*, da CRFB, e também às diretrizes e normas contidas na Lei Orgânica do Distrito Federal. E mesmo que se reconhecesse competência legislativa municipal para dispor sobre essa matéria contrariamente à lei federal, continuou o Parquet, isso haveria de se dar no plano diretor, que tem caráter fundamental e estruturante, e é objeto de pleno controle social e estudos técnicos prévios essenciais à garantia do cumprimento da função social da propriedade.

O relator, ao discorrer sobre o plano diretor, iniciou por dizer que seu *conteúdo material* "deverá sistematizar a existência física, econômica e social da cidade, estabelecendo objetivos gerais a serem perseguidos na sua administração e instituindo normas que limitam as faculdades particulares de disposição inseridas no direito de propriedade em nome do aproveitamento socialmente adequado dos espaços urbanos."[25]

---

§1º A fração ideal de cada condômino poderá ser proporcional à área do solo de cada unidade autônoma, ao respectivo potencial construtivo ou a outros critérios indicados no ato de instituição. (Incluído pela Lei nº 13.465, de 2017)

§2º Aplica-se, no que couber, ao condomínio de lotes o disposto sobre condomínio edilício neste Capítulo, respeitada a legislação urbanística. (Incluído pela Lei 13.465, de 2017)

§3º Para fins de incorporação imobiliária, a implantação de toda a infraestrutura ficará a cargo do empreendedor. (Incluído pela Lei nº 13.465, de 2017)

[24] Para uma análise jurídica minuciosa a respeito do condomínio de lotes, cf. o nosso Análise jurídica do loteamento de acesso controlado e do condomínio de lotes na Lei Federal 13.465/2017. *Revista de Direito da Cidade*, v. 9, n. 4, 2017. p. 1930-1952.

[25] Essa concepção ampla de plano diretor, como um instrumento de planejamento urbano *integrado* do município, encontra eco em farta doutrina, cf., por todos, MEIRELLES, H. L. *Direito municipal brasileiro*. 17. ed. atualizada por Adilson Abreu Dallari (coord.). São Paulo: Malheiros, 2014. p. 561-562; CARVALHO FILHO, J. dos S. *Comentários ao Estatuto da Cidade*.

Todavia, concluiu que "nem toda a matéria urbanística deve estar necessariamente contida nesse plano, cujo conteúdo material não tem delimitação objetivamente estanque no texto constitucional", e que a concepção generalista do plano diretor, imposta pelo art. 182, §§1º e 2º, da CRFB, "não determina que ele apresente uma regulamentação detalhada a respeito de cada uma das formas admissíveis do aproveitamento do solo, mas apenas que ele indique onde poderão ser aplicadas essas diferentes modalidades de urbanização no plano global da cidade." Por isso, em seu entender, não se poderia deduzir, tão somente com base nesse artigo, que a matéria tratada na LCD 710/2005 haveria de estar contida no regime jurídico do plano diretor. Na mesma linha do relator, o Min. Luiz Fux sustentou que "[n]ada impede, portanto, que o Município ou o Distrito Federal, com base no art. 30, incs. I e VIII, da CRFB, legisle mediante normas esparsas sobre projetos e programas específicos do ordenamento do espaço urbano, desde que observadas as diretrizes gerais traçadas pelo Plano Diretor".

O Min. Luís Roberto Barroso, numa primeira manifestação, equivocada, baseado na dogmática constitucional tradicional, aduziu ser possível a qualquer lei complementar emendar a lei do plano diretor ou aditar uma sua disposição, já que este teria *status* de lei complementar. Porém, interveio o Min. Dias Toffoli, sustentando que, sendo o plano diretor "a Constituição do ordenamento urbano", as leis extravagantes que tratem dessa matéria devem manter com ele uma relação de compatibilidade, ao que foi acompanhado pela Min. Cármen Lúcia. Diante da achega, o Min. Luís Roberto Barroso inferiu que a compatibilização exigida das normas urbanísticas em relação ao plano diretor atribui a este uma *hierarquia mais elevada*, ainda que formalmente todos sejam leis complementares. Nesse ponto, acudiu o Min. Gilmar Mendes, secundado pelo presidente, para assinalar que a Constituição da República não determina natureza de lei complementar

---

5. ed. São Paulo: Atlas, 2013. p. 340-342; MUKAI, T. *O Estatuto da Cidade*. 3. ed. São Paulo: Saraiva, 2013. p. 63;114. Contudo, perfilhamos o entendimento de Carvalho Pinto, para quem os parágrafos do art. 182 da CRFB explicitam a natureza exclusivamente físico-territorial do plano diretor, não devendo este instrumento veicular políticas socioeconômicas ou outras políticas setoriais, apesar de levá-las em consideração em seu diagnóstico da realidade, sem prejuízo de elas serem tratadas em instrumentos autônomos (v.g., plano plurianual, lei de diretrizes orçamentárias e lei orçamentária anual), cf. *Direito Urbanístico: plano diretor e direito de propriedade*. 3. ed. São Paulo: Revista dos Tribunais, 2011. p. 121-123. A esse respeito, José Afonso da Silva dá-nos conta de numerosas experiências malsucedidas de planejamento urbanístico brasileiras cuja principal razão do fracasso foi a exigência de integração dos setores econômico, social, físico-territorial e institucional no plano diretor, cf. *Direito Urbanístico Brasileiro*. 7. ed. São Paulo: Malheiros, 2012. p. 99-103.

aos planos diretores. Ainda uma vez, o Min. Dias Toffoli esclareceu que, "[d]o ponto de vista formal, pode ser uma lei de igual hierarquia, específica, mas, do ponto de vista material, ela tem que ser uma norma, no seu conteúdo material, que seja compatível com a política global de desenvolvimento urbano de uma cidade." Na ótica do presidente, a natureza do plano diretor "é análoga às diretrizes orçamentárias, que são normas gerais que têm que ser observadas por qualquer outra norma que estipule disciplina específica para uma determina porção do território do município".

Assim, a Suprema Corte aprovou por maioria, vencidos o Min. Marco Aurélio e o Min. Edson Fachin, a seguinte tese: "Os municípios com mais de vinte mil habitantes e o Distrito Federal podem legislar sobre programas e projetos específicos de ordenamento do espaço urbano por meio de leis que sejam compatíveis com as diretrizes fixadas no plano diretor".

Com a devida vênia, errou o Tribunal Constitucional ao fixar a tese transcrita acima, pois, conforme pontuado por CARVALHO PINTO, a Constituição da República consagrou o *princípio da reserva de plano*, consistente "na exigência de que as medidas que possam vir a afetar a transformação do território constem dos planos urbanísticos, como condição para que possam ser executadas."[26] Particularmente no caso do plano diretor, e contrariamente ao sustentado pelo relator, a Lei Maior não descurou de delimitar objetivamente seu *conteúdo material*.

De modo explícito, em primeiro lugar, a Carta Política de 1988 reservou ao plano diretor, na qualidade de instrumento básico da política de desenvolvimento e expansão urbana (art. 182, §1º), o papel de delimitar o *perímetro urbano*, indicando a localização das zonas urbanas, e, quando for o caso, das *zonas de expansão urbana*.[27] Em segundo lugar,

---

[26] *Op. Cit.*, p. 205.

[27] Reputamos inconstitucional a determinação do art. 40, §2º, do ECi para que o plano diretor englobe a totalidade do território do município, abrangendo a zona rural, por uma série de razões. *Primo*, a Constituição Federal de 1988 separa a política urbana (arts. 182 e 183) da política fundiária (arts. 184 a 191), pelo que o Direito Agrário constitui um limite efetivo ao Direito Urbanístico. Não obstante, este não é indiferente ao meio rural, competindo-lhe o regramento: (I) da política de expansão urbana, nos termos do art. 182, §1º, da CRFB; (II) da proteção dos recursos naturais necessários ao desenvolvimento da cidade, independentemente de estarem fora do perímetro urbano; (III) da relação em geral entre o campo e a cidade; e (IV) das questões espaciais da zona rural, quando não se tratar de assunto imediatamente relacionado à política agrária, cf. SUNDFELD, C. A. O Estatuto da Cidade e suas diretrizes gerais. *In*: DALLARI, A. de A; FERRAZ, S. (coord.). *Estatuto da Cidade*: Comentários à Lei Federal nº 10.257/2001. 4. ed. São Paulo: Malheiros, 2014. p. 51 (nota de rodapé n. 10). *Secundo*, o conteúdo *espacial* do plano diretor não abrange a zona rural, porque o art. 30, inc. VIII, da CRFB comete ao município a competência para

ela determina que o plano diretor expresse as exigências fundamentais de ordenação da cidade a que a propriedade urbana deve atender para cumprir sua *função social* (art. 182, §2º); ou seja, é o plano diretor que estabelece como a propriedade urbana cumpre sua função social. Em último lugar, deflui expressamente da Carta Magna que o plano diretor há de especificar as áreas onde lei municipal específica pode exigir do proprietário do solo urbano não edificado, subutilizado ou não utilizado que promova seu adequado aproveitamento, sob pena, sucessivamente, de (art. 182, §4º): parcelamento ou edificação compulsórios (inc. I); imposto sobre a propriedade predial e territorial urbana progressivo no tempo (inc. II); e desapropriação com pagamento mediante títulos da dívida pública de emissão previamente aprovada pelo Senado Federal, com prazo de resgate de até dez anos, em parcelas anuais, iguais e sucessivas, assegurados o valor real da indenização e os juros legais (inc. III).[28]

De modo implícito, por interpretação lógico-sistemática, ao incumbir os municípios e o Distrito Federal do *planejamento* e controle do *uso*, ocupação e *parcelamento* do solo urbano (art. 30, inc. VIII), a Constituição acabou por também reservar tais elementos ao conteúdo material do plano diretor, porquanto eles inequivocamente traduzem as já mencionadas "exigências fundamentais de ordenação da cidade".[29]

---

planejar e controlar o uso, o parcelamento e a ocupação do *solo urbano*; o art. 182, *caput*, fala de política de desenvolvimento *urbano* objetivando ordenar o pleno desenvolvimento das funções sociais da *cidade*; o art. 182, §1º, fala em política de desenvolvimento e de expansão *urbana*; e o art. 182, §2º, fala da função social da *propriedade urbana*, e não da rural [que é disposta no art. 186], cf. MUKAI, T. *op. cit.*, 2013, p. 52-53; 113-115. E *tertio*, [o] plano diretor não atua sobre a zona rural senão para incluí-la no processo de urbanização, mediante a delimitação de zonas de expansão urbana. O regime jurídico do solo rural propriamente dito não é objeto do plano diretor, mas de planos superiores de ordenamento territorial, cf. PINTO, V. C. *op. cit.*, p. 123-125. Em sentido contrário, entendendo que, sendo o município uma entidade una, o plano diretor deve ser único e abranger seu território como um todo, cf., por todos, CARVALHO FILHO, José dos Santos. *op. cit.*, p. 345-346; e MEIRELLES, H. L. *op. cit.*, 2014. p. 562.

[28] Na opinião de Vera Monteiro, o plano diretor não deve estender a exigência de adequação do aproveitamento do solo urbano a toda a cidade, do contrário o parcelamento e a edificação compulsórios deixariam de ser sanções administrativas para se converterem em nova regra de uso da propriedade, cf. Parcelamento, edificação ou utilização compulsórios da propriedade urbana. *In*: DALLARI, A. de A; FERRAZ, S. (coord.). *Estatuto da Cidade*: Comentários à Lei Federal 10.257/2001. 4. ed. São Paulo: Malheiros, 2014. p. 95.

[29] Em consonância com esse entendimento, a doutrina portuguesa reconhece como função dos planos urbanísticos — além da "inventariação da realidade ou da situação existente", da "conformação do território" e da "gestão do território" — a *conformação do direito de propriedade do solo*, o que significa que esses planos estabelecem "prescrições que vão tocar a própria *essência* do direito de propriedade, através da classificação do uso e destino do solo, da divisão do território em zonas e da definição dos parâmetros a que deve obedecer a ocupação, uso e transformação de cada uma delas" — grifos do original — cf. CORREIA,

No entanto, por se tratar de um *instrumento básico* da política de desenvolvimento e de expansão urbana, as disposições do plano diretor devem ser gerais e abstratas, ficando o detalhamento de seu conteúdo a cargo de planos urbanísticos mais concretos, espacialmente menos abrangentes e hierarquicamente subalternos.

Logo, ao introduzir a nova modalidade de parcelamento do solo urbano no ordenamento jurídico distrital, sem previsão no plano diretor, a LCD nº 710/2005 acarretou modificação substancial na política de desenvolvimento e expansão urbana do Distrito Federal. Diante disso, defendeu o MPDFT que o art. 182, §§1º e 2º, da CRFB não admite a veiculação dessa matéria senão no plano diretor e que o diploma em questão feria os princípios e diretrizes da política urbana previstos no Estatuto da Cidade e as diretrizes e normas contidas na Lei Orgânica do Distrito Federal, que preveem a realização de estudos técnicos e controle social efetivo.

Em já clássica lição, Lopes Meirelles preconiza que "o *plano diretor* deve ser uno e único, embora sucessivamente adaptado às novas exigências da comunidade e do progresso local, num processo perene de planejamento que realize sua adequação às necessidades da população, dentro das modernas técnicas de administração e dos recursos de cada Prefeitura" — grifos do original.[30] Do mesmo modo, Diogenes Gasparini advoga que o plano diretor "não pode estar consubstanciado em várias leis" e que "eventuais leis que venham alterar sua estrutura, acolhendo ou proscrevendo institutos urbanísticos, não podem ser havidas como planos diretores".[31] Todavia, o *princípio da unicidade do plano diretor* não obsta a que *planos urbanísticos parciais* detalhem em menor escala (em nível de bairro ou de conjunto de bairros) as normas do plano diretor, desde que esse detalhamento seja *compatível* (hierarquia material) com as disposições, direta ou indiretamente indelegáveis, daquele plano.[32]

F. A. *Manual de Direito do Urbanismo*, 4. ed. Coimbra: Almedina, v. I, 2008. p. 366-367. Tal entendimento é perfeitamente transplantável para a ordem jurídica brasileira, a partir da conjugação do art. 5º, inc. XXIII, da CRFB, que vincula a propriedade ao atendimento de sua função social, com o art. 182, §2º, da CRFB, que assevera que "a propriedade urbana cumpre sua função social quando atende às exigências fundamentais de ordenação da cidade expressas no plano diretor".

[30] *Op. cit.*, 2014. p. 562.

[31] GASPARINI, D. Aspectos jurídicos do plano diretor. *Revista da Faculdade de Direito*, v. 1, n. 1, 2004. p. 107.

[32] O princípio da unicidade do plano diretor é uma aplicação particular daquilo que em Portugal convencionou-se chamar de *obrigação de unidade externa do plano*, de acordo com a qual "uma determinada área só pode estar abrangida por um único plano do *mesmo tipo*",

A propósito dessa compatibilidade, louvamos o voto divergente (vencido) do Min. Edson Fachin, que levantou preocupação com leis esparsas que, a pretexto de detalharem as diretrizes gerais do plano diretor, fazem uma "segmentação fatiada" dele a partir de suas lacunas. Com inteira razão, aduziu que a indicação de uma relação de compatibilidade é insuficiente para resolver os casos de omissão de parâmetros no plano diretor. Para ele, a LCD nº 710/2005 não trata de um ponto específico; na verdade, ela é uma norma genérica, de diretrizes gerais, portanto sem natureza regulamentar, que usurpa a legitimidade do plano diretor. E – finalizou – na ausência de um parâmetro no plano diretor, situação problemática para um juízo de compatibilidade, não é admissível ignorar a legitimidade popular daquele (plano diretor) e aceitar uma lei extravagante pontual.

Com efeito, o próprio legislador contribui para a compreensão equivocada do conteúdo material do plano diretor, à medida que lista separadamente, no art. 4º, inc. III, do ECi, o plano diretor (alínea 'a') e a disciplina do parcelamento, do uso e da ocupação do solo (alínea 'b') como instrumentos do planejamento municipal.[33] Por isso, aceitamos apenas parcialmente a ideia de *plano diretor em sentido material* apresentada por Carvalho Pinto, segundo quem "a lei pretendeu recepcionar como plano diretor as leis que não têm esta denominação, mas que de fato cumprem as mesmas funções de ordenamento territorial".[34] Certo, a caracterização do plano diretor enquanto tal não é determinada por seu *nomen juris* (forma), mas por seu conteúdo (substância). Sem embargo, a concepção em sentido material esbate a unicidade do plano diretor, favorecendo uma contraproducente inflação legislativa do planejamento, que só prejudica sua segurança jurídica e sua coesão sistêmica.

O princípio da unicidade, no entanto, não visa a tornar o plano diretor imutável, muito pelo contrário. Ele tão somente torna defesa a fragmentação do plano diretor em múltiplos diplomas legais. Portanto, sempre que entender necessário, o município, ou o Distrito Federal quando for o caso, pode alterar ou revisar a lei do plano para garantir que este permaneça conectado às exigências fundamentais de ordenação da cidade. Todavia, o planejamento municipal há de se realizar com

---

isto é, "sobre um mesmo espaço não podem incidir dois ou mais planos [...] de *idêntica espécie*" — grifos do original — cf. CORREIA, F. A. *op. cit.* p. 674.

[33] Art. 4º Para os fins desta Lei, serão utilizados, entre outros instrumentos:
[...] III – planejamento municipal, em especial:
a) plano diretor;
b) disciplina do parcelamento, do uso e da ocupação do solo;

[34] PINTO, V. C. *op. cit.*, p. 212.

a cooperação das associações representativas (*princípio da participação popular*), como impõe o art. 29, inc. XII, da CRFB.[35]

O Estatuto da Cidade determina, no processo de elaboração do plano diretor e na fiscalização de sua implementação, que os Poderes Legislativo e Executivo municipais garantam a promoção de audiências públicas e debates, bem como a publicidade, e o acesso de qualquer interessado, aos documentos e informações produzidos (art. 40, §4º).[36] No entanto, essa lei não estabeleceu o regime jurídico da alteração ou da revisão do plano diretor, limitando-se a dispor que esta última ocorrerá, pelo menos, a cada dez anos (art. 40, §3º).

A doutrina pátria sói diferenciar a alteração da revisão em função da amplitude da intervenção sobre o plano, sendo aquela uma modificação parcial ou pontual e esta completa ou global.[37] Porém, perfilhando o entendimento de ALVES CORREIA, somos da opinião de que o critério distintivo adequado é da *amplitude da reapreciação do plano*.[38] Se a reapreciação parcial do plano resulta numa modificação (alteração) *necessariamente* pontual, a recíproca não é verdadeira. Quando um plano é reapreciado completamente, disso não resulta necessariamente uma modificação (revisão) global, sendo lícito ao Poder Público, no âmbito seu poder discricionário, também optar por uma modificação apenas pontual dele ou até, excepcionalmente, por não o modificar.

Por último, não distinguindo o art. 29, inc. XII, da CRFB entre elaboração, alteração e revisão para fins de participação popular no planejamento municipal, a lei não o pode fazer, sob pena de inconstitucionalidade. Consequentemente, o art. 40, §4º, do ECi é analogicamente aplicável aos procedimentos de alteração e de revisão do plano diretor. Apenas quando se tratar de alteração visando à sanação de conflito normativo entre o plano diretor e lei federal ou estadual, especialmente

---

[35] Art. 29. O Município reger-se-á por lei orgânica, votada em dois turnos, com o interstício mínimo de dez dias, e aprovada por dois terços dos membros da Câmara Municipal, que a promulgará, atendidos os princípios estabelecidos nesta Constituição, na Constituição do respectivo Estado e os seguintes preceitos:
[...] XII – cooperação das associações representativas no planejamento municipal; (Renumerado do inciso X, pela Emenda Constitucional 1, de 1992)

[36] Art. 40. [...] §4º No processo de elaboração do plano diretor e na fiscalização de sua implementação, os Poderes Legislativo e Executivo municipais garantirão:
I – a promoção de audiências públicas e debates com a participação da população e de associações representativas dos vários segmentos da comunidade;
II – a publicidade quanto aos documentos e informações produzidos;
III – o acesso de qualquer interessado aos documentos e informações produzidos.

[37] Cf., por todos, GASPARINI, D. *op. cit.*, p. 111.

[38] CORREIA, F. A. *op. cit.* p. 569-571.

plano de ordenamento territorial ou plano de desenvolvimento urbano integrado, é facultado ao Poder Público modificar o plano sem a participação da população.

Conclusão

A Constituição da República de 1988 atribuiu aos municípios brasileiros, e ao Distrito Federal, a competência para legislar e executar a política urbana, objetivando o pleno desenvolvimento das funções sociais da cidade e a garantia do bem-estar de seus habitantes (art. 182, *caput*). O "instrumento básico" no qual se assentam as diretrizes gerais dessa política de desenvolvimento e expansão urbana (§1º) e se expressam as exigências fundamentais de ordenação da cidade (§2º) é o *plano diretor*. Não se trata de diretrizes gerais da política urbana em sentido amplo, de competência da União (art. 24, I, §1º), mas de normas gerais que informam e orientam a política urbana em sentido estrito, isto é, o planejamento urbanístico municipal.

A partir dessa ordem de ideias, o MPDFT recorreu (RE 607.940/DF) da decisão do Conselho Especial do TJDFT (ADI 2007.00.2.006486-7) que declarou a LCD 710/2005 em harmonia com a Lei Orgânica do Distrito Federal, alegando ofensa ao art. 182, §§1º e 2º, da CRFB. Para o MPDFT, a LCD 710/2005 permite a existência de projetos urbanísticos isolados e desvinculados da exigência constitucional do plano diretor.

Em nosso sentir, a LCD 710/2005 parece caracterizar-se inicialmente como uma lei de diretrizes urbanísticas específicas para projetos de *condomínios edilícios*, algo em perfeita conformidade com as competências constitucionais do Distrito Federal. Contudo, na realidade, ela cria uma modalidade *sui generis* de parcelamento do solo urbano, que não se identifica com nenhuma das espécies típicas consagradas pela Lei de Parcelamento do Solo Urbano: o loteamento e o desmembramento.

Os PDEU são uma espécie de parcelamento do solo que, em vez de gerar lotes autônomos entre si, resulta num condomínio edilício em que as unidades autônomas são constituídas sem a devida *incorporação imobiliária*, ou seja, sem a edificação do lote. Como a competência para legislar sobre Direito Civil é *privativa* da União (art. 22, I), não poderia o Distrito Federal dispor sobre essa matéria, nem mesmo para suplementar a lei federal, instituindo uma nova forma de condomínio. Porém, o MPDFT não suscitou a inconstitucionalidade formal orgânica da lei distrital em seu recurso; agora, com a introdução do *condomínio de lotes* (art. 1.358-A do Código Civil) pela Lei Federal nº 13.465/2017, esse argumento ficaria prejudicado.

No julgamento da causa, o relator afirmou que o *conteúdo material* do plano diretor "não tem delimitação objetivamente estanque no texto constitucional". E o STF rejeitou o recurso do MPDFT, por maioria, considerando que a lei complementar distrital é formal e materialmente legítima, já que "nem toda a competência normativa municipal (ou distrital) sobre ocupação dos espaços urbanos se esgota na aprovação de plano diretor" e que "nada impede que a matéria [uma forma diferenciada de ocupação e parcelamento do solo urbano em loteamentos fechados] seja disciplinada em ato normativo separado do que disciplina o plano diretor." Por fim, o Tribunal fixou, vencidos os Ministros Marco Aurélio e Edson Fachin, a tese de que "[o]s municípios com mais de vinte mil habitantes e o Distrito Federal podem legislar sobre programas e projetos específicos de ordenamento do espaço urbano por meio de leis que sejam compatíveis com as diretrizes fixadas no plano diretor."

No entanto, a Constituição da República incumbiu os municípios do *planejamento* e controle do uso, ocupação e parcelamento do solo urbano (art. 30, inc. VIII), que constituem "exigências fundamentais de ordenação da cidade". Portanto, mediante uma interpretação lógico-sistemática da Carta Magna, infere-se que os regimes jurídicos do uso, ocupação e parcelamento do solo urbano são materialmente reservados ao plano diretor.

Em razão do exposto, as três hipóteses levantadas inicialmente se confirmam: (I) o *princípio da reserva de plano* foi consagrado pela Constituição da República; (II) a LCD nº 710/2005 é inconstitucional por violação ao princípio da reserva de plano, porque dispõe, fora da lei do plano diretor, sobre matéria que a Constituição a este reservou, modificando o planejamento distrital sem participação popular e fragmentando a *unicidade* do plano; e (III) a tese firmada pelo STF abriu perigosa brecha para que o Poder Público frustre o *princípio da participação popular* no planejamento municipal mediante lacunas dolosas nos planos diretores e a consequente pulverização de seu conteúdo material em leis avulsas.

Referências

CÂMARA, Jacintho Arruda. Plano Diretor. *In*: DALLARI, Adilson de Abreu; FERRAZ, Sérgio (coord.). *Estatuto da Cidade*: Comentários à Lei Federal nº 10.257/2001. 4. ed. São Paulo: Malheiros, 2014. p. 323-343.

CARVALHO FILHO, José dos Santos. *Comentários ao Estatuto da Cidade*. 5. ed. São Paulo: Atlas, 2013.

CARVALHO PINTO. *Direito Urbanístico:* plano diretor e direito de propriedade. 3. ed. São Paulo: Revista dos Tribunais, 2011. p. 121-123.

CORREIA, Fernando Alves. *Manual de Direito do Urbanismo,* 4. ed. Coimbra: Almedina, v. I, 2008.

CUSTODIO, Vinícius Monte. Direito Urbanístico e Direito do Ordenamento Territorial: contributos para sua distinção conceitual na ordem jurídica brasileira. *Revista do Curso de Direito da Faculdade da Serra Gaúcha,* v. 12, n. 21, 2017. p. 60-84.

CUSTODIO, Vinícius Monte. Análise jurídica do loteamento de acesso controlado e do condomínio de lotes na Lei Federal nº 13.465/2017. *Revista de Direito da Cidade,* v. 9, n. 4, 2017. p. 1930-1952.

DI SARNO, Daniela Campos Libório. Competências urbanísticas. *In:* DALLARI, Adilson de Abreu; FERRAZ, Sérgio (coord.). *Estatuto da Cidade:* Comentários à Lei Federal 10.257/2001. 4. ed. São Paulo: Malheiros, 2014. p. 63-73.

GASPARINI, Diógenes. Aspectos jurídicos do plano diretor. *Revista da Faculdade de Direito,* v. 1, n. 1, 2004. p. 91-125.

MACRUZ, João Carlos; MACRUZ, José Carlos. Competência constitucional do município em urbanismo. *In:* MOREIRA, Mariana (coord.). *Estatuto da Cidade.* São Paulo: Fundação Prefeito Faria Lima – CEPAM, 2001. p. 47-70.

MARTINS, Ricardo Marcondes. As normas gerais de Direito Urbanístico. *Revista de Direito Administrativo,* n. 239. Rio de Janeiro: FGV, 2005. p. 67-87.

MEIRELLES, Hely Lopes. Direito Urbanístico – Competências legislativas (Parecer). *Revista de Direito Público,* n. 73. São Paulo: Revista dos Tribunais, 1985. p. 95-105.

MEIRELLES, Hely Lopes. *Direito municipal brasileiro.* 17. ed. atualizada por Adilson Abreu Dallari (coord.). São Paulo: Malheiros, 2014.

MONTEIRO, Vera. Parcelamento, edificação ou utilização compulsórios da propriedade urbana. *In:* DALLARI, Adilson de Abreu; FERRAZ, Sérgio (coord.). *Estatuto da Cidade:* Comentários à Lei Federal nº 10.257/2001. 4. ed. São Paulo: Malheiros, 2014. p. 90-103.

MUKAI, Toshio. *Direito Urbano e Ambiental.* 4. ed. Belo Horizonte: Fórum, 2010.

MUKAI, Toshio. *O Estatuto da Cidade.* 3. ed. São Paulo: Saraiva, 2013.

PEREIRA, Caio Mário da Silva. *Condomínio e Incorporações.* 11. ed. atualizada por Sylvio Capanema de Souza e Melhim Namen Chalhub. Rio de Janeiro: Forense, 2014.

PINTO, Victor Carvalho. *Direito Urbanístico:* plano diretor e direito de propriedade. 3. ed. São Paulo: Revista dos Tribunais, 2011.

SILVA, José Afonso da. *Direito Urbanístico Brasileiro.* 7. ed. São Paulo: Malheiros, 2012.

SUNDFELD, Carlos Ari. O Estatuto da Cidade e suas diretrizes gerais. *In:* DALLARI, Adilson de Abreu; FERRAZ, Sérgio (coord.). *Estatuto da Cidade:* Comentários à Lei Federal 10.257/2001. 4. ed. São Paulo: Malheiros, 2014. p. 45-62.

Informação bibliográfica deste texto, conforme a NBR 6023:2018 da Associação Brasileira de Normas Técnicas (ABNT):

CUSTODIO, Vinícius Monte. Princípio da reserva de plano: comentários ao acórdão do Recurso Extraordinário nº 607.940/DF. *In*: PIRES, Lilian Regina Gabriel Moreira; TEWARI, Geeta (Coord.). *5ª Conferência Anual de Direito Urbanístico Internacional & Comparado*: artigos selecionados. Belo Horizonte: Fórum, 2020. p. 71-91. ISBN 978-85-450-0706-7.

POR UM DIREITO URBANÍSTICO CRÍTICO A PARTIR DO SUL GLOBAL: ENSAIO EXPLORATÓRIO A PARTIR DO CASO DE SÃO PAULO, BRASIL[1]

Julia de Moraes Almeida
Gabriel Antonio Silveira Mantelli

Introdução

O presente artigo é um dos resultados de pesquisa em desenvolvimento realizada em conjunto, nos campos do direito urbanístico, direito ambiental e planejamento urbano, que visam a compreender de modo crítico a aplicação de normas urbanísticas e ambientais em contextos do Sul Global. Para apresentar o desenho de nossa pesquisa e os resultados parciais obtidos até o momento, optamos por elaborar o presente artigo na forma de ensaio exploratório, a fim de adiantar os resultados parciais para a comunidade acadêmica e para nos permitir um futuro momento de elaboração do resultado final da pesquisa.

Nossa pesquisa, realizada de forma independente e também baseada em uma perspectiva crítica e emancipatória do papel da pesquisa no contexto de países do Sul Global, procura entender o direito urbanístico e o direito ambiental no presente contexto de crise institucional e governamental, diminuição dos fundos para pesquisa e

---

[1] O presente trabalho é resultado de nossa apresentação no *5th Annual International & Comparative Urban Law Conference*, conferência organizada pela Urban Law Center da Fordham Law School, com o apoio da UN-Habitat e da Universidade Presbiteriana Mackenzie. Agradecemos aos comentários recebidos na ocasião, refletidos neste ensaio exploratório.

crescimento de ideários conservadores no imaginário social, especialmente pensando no caso brasileiro. Para o presente ensaio, utilizamos especificamente o caso da cidade de São Paulo e as políticas urbanas desencadeadas no breve governo do Prefeito João Doria, entre janeiro de 2017 e abril de 2018. A metodologia utilizada é baseada na análise documental e jurídica e na revisão bibliográfica.

Argumentamos pela necessidade de pensar o direito urbanístico e o meio ambiente urbano de forma crítica, utilizando embasamentos teóricos do Sul Global, que nos permitam normatizar e prescrever para além do pensamento majoritário presentes nesses espaços institucionais. Para sustentar esse argumento, o artigo está dividido em três momentos, para além desta introdução e da conclusão. No primeiro momento, abordamos, de forma mais geral e teórica, sobre o neoliberalismo. No segundo momento, descrevemos o caso da cidade de São Paulo e o viés *mercadológico* da gestão do Prefeito João Doria Júnior. No terceiro momento, sustentamos nosso argumento da utilização da perspectiva crítica no âmbito do direito urbanístico e do direito ambiental.

1 Neoliberalismo entre o estado e o urbano

Nesse primeiro momento, abordamos a temática do neoliberalismo. Entendemos que o neoliberalismo é uma forma de racionalidade institucional e jurídica (HARVEY, 2005; FOUCAULT, 2014). No caso brasileiro, por exemplo, é possível, de um lado, perceber como essa racionalidade neoliberal passa a ser incorporada no ordenamento jurídico (AZEVEDO, 1998); e, de outro, visualizar uma influência dessa racionalidade neoliberal no planejamento urbano (MARICATO, 1996).

Em termos históricos, pode-se perceber que o modelo desenvolvimentista autoritário (OLIVEIRA, 1982), característico dos governos ditatoriais latino-americanos da década de 1970, se exaure principalmente em decorrência das crises financeiras da década de 1980 (CANO, 1999). Com o engajamento da sociedade civil, movimentos de redemocratização se espalham e, no Brasil, o processo de democratização leva à promulgação da Constituição Federal de 1988, importante instrumento jurídico que garante direitos civis e sociais aos brasileiros e reestrutura a infraestrutura institucional do país (BARROSO, 1998).

A Constituição Federal de 1988 traz para o ordenamento brasileiro a ideia do direito à cidade e do desenvolvimento sustentável. Unidas, as ideias dão uma tônica para se pensar o planejamento urbano, agora de forma socialmente engajada e ambientalmente consciente

(JACOBI, 1997; MUKAI, 2007). Esse novo arcabouço jurídico trouxe fôlego para que frentes políticas e institucionais tivessem respaldo jurídico para conter os avanços de uma onda neoliberal, marcada pelo viés mercadológico e privatista. Por outro lado, fato é que os modelos neoliberais trouxeram políticas privatistas para dentro da estrutura de planejamento urbano brasileiro. Um jogo de estatização e desestatização começou (CARINHATO, 2008). Na década de 1990, a consolidação de forças liberais e de direita no poder culminou no foco na regulamentação do papel do Estado e na importância do mercado em face dos direitos sociais garantidos constitucionalmente (HARVEY, 2014).

Tendo esse cenário em vista, vê-se que o neoliberalismo emerge nas últimas décadas agressivamente, penetrando nas políticas e estratégias urbanas, propondo mudanças na construção da cidade e modificando-a visando exclusivamente ao lucro (KLINK; SOUZA, 2017). Na tentativa de conciliar o sistema capitalista com as perspectivas de planejamento metropolitano das últimas décadas, o referencial brasileiro demonstra que entre 1970 e 2000 esse movimento de privatização dos bens públicos cresceu gradualmente, alimentado a fome neoliberal (ROLNIK, 2015). Esse movimento local latino-americano refletiu tendência global, deixando claro que a nova tendência econômica havia ganhado a batalha entre social *versus* lucro (ROLNIK, 1997).

2 Um prefeito *empreendedor*: o caso de São Paulo (2017-2018)

Agora, apresentamos nossos casos que estão sendo estudados. Em janeiro de 2017, uma nova gestão se iniciou na cidade de São Paulo liderada pelo empresário João Doria Júnior. O seu slogan de campanha, *Acelera, São Paulo*, levantaria debates sobre possíveis vieses privatistas, mercadológicos, populistas e neoliberais em sua curta estadia na Prefeitura de São Paulo (FERRACIOLI, 2018). De um lado, um dos principais projetos girava em torno da obtenção de capital internacional para a melhoria das contas públicas municipais, com a venda e privatização de propriedades públicas municipais (CARTA CAPITAL, 2017). De outro, era visível a utilização de mecanismos de planejamento urbano *importados* e incondizentes com o contexto brasileiro (G1, 2017; ROSARIO, 2017; G1, 2018).

Nos últimos anos, as políticas públicas de São Paulo foram abertas ao capital e às grandes empresas usando o argumento de que as antigas políticas eram ineficientes e somente com agressividade no mercado seria possível obter sucesso (FIX, 2015). Neste trabalho, procuramos por meio da perspectiva crítica relacionar o significado de sucesso no empreendedorismo urbano com os direitos inerentes à vida urbana. O empreendedorismo urbano seria um novo regime, que ganha força com a justificativa de ser um escape para a crise urbana (VERNER, 2011). No caso da gestão Doria, os projetos de limpeza urbana foram carro chefe da gestão, sendo aclamados como necessários para o início de uma gestão eficiente e inovadora. Utilizaremos como exemplo três grandes projetos urbanos de grande notoriedade realizados em São Paulo: a "revitalização" dos Arcos do Jânio (ou Arcos do Bixiga), o caso do grafite na Avenida 23 de Maio e a construção da parede de vidro da Universidade de São Paulo.

No caso dos Arcos, a ideia era revitalizar o espaço (SMITH, 2006). O resultado, vide Figura 1, foi a retirada dos moradores habituais, a substituição da iluminação e tinta cinza nas paredes (ALMEIDA; MANTELLI, 2017). Já no caso da Avenida 23 de Maio, vide Figura 2, a ideia foi apagar os grafites que supostamente poluíam o local por parede verde – que atualmente resta sem manutenção com exemplares definhando por falta d'água (ALMEIDA; MANTELLI, 2017). Por fim, no caso da parede de vidro da marginal, próxima à Universidade de São Paulo (USP), o gasto se justificou pela estética, permanecendo o não acesso por via pública. Substituíram-se, sem sucesso, vide Figura 3, a democratização e o acesso dos moradores da região, a paisagem agradável e arborizada da Cidade Universitária por uma parede de vidro.

Figura 1 – Arcos do Jânio

Fonte: Antoine (2017).

Figura 2 – Avenida 23 de Maio

Fonte: Rosario (2017).

Figura 3 – Muro de vidro da USP

Fonte: TVGlobo (2017).

Os gastos das obras foram de 800 mil reais (G1, 2017), 9,7 milhões de reais (ROSARIO, 2017) e 20 milhões de reais (G1, 2017) respectivamente. Estes projetos foram de gasto milionário, realizados às pressas, sem adotar perspectiva crítica e, dada à característica neoliberal que relatamos, serviram apenas ao fluxo de capital. Capital este que serviu mais às empresas de maquiagem urbana do que diretamente à população (TOPALOV, 1991). Os preceitos do direito urbanístico, especialmente aqueles ligados à ideia de uma cidade verde e socialmente segura, foram deixados de lado (VAINER, 2018). Além da marginalização social e cultural, ainda conseguimos vislumbrar o agravante de gasto de dinheiro público em prol da perda de espaço comum para espaço privado (SMITH, 2006). Este último fenômeno se deu já que os grafites conhecidos como de origem periférica e revolucionária foram pintados de cinza (PASINATTO, 2017; PIRES; SANTOS, 2018) e, o muro de vidro é já fracasso por ferir a pouca fauna que resta da capital (WERNECK, 2017).

3 O que significa pensar criticamente o direito urbanístico a partir do sul global?

Nessa última parte do ensaio, propomos, ainda que inicialmente, um salto teórico e prescritivo para pensar o direito urbanístico a fim de reverter os cenários empíricos observados nos casos. Como pudemos ver, estudos apresentam a relação entre o avanço neoliberal e suas consequências nos espaços institucionais e no planejamento urbano do Brasil. Ainda mais concretamente, coletamos material que indica a existência de casos na cidade de São Paulo que estariam alinhados com tal racionalidade neoliberal no planejamento da cidade.

Os casos dos Arcos do Jânio, da Avenida 23 de Maio e do muro de vidro da USP não só são exemplos simbólicos dessa racionalidade como casos concretos de uma maneira específica de operacionalizar o direito urbanístico. Evidente que ao governante existe uma margem política de discricionariedade para implementar o direito em consonância com o ideário político do gestor. Todavia, entendemos que, ainda assim, existe um espaço jurídico, acadêmico e intelectual para pensarmos em um direito urbanístico que seja, em si mesmo, crítico e que não permita que políticas neoliberais ou retrocessos mercadológicos tenham prevalência na norma urbanística e, consequentemente, no fazer do planejamento urbano.

Para isso, resgatamos a noção de pensamento crítico, que seria aquele que não só é capaz de trazer elementos interpretativos da realidade em termos sociais e históricos (NOBRE, 2012), mas também a crítica que permite o atingimento de uma forma específica de ordenar a vida social, nesse caso, anticapitalista e emancipatória (MASCARO, 2003). Indo além, entendemos como fundamental a contextualização cultural e geopolítica desse pensamento crítico, aliando, por exemplo, os acúmulos das epistemologias do Sul (SANTOS; MENESES, 2014; WATSON, 2016) e da virada descolonial latino-americana (CASTRO-GÓMEZ; GROSFOGUEL, 2007).

No caso do direito urbanístico, a adoção de uma perspectiva crítica abre espaço para pesquisas sociologicamente orientadas no direito, ampliando a possibilidade da elaboração de um trabalho mais verossimilhante, assim como possibilita o surgimento de obras normativas e prescritivas que alinhem esse material empírico com uma visão aguçada de emancipação social. Um direito urbanístico crítico deve ser canalizado na redução das injustiças sociais, especialmente aquelas oriundas de um planejamento urbano segregador. De fato, o avanço neoliberal se enraizou pela lei e governança urbana, produzindo modificações urbanas que segregam e intensificam as desigualdades (VAINER, 2018). O que se propõe, como saída, é uma abordagem crítica do direito urbanístico, considerando as experiências do Sul Global de resistência e pensamento crítico.

Conclusão

Em suma, o presente artigo argumenta pela necessidade de se pensar o direito urbanístico e o meio ambiente urbano de forma crítica. Nele, apresentamos o caso de São Paulo e buscamos compreender como gestões com tendências neoliberais atuam na capital paulista. Relacionando grandes projetos urbanos a tendências mundiais empreendedoras, à luz de abordagens críticas do Sul Global, percebemos de que o foco governamental se dá em prol do lucro. Concluímos que a perda no campo do desenvolvimento social é notória, indicando que a solução esteja na criação local de solução, aplicáveis ao contexto latino-americano.

Nossa pesquisa tem encontrado falhas com o compromisso do processo democrático. Entendemos que os remédios da gestão analisada contradisseram o objetivo final de gestões públicas, que é o de melhorar as condições sociais através do igual acesso aos recursos comuns. O ambiente urbano, dilacerado pelas empresas privadas, tem como objetivo final a obtenção do lucro e não o bem-estar social, acabando por tornar os cidadãos objetos de experiência do modelo neoliberal exploratório.

Referências

AZEVEDO, Plauto Faraco de. *Direito, justiça social e neoliberalismo*. São Paulo: Revista dos Tribunais, 1998.

BARROSO, Luís Roberto. Dez anos da Constituição de 1988. *Revista de Direito Administrativo*, v. 214, p. 1-25, 1998.

CANO, Wilson. América Latina: do desenvolvimento ao neoliberalismo. *In*: FIORI, José Luis (Org.). *Estados e moedas no desenvolvimento das nações*. Petrópolis: Vozes, 1999. p. 287-326.

CARINHATO, Pedro Henrique. Neoliberalismo, reforma do Estado e políticas sociais nas últimas décadas do século XX no Brasil. *Revista Aurora*, ano 2, n. 3, p. 37-46, dez. 2008.

CARTA CAPITAL. *Em 100 dias, João Doria acelera com choque de marketing*. 2017. Disponível em: https://www.cartacapital.com.br/politica/em-100-dias-joao-doria-acelera-com-choque-de-marketing/. Acesso em: 5 jan. 2019.

CASTRO-GÓMEZ, Santiago; GROSFOGUEL, Ramón (Org.). *El giro decolonial*: reflexiones para una diversidad epistémica más allá del capitalismo global. Bogotá: Siglo del Hombre, 2007.

FERRACIOLI, Paulo. João Doria é populista? Elementos de populismo na campanha à prefeitura de São Paulo de 2016. *Temática*, v. 14, n. 10, p. 77-91, out. 2018.

FIX, Mariana. *Cidade global*: fundamentos financeiros de uma miragem. São Paulo: Boitempo, 2015.

FOUCAULT, Michel. *Vigiar e punir*. São Paulo: Leya, 2014.

G1. *Após apagar grafites, Doria entrega reforma dos Arcos do Jânio*. 2017. Disponível em: https://g1.globo.com/sao-paulo/noticia/apos-apagar-grafites-doria-entrega-reforma-dos-arcos-do-janio.ghtml. Acesso em: 5 jan. 2019.

G1. *Muro de vidro da Raia Olímpica da USP tem mais um painel quebrado*. 2018. Disponível em: https://g1.globo.com/sp/sao-paulo/noticia/2018/08/14/muro-de-vidro-da-raia-olimpica-da-usp-tem-mais-um-painel-quebrado.ghtml. Acesso em: 5 jan. 2019.

HARVEY, David. *A produção capitalista do espaço*. São Paulo: Annablume, 2005.

HARVEY, David. *Cidades rebeldes:* do direito à cidade à revolução urbana. São Paulo: Martins Fontes, 2014.

JACOBI, Pedro. Meio ambiente urbano e sustentabilidade: alguns elementos para a reflexão. *In*: CAVALCANTI, Clovis (Org.). *Meio ambiente, desenvolvimento sustentável e políticas públicas*. São Paulo: Cortez, 1997. p. 384-390.

KLINK, Jeroen; SOUZA, Marcos Barcellos de. Financeirização: conceitos, experiências e a relevância para o campo do planejamento urbano brasileiro. *Cadernos Metrópole*, v. 19, n. 39, p. 397-406, 2017.

MANTELLI, Gabriel Antonio Silveira; ALMEIDA, Julia de Moraes. Grafite/arte, pichação/crime? Análise do caso paulistano à luz do direito ambiental e da criminologia cultural. *In*: COSTA JR, Ivo da; CARDOSO, Fernando; BRITO, Rose de; MORAES, Ana Paula; GOMES, Daniel (Org.). *Teoria e empiria no direito*. Rio de Janeiro: Multifoco, 2017. p. 63-74.

MASCARO, Alysson Leandro. *Crítica da legalidade e do direito brasileiro*. São Paulo: Quartier Latin do Brasil, 2003.

MARICATO, Ermínia. *Metrópole na periferia do capitalismo:* ilegalidade, desigualdade e violência. São Paulo: Hucitec, 1996.

MUKAI, Toshio. A proteção ambiental do meio ambiente urbano. *Revista Magister de Direito Ambiental e Urbanístico*, n. 13, p. 5-13, 2007.

NOBRE, Marcos. Teoria crítica: uma nova geração. *Novos Estudos-CEBRAP*, n. 93, p. 23-27, 2012.

OLIVEIRA, Francisco de. O Estado e o urbano no Brasil. *Espaço & Debates*, São Paulo, v. 2, n. 6, p. 36-54, 1982.

PASINATTO, Rubiamara. Apagaram tudo, pintaram o "muro de cinza": uma análise das ações do governo Dória em São Paulo. *Di@logus*, Cruz Alta, v. 6, n. 3, p. 44-58, set./dez. 2017.

PIRES, Elena Moraes; SANTOS, Fábio Alexandre dos. A cidade de São Paulo e suas dinâmicas: *graffiti*, Lei Cidade Limpa e publicidade urbana. *Anais do Museu Paulista*, São Paulo, Nova Série, v. 26, p. 1-37, 2018.

ROLNIK, Raquel. *A cidade e a lei:* legislação, política urbana e territórios na cidade de São Paulo. São Paulo: Studio Nobel/FAPESP, 1997.

ROLNIK, Raquel. *Guerra dos lugares:* a colonização da terra e da moradia na era das finanças. São Paulo: Boitempo, 2015.

ROSARIO, Mariana. *Corredor verde na 23 de maio deve ser concluído nesta semana*. 2017. Disponível em: https://vejasp.abril.com.br/cidades/muro-verde-23-de-maio-inauguracao/. Acesso em: 5 jan. 2019.

SANTOS, Boaventura de Sousa; MENESES, Maria Paulo. *Epistemologias do sul*. São Paulo: Cortez, 2014.

SMITH, Neil. A gentrificação generalizada: de uma anomalia local à "regeneração" urbana como estratégia urbana global". *In*: BIDOU-ZACHARIASEN, Catherine. *De volta à cidade:* dos processos de gentrificação às políticas de "revitalização" dos centros urbanos. São Paulo: Annablume, 2006. p. 59-87.

TOPALOV, Christian. Os saberes sobre a cidade: tempos de crise. *Espaço e Debates*, São Paulo, v. 11, n. 34, p. 28-38, 1991.

VAINER, Carlos. Cidade de exceção: reflexões a partir do Rio de Janeiro. In: Encontro Nacional da Associação Nacional de Pós-Graduação e Pesquisa em Planejamento Urbano e Regional (ANPUR), 14, 2011, Rio de Janeiro. *Anais (on-line)*. Rio de Janeiro: ANPUR, 2011. Disponível em: http://memoriadasolimpiadas.rb.gov.br/jspui/handle/123456789/193. Acesso em: 15 dez. 2018.

WATSON, Vanessa. Shifting approaches to planning theory: Global North and South. *Urban Planning*, v. 1, n. 4, p. 32-41, 2016.

WERNECK, Carolina. *Muro de vidro anunciado por Dória pode causar danos à fauna, dizem especialistas*. 2017. Disponível em: https://www.gazetadopovo.com.br/haus/arquitetura/muro-de-vidro-anunciado-por-doria-pode-causar-danos-fauna-dizem-especialistas/. Acesso em: 5 jan. 2019.

Informação bibliográfica deste texto, conforme a NBR 6023:2018 da Associação Brasileira de Normas Técnicas (ABNT):

ALMEIDA, Julia de Moraes; MANTELLI, Gabriel Antonio Silveira. Por um direito urbanístico crítico a partir do sul global: ensaio exploratório a partir do caso de São Paulo, Brasil. *In*: PIRES, Lilian Regina Gabriel Moreira; TEWARI, Geeta (Coord.). *5ª Conferência Anual de Direito Urbanístico Internacional & Comparado:* artigos selecionados. Belo Horizonte: Fórum, 2020. p. 93-102. ISBN 978-85-450-0706-7.

LÁ E DE VOLTA OUTRA VEZ: QUESTÕES ENVOLVENDO LEIS DE ZONEAMENTO DE SÃO PAULO

Rodrigo Oliveira Salgado
Beatriz Sakuma Narita

Introdução

Sob o governo de Figueiredo Ferraz, São Paulo aprovou um novo Ato de Planejamento da Cidade em 1971, culminando com seu primeiro Ato de Zoneamento que abrangia a cidade inteira, um ano depois. O discurso de Ferraz foi pautado sob o slogan *São Paulo deve parar*. A premissa era que tanto a verticalização quanto a expansão da cidade estavam corroendo a qualidade de vida de São Paulo. Ele confrontou a intenção federal de crescimento econômico rápido. Naquela época, a ditadura militar, iniciada em 1964, decidiu que Ferraz precisava partir e, em 1973, a Lei de Zoneamento de São Paulo começou a ser alterada.

Se não houve uma motivação única para a decisão do governo federal de substituir Figueiredo Ferraz, é possível apontar um grande interesse: tanto a lei de zoneamento quanto seu slogan antagonizavam a propaganda da ditadura. Durante os anos do milagre econômico, a ordem era encorajar o crescimento econômico a todo custo, incluindo os setores imobiliário e de construção (SOMEK & GALIOTTI, 2013, p. 04).

Quarenta anos depois, a Prefeitura de São Paulo começou a revisar as leis de planejamento urbano e zoneamento. Em 2014, sob o mandato de Fernando Haddad, uma nova Lei de Planejamento da Cidade entrou em vigor e, em 2016, uma nova Lei de Zoneamento foi votada pelo Conselho da Cidade. As motivações ainda são as mesmas: expansão urbana não planejada e verticalização.

Mais uma vez, o município foi vitimado por um conjunto de iniciativas federais. Incentivos como o programa habitacional Minha Casa Minha Vida e os cortes de impostos para o setor automotivo aprofundaram as questões de São Paulo. Mais uma vez, a proposta de Haddad enfrentou uma forte oposição. Haddad perdeu a candidatura para um segundo mandato, e o novo prefeito, João Dória, assumiu o cargo em 2017. No final daquele ano, começaram as discussões sobre a modificação da Lei de Zoneamento de 2016. No início de 2018, surgiu uma nova proposta da Prefeitura, que até a data da publicação deste artigo ainda aguardava a votação da Câmara Municipal.

Mais do que a história se repetindo, o conflito sobre o planejamento urbano e a regulamentação do zoneamento de São Paulo vai muito além de questões políticas. Como Sarah Feldman aponta, a mudança sistemática da Lei de Zoneamento de 1972 minou o planejamento da cidade, fazendo com que *o zoneamento seja o plano*. (FELDMAN, 2005, p. 278). Como veremos, resultante de uma visão de curto prazo, a modificação das leis de zoneamento tendem a desmantelar o planejamento urbano, capturando os interesses públicos (defendidos pela visão de longo prazo da Lei de Planejamento da Cidade) para os interesses do setor imobiliário e da construção civil.

1 Planejamento e zoneamento em conjunto com as políticas de financiamento imobiliário

a) Sistema Financeiro de Habitação e a política urbana na ditadura militar

O alvorecer de uma nova ditadura no Brasil iniciou uma revisão completa das políticas econômicas federais e da regulamentação financeira. Quase imediatamente após o golpe, ocorrido em 1º de abril de 1964, um novo conjunto de regulamentações foi aprovado pelo novo regime. Uma lei bancária foi aprovada em 31 de dezembro daquele ano. O objetivo era reorganizar o sistema bancário brasileiro, criando o Banco Central e abrindo o mercado financeiro para investimentos internacionais. Leis que incentivavam o mercado imobiliário e a construção de moradias em grande escala também foram regulamentadas.

Antes dessa nova regulamentação, o cenário da habitação no Brasil era grave (SANTOS, 1999, p. 10). A urbanização intensa que o país estava enfrentando criou uma demanda explosiva por novas casas, num contexto de baixos investimentos, reforçado especialmente pela alta inflação, taxas de juros altas e fixas e pelo congelamento dos preços dos aluguéis. Naquela época, o déficit habitacional era estimado em 8 milhões de casas. E como apontado por Ermínia Maricato (1987, p. 29), o sucesso do SFH foi garantido exclusivamente por ignorar os menos favorecidos, tratar a habitação como mercadoria e tratá-la sob as estritas regras de mercado.

Nesse sentido, durante os primeiros anos da ditadura também foram estabelecidas leis que regulavam a bolsa de valores e culminaram na criação do Sistema Financeiro da Habitação (SFH). Inicialmente projetado para atender aos trabalhadores desfavorecidos, a Lei Federal nº 4.380 de 1964, que criou o SFH, visava a criar um Banco Nacional de Habitação (BNH), fazendo com que grande parte da população pudesse se tornar proprietário de imóveis.

Dois anos depois, em 1966, o regime militar passou uma nova lei (Lei Federal nº 5107), criando o Fundo de Garantia do Tempo de Serviço (FGTS).[2] A ideia agora era capacitar um mercado imobiliário nacional, já que as simples criações do BNH e do SFH não haviam sido suficientes para garantir seu funcionamento adequado. Para atender às classes média e alta, o regime organizou o Sistema Brasileiro de Poupança e Empréstimo (SBPE). Seu financiamento seria composto por economias e recursos dos dois principais bancos públicos federais (Caixa Econômica Federal e Banco do Brasil).

Feito após o golpe militar, o SFH foi introduzido com um discurso pró-mercado. No entanto, como Luciana Royer indica (ROYER, 2014, p. 53), as disputas políticas dentro do regime tornaram-no menos propenso a resolver as preocupações do mercado imobiliário, concentrando suas ações para urbanizar favelas e cortiços. Somente em 1965, quando a ditadura alterou o primeiro conselho de administração do BNH, o Sistema de Habitação começou a se mover em uma posição pró-mercado.

Tais mudanças no conselho do BNH tiveram efeitos rápidos. Se nos primeiros 17 meses o BNH liberou 19 projetos para erradicar as favelas, assim que o banco foi reorientado sob os interesses do Tesouro Federal, os projetos pararam (ROYER, 2014, p. 53). Agora, a ideia era copiar o modelo de sistema de poupança e empréstimos dos Estados Unidos, concedendo ao setor privado o comando do mercado imobiliário. Além disso, em 1965, uma nova lei federal (nº 4864) foi aprovada pelo regime, concedendo isenções fiscais para o setor de construção como

---

[2]   O FGTS é um fundo que recebe 11,2% do salário mensal pago pelo empregador. O empregado não tem acesso ao fundo, a menos que sua desistência não tenha sido motivada por lei ou após a aposentadoria.

um todo (como materiais de construção e materiais de acabamento). Com o novo regulamento do mercado de ações, também aprovado em 1965, o novo modelo poderia funcionar como desejado anteriormente. O projeto de lei de regulamentação do mercado de ações forneceu novos parâmetros para as emissões de títulos imobiliários, viabilizando o que mais tarde seria denominado financeirização habitacional.

Um dos principais problemas do regime era permitir o crescimento econômico sem ganhos reais de salários. Ao longo das duas décadas do governo militar, pouco ou nenhum ganho poderia ser experimentado pela força de trabalho brasileira. Até então, os salários pressionavam a inflação, e o golpe pretendia impedir seu crescimento simplesmente proibindo o aumento do salário mínimo. Dessa forma, como mostra Gabriel Bolaffi (1972, p. 113), a descolagem do mercado imobiliário foi seguida pela sua elitização. Por exemplo, em 1971, as licenças de construção para edifícios com 10 ou mais andares aumentaram 93,1% e a área total construída para novos edifícios cresceu 72,2%. Além disso, a introdução do fundo do FGTS em 1966 teve como objetivo resolver o problema salarial. A ideia era criar uma poupança forçada para o setor habitacional no Brasil, concedendo recursos para o mercado imobiliário sem a necessidade de ganhos salariais reais.

Gráfico 1 – Índice de variação do salário mínimo (1963 = 100)

Fonte: Bastian, 2013, 157.

Tais números parecem convergir com o que foi apresentado por Maricato (1976), Royer (2014) e Bolaffi (1972): a financeirização do mercado imobiliário estava totalmente conectada com a mercantilização das políticas públicas para o setor. Gabriel Bolaffi (1982, p. 38-40) mostra que por trás da ideologia popular da habitação, entregue pelo regime, havia outros interesses. Como apontado pelo autor em 1972, a promoção do setor de construção não teve como objetivo resolver problemas habitacionais de baixa renda ou mesmo ajudar no crescimento econômico. Além disso, o modelo adotado por todo o sistema terminou com a falência do BNH durante a década de 1980 (BOLAFFI & CHERKEZIAN, 1982, p. 46).

O crescimento econômico experimentado entre 1964 e 1967, como mostra Macarini (2005), foi liderado pela indústria e pelas receitas das exportações de *commodities*. Depois de 1967, os anos do milagre econômico foram garantidos por empréstimos substanciais feitos pelo governo federal e seus investimentos em infraestrutura. O milagre durou até a crise do petróleo de 1973, que forçou o FED a elevar as taxas de juros e mais tarde causou a falência do regime militar. Mas até então, especialmente durante o período de 1968-73, a economia brasileira combinava crescimento e baixos níveis de inflação e desemprego. Embora os salários não tivessem ganhos reais, a migração de uma pequena parte da força de trabalho para o setor industrial criou ilhas de previdência privada em cidades como São Paulo e Rio de Janeiro. Essa pequena mobilidade ascendente foi responsável por criar um ambiente adequado para a indústria de habitação de classe média.

Como citado anteriormente, o sistema funcionou em duas frentes: SBPE e BNH-FGTS. O subsistema SBPE foi ancorado em depósitos voluntários, principalmente do sistema brasileiro de poupança e focado na concessão de novas construções para as classes média e alta. Aqui, o setor privado financiou novas construções do SPBE e os futuros proprietários pagaram o custo final para os bancos envolvidos (Caixa Econômica e Banco do Brasil).

O outro, o BNH-FGTS, destinado aos pobres, dependia exclusivamente da poupança obrigatória do FGTS. Nesse subsistema, o BNH trabalhava com empresas de construção estaduais que contratavam empresas privadas para construir apartamentos da classe trabalhadora e depois as vendiam para os proprietários finais por seu preço de custo.

Possivelmente, uma das principais questões envolvendo a estrutura do SFH foi sua capacidade de financiar o SBPE. Embora organizada em duas frentes, a capacidade de empréstimo do SFH foi dada pela quantidade total de recursos capturados pelo sistema como um todo. Dessa forma, à medida que a renda do FGTS aumentava, o sistema era capaz de lidar com uma eventual escassez na frente voluntária, operada pelo SBPE, e conseguiu manter sua capacidade de empréstimo para os dois lados do sistema. Como Santos demonstra (1999, 13), mesmo durante o período de 1974-79 as retiradas representaram não mais do que 40% dos novos rendimentos e em 1968 o fundo FGTS compôs 74% dos recursos bancários do BNH (BOLAFFI, 1972, p. 141).

Em outros termos, a capacidade do sistema de emprestar recursos ao setor privado teve suporte no FGTS. Como as margens de lucro foram maiores no subsistema SBPE, o suprimento doméstico para as classes altas aumentou além da demanda. À medida que o poder de compra das classes mais baixas caía, mais e mais projetos migravam para as classes mais altas. Impulsionado apenas pelos interesses do mercado, no final da década de 1960, a construção começa a servir a parte superior da pirâmide. Assim, a propriedade de casas de veraneio disparou. Enquanto isso, as filas de espera por moradias populares aumentaram significativamente (BOLAFFI & CHERKEZIAN, 1985, p. 51).

Basicamente, o sistema funcionava como uma drenagem de poupança popular para financiar a propriedade de uma classe alta. E mesmo quando as novas construções pretendiam servir a base da pirâmide, os locais selecionados estavam sempre na periferia da cidade, sem transporte adequado ou serviço público. Como quase nenhuma restrição foi imposta às construtoras, as regiões metropolitanas brasileiras enfrentaram um reforço de sua segregação. Enquanto novas construções começavam para as classes mais altas em áreas centrais, a maioria dos brasileiros, quando tinha acesso ao crédito habitacional, era forçada a viver em guetos periféricos. Como Bolaffi indicou (1972, 40), as construções iniciais do BNH-FGTS ficavam localizadas em áreas periféricas sem condições adequadas, como áreas de inundação. Na década de 1970, o BNH reconheceu que apenas 24% da demanda foram atendidos (BOLAFFI, 1972, p. 139).

O modelo ora apresentado foi a estrutura básica para quase todas as regiões metropolitanas brasileiras, incluindo São Paulo. Como mostrado por Somekh & Gagliotti (2013), a maior cidade do país experimentou uma enorme verticalização entre 1968 e 1971, quando mais de 700 edifícios fornecidos com elevadores foram entregues. O recorde não foi superado até 2011, quando a coleta de dados parou.

Nesse contexto, não surpreende que a primeira Lei de Zoneamento de São Paulo tenha sido aprovada pela Câmara dos Vereadores em 1972, sob o mandato de José Carlos Figueiredo Ferraz. Como será visto a seguir, a aprovação da Lei de Zoneamento de São Paulo tem uma forte correlação com a política federal de habitação promulgada durante o início da ditadura militar.

Gráfico 2 – Verticalização em São Paulo de
1940 a 2011 (edifícios com elevador)

Fonte: Somekh & Gagliotti, 2013, 3.

b) Empréstimo de crédito imobiliário na política habitacional

Após a redemocratização do país, a extinção do BNH e a incorporação de seus empreendimentos pela CEF nos anos 1980, o maior programa habitacional adotado pelo Estado foi o Programa Minha Casa Minha Vida (MCMV), instituído em 2009 pelo Governo Lula e ampliado na gestão de Dilma Rousseff. Vale ressaltar que os governos anteriores tentaram timidamente resolver o déficit habitacional nacional, mas, devido às suas escolhas econômicas não concentraram seus esforços na questão.

Uma das primeiras medidas adotadas por Lula quando assumiu a presidência em 2002 foi a criação do Ministério das Cidades. Sua função seria formular políticas urbanas em todo o país e integrar políticas federais de habitação, saneamento básico e transporte aos governos locais, fornecendo o apoio técnico e financeiro necessário (ROLNIK, 2015).

> (...) torna-se a autoridade responsável pela Política de Desenvolvimento Urbano e, dentro dela, a Política do Setor Habitacional. O Ministério das Cidades compreende a Secretaria Nacional de Habitação, a Secretaria Nacional de Programas Urbanos, a Secretaria Nacional de Saneamento Ambiental e a Secretaria Nacional de Transportes e Mobilidade Urbana (MINISTÉRIO DAS CIDADES, 2004, p. 12).

Em seus primeiros anos de operação, a nova pasta foi liderada por aliados do próprio partido do presidente e por líderes de movimentos sociais ligados à luta por moradia. Os projetos que nortearam as articulações iniciais do Ministério das Cidades foram fruto dos esforços anteriores às eleições de 2002, por meio do Projeto Habitacional, vinculado ao Instituto da Cidadania, que era dirigido por Lula. Com a intensa participação de diversos setores da sociedade civil e do poder público, o projeto visou à elaboração de um programa que alinhasse o enfrentamento da questão social com a geração de empregos e o crescimento econômico.

Nesse contexto, após a Conferência Nacional de Cidades, em 2003, a Política Nacional de Habitação (PNH) foi formulada, incorporando várias propostas formuladas pelo Projeto Moradia (BONDUKI, 2009). Em um extenso documento de apresentação, o programa enfocou no desenvolvimento urbano integrado, articulando a questão do déficit habitacional com o direito à infraestrutura, saneamento ambiental, mobilidade e transporte público, equipamentos e serviços urbanos e sociais.

O maior impasse na implementação do PNH foi em torno do sistema de financiamento dos projetos propostos. O projeto de lei que tratou da criação do Sistema Nacional de Habitação de Interesse Social (SNHIS) e do Fundo Nacional de Habitação de Interesse Social (FNHIS), posteriormente aprovado (Lei nº 11.124/05), vinculou todos os recursos destinados à moradia ao Plano Nacional de Habitação. Isso significava que o Ministério das Cidades seria o gestor da FNHIS e da Caixa Econômica, a operadora (ROLNIK, 2015, p.297).

> O Fundo Nacional de Habitação, um compromisso histórico de Lula, reiterado na 1ª Conferência Nacional das Cidades, encontrou forte oposição na equipe econômica e apenas foi aprovado em 2005 e instalado em julho de 2006. Em vez de ser institucionalizado como um fundo financeiro, foi instituído como um fundo orçamentário, limitado a cumprir seu papel. O governo, entretanto, comprometeu-se a aportar R$ 1 bilhão por ano para subsidiar os programas habitacionais, valor nunca alcançado anteriormente. A mesma lei instituiu o Sistema Nacional de Habitação de Interesse Social e exigiu de estados e municípios a criação de uma estrutura institucional, com fundo, conselho e plano de habitação, para que tivessem acesso aos recursos federais (BONDUKI, 2009).

Se as negociações com a equipe econômica do governo já estavam em um impasse, após o escândalo do *Mensalão* em 2005, a Política Nacional de Habitação ficou ainda mais abalada. Isso porque, para manter o apoio político no Congresso e evitar uma crise política ainda maior, a pasta do Ministério das Cidades foi entregue ao Partido

Progressista (PP). O novo ministro, ao reestruturar o órgão, deixou apenas a Secretaria de Habitação dentro do antigo formato. A desarticulação do Ministério das Cidades, aliada à estratégia econômica adotada pelo Ministério da Fazenda enfraqueceu a implementação do PNH (ROLNIK, 2015; BONDUKI, 2009).

Ainda em relação às políticas econômicas adotadas no período, houve ampla sinalização do governo quanto à intenção de aquecer o setor de construção. Isso porque, ao gerar uma demanda significativa por mão de obra, ela estimula diretamente a criação de empregos e é frequentemente usada como o principal exemplo da política contracíclica keynesiana.

Assim, após a difícil vitória nas eleições de 2006, o governo Lula, ao implementar o Programa de Aceleração do Crescimento (PAC), atendeu a diversas demandas apresentadas pela União Nacional da Construção durante o período das eleições aos candidatos à presidência. Segundo Edney Cielici Dias (2012, p. 46) o setor de construção civil ficou demasiado satisfeito com as políticas adotadas pelo governo.

Para garantir seus interesses, os empresários começaram a negociar medidas que pretendiam evitar uma falência geral do setor diretamente com o governo. Representantes da Câmara Brasileira da Indústria da Construção (CBIC) reuniram-se com o Ministério da Fazenda e a Casa Civil (já sob o comando de Dilma Rousseff), buscando implementar um *pacote habitacional* que envolvesse a construção em larga escala de moradias de baixa renda. A intenção era facilitar a compra de unidades habitacionais por meio de subsídios, "dados na forma de contribuições para os compradores finais, bem como empréstimos hipotecários mais fáceis" (ROLNIK, 2015, p. 300). Nas palavras de Rolnik:

> O "pacote" foi elaborado pelo governo em diálogo direto com os empresários e investidores envolvidos e foi inicialmente planejado para salvar as empresas em debacle e ao mesmo tempo agir como uma medida contracíclica para garantir empregos e crescimento em um ambiente internacional desfavorável (ROLNIK, 2015, p.301).

Nesse contexto, o PMCMV foi lançado pelo Governo Federal em 2009 (Medida Provisória nº 459/2009, convertida na Lei nº 11.977/2009). Sem dúvida, a redução substancial do déficit habitacional brasileiro foi o objetivo social central do PMCMV. Assim, apesar de o setor empresarial ter inicialmente proposto que o programa fosse destinado à população com renda de até 10 salários mínimos e que fossem construídas 200.000 unidades habitacionais, o Governo, além de aumentar a parcela dos projetos que seriam destinado à população de menor renda, também aumentou o número de unidades para 1 milhão.

Entre as modificações do modelo original desejado pelos representantes da CBIC estão também o PMCMV-Entidades e o PNH-Rural. Essas modalidades derivam da pressão exercida pelos movimentos sociais que lutam por moradia. Entretanto, se dentro do antigo projeto habitacional essas entidades tiveram grande voz e representação, durante o desenvolvimento do PMCMV ficaram isoladas, conquistando apenas o compromisso de que uma parcela do orçamento do programa seria destinada à construção de moradias por associações autogestionadas e cooperativas (sem participação de construtoras) e a construção de casas para cooperativas e pequenos grupos de agricultores familiares.

Quanto às pessoas que poderiam se beneficiar, o Programa atendeu a três diferentes faixas de renda. A Faixa 1 seria para famílias com renda mensal de até R$ 1.600,00 e seriam construídas 400 mil unidades habitacionais, que seriam adquiridas por famílias beneficiárias, cuja nomeação era de responsabilidade de cada prefeitura municipal, por meio de parcelas mensais por um período de 10 anos. O valor da unidade foi quase integralmente subsidiado pelo Governo Federal por meio do Fundo de Arrendamento Residencial (FAR), criado pela Lei nº 10.188/2001, que recebeu contribuições do Orçamento Geral da União. Isso significa que as construtoras não eram responsáveis pela operação, uma vez que o pagamento era feito pelo poder público.

A Faixa 2 foi destinada a famílias com renda entre R$ 1.600 e R$ 3.100. Assim como na Faixa 1, foram planejadas 400.000 unidades habitacionais. A diferença foi na forma de aquisição do imóvel, já que as construtoras passaram a ser responsáveis pela comercialização das unidades, assim como na Faixa 3 (para famílias com renda mensal entre R$ 3.100 e R$ 5.000,00). Ou seja, além dos contratos de compra e venda nesses casos terem sido realizados diretamente entre beneficiários e construtores, o subsídio do governo era muito menor. O que acontecia é que as linhas de financiamento, realizadas pela Caixa Econômica Federal através do FGTS, eram muito mais favoráveis do que as do mercado.

Em 2013, o governo Dilma instituiu o programa Minha Casa Minha Vida 2. A nova proposta previu o financiamento de 2 milhões de unidades habitacionais até 2014. Assim, o Programa tinha R$71,7 bilhões, dos quais R$62,2 bilhões eram do Orçamento Geral da União e R$ 9,5 bilhões eram do FGTS. Além disso, não havia limite de 5 andares para edifícios residenciais populares, a fim de aumentar a oferta de unidades habitacionais para famílias de baixa renda. Também se tornou possível para as mulheres com renda mensal de até R$ 1.395,00 financiar sua moradia mesmo que o cônjuge não ajudasse/participasse, caso houvesse divórcio em andamento ainda não concluído (PROGRAMAS GOVERNAMENTAIS, 2013).

Apesar de mais de 2.632.953 unidades habitacionais terem sido construídas e entregues, segundo Raquel Rolnik, o PMCMV não foi projetado apenas para lidar com o déficit habitacional, mas estava, sobretudo, atrelado a uma agenda macroeconômica e setorial (ROLNIK, 2015, página 131). Mariana Fix completa:

> A crise foi justamente a justificativa utilizada para lançar o pacote Minha Casa Minha Vida em um momento em que o Plano Nacional de Habitação – encomendado pelo próprio governo em 2007 – estava quase pronto: o programa Planhab. Vale lembrar que o governo veio propor outra resposta para o problema da crise das empresas do setor, antes do MCMV. A Medida Provisória nº 443 de 2008 autorizou o governo, em especial a Caixa Econômica Federal, por meio da criação de uma subsidiária (Caixa Participações), a comprar ações de companhias de contrução – construtoras e incorporadoras. O setor imobiliário se opôs fortemente à medida e a CBIC acusou o governo de tentar nacionalizar o setor. Assim, o setor defendeu o apoio do governo como condição necessária para a produção de moradias de baixo custo e, ao mesmo tempo, a liberdade de construir casas nos seus termos. (…) Entre seminários, oficinas e reuniões técnicas, foram realizadas mais de 60 atividades participativas, reunindo governos estaduais e municipais, movimentos populares e profissionais, para elaborar o Planhab. O MCMV, no entanto, foi elaborado sob a liderança da Casa Civil e do Ministério da Fazenda, em diálogo direto com representantes do setor de construção e sem participação popular. A estrutura operacional do Ministério das Cidades, que articula políticas habitacionais, (...) não foi mobilizada no desenho do pacote. O Conselho das Cidades, órgão deliberativo do Ministério, não foi consultado (FIX, 2011, p. 139-140).

2   O zoneamento é o plano

a)   O início do zoneamento em São Paulo

São Paulo pode ser analisada como a cidade prototípica do fordismo periférico. Alain Lipietz, que forjou o conceito de uma forma específica de fordismo para países subdesenvolvidos, usa a cidade como exemplo (LIPIETZ, 1989). Essencialmente, o autor descreve a urbanização do fordismo periférico como intrinsecamente desigual, com uma pequena área urbanizada sob os dogmas fordistas e uma parcela maior da cidade sob suburbanização e outros males dos países subdesenvolvidos.

Este é o cenário em que a cidade está inserida. Como indicam Nabil Bonduki e Raquel Rolnik (BONDUKI & ROLNIK, 1982, p. 117), a reprodução das áreas periféricas de São Paulo é a reprodução da força de trabalho de São Paulo: no final de 1960, o milagre econômico produziu uma situação de crescimento econômico com uma concentração considerável de riqueza. Com uma política deliberada de contenção salarial e uma política nacional de habitação que concedeu o papel do planejamento urbano à iniciativa privada, a cidade enfrentou uma explosão de sua periferia. Nas palavras de José de Souza Martins (2008, p. 51):

> O subúrbio é a negação da periferia. É, por excelência, o espaço de ascensão urbana, diferentemente da periferia, que é o espaço de confinamento dos estreitos limites da falta de oportunidades de vida. A concepção de bairro entra em crise com os novos problemas sociais, a nova pobreza e o novo conceito urbano autoritário que se espalhou a partir do golpe de estado de 1964.

Assim, a cidade de São Paulo pode ser definida como uma cidade subfordista: metropolizada, entalhada pela desigualdade econômica e espacial, refém de uma opção política de não urbanismo e de uma política habitacional que contribuirá para sua expansão urbana.

Se, como apontam Somekh e Gagliotti, a rápida verticalização iniciada em 1967 pode ser determinada como um marco na história da verticalização de São Paulo, os problemas enfrentados pela cidade não eram novidade. Desde 1925, a prefeitura da cidade havia emitido uma regulamentação apropriada sobre o uso da terra, por meio de sua seção sobre urbanismo, conforme apontado por Sarah Feldman (FELDMAN, 2005, p. 41).

Em sua obra *Problemas Urbanos*, publicada em 1929, Anhaia Mello mostra como foi urgente para São Paulo adotar uma regulação de zoneamento viável. Seu discurso, transcrito por Nery Jr. (2002, 43-44), mostra como a regulação do zoneamento foi descrita como uma questão de saúde pública e uma solução tecnocrática para o espaço urbano. Além disso, o zoneamento pretendia ser uma solução imune a qualquer tipo de pressão política.

De fato, as discussões de São Paulo sobre planejamento urbano e zoneamento urbano datam do final do século XIX. Como demonstrado por Nery Jr. (2002, 62) entre outras ações, o Código de Posturas de 1886 já proibia a construção de casas de classe operária dentro do *perímetro comercial* da cidade. Como aponta o autor, a elite local atuou para manter seus espaços privilegiados, mantendo a parte rica do centro de São Paulo um espaço próprio para os ricos, numa abordagem hausmanniana típica para o planejamento urbano (NERY JR, 2002, p. 62).

O modelo eurocêntrico para o planejamento urbano enfrentará algumas mudanças nas décadas seguintes. O padrão hausmanniano do centro da cidade – que deveria ser exportado para o resto da área urbana de São Paulo – se mostrará impraticável, em parte devido à topografia e em parte pela superação do modelo de Haussmann. Como Luiz Ackel e Cândido Malta Campos demonstram (ACKEL & CAMPOS, 2008, p. 37), o planejamento urbano ainda estava sob um modelo eurocêntrico, mas agora mais alinhado com a visão de Camilo Sitte: o planejamento urbano deveria evitar o padrão da cidade industrial e resgatar as características artísticas de design urbano.

Se algumas limitações já haviam sido impostas no século XIX, os debates sobre um zoneamento abrangente (e planejamento) só começaram em meados da década de 1920. Sob a ação de Anhaia Mello, a Sociedade dos Amigos da Cidade (SAC) promoveu uma agenda específica para o zoneamento e planejamento urbano. Contando com uma grande produção de documentos, panfletos, folhetos e artigos de jornais, a SAC apresentou São Paulo ao modelo americano de planejamento urbano.

Como aponta Sarah Feldman (FELDMAN, 2005, p. 57-58), a discussão proposta por Anhaia Mello foi claramente inspirada no modelo de planejamento urbano norte-americano, indicando que a liberdade dada às administrações das cidades nos Estados Unidos havia sido sua principal razão de sucesso. Pelo seu ponto de vista, os municípios "não eram um governo, mas um diretório de comércio e negócios dos interesses públicos locais" (FELDMAN, 2005, p. 58).

Embora o ponto de vista de Mello não tenha sido adotado na época, suas ideias começaram a se espalhar entre os burocratas. Lentamente, os debates sobre zoneamento e planejamento foram divulgados. Em 1929, com a adoção de um novo Código de Obras, foi organizada uma comissão de estudo de zoneamento e, ao mesmo tempo, o novo Código de Obras tentou incorporar as áreas já zonadas em um único documento (ROLNIK, 2007, p. 191).

Como tanto o Conselho da Cidade quanto a elite política não abraçaram o debate, o governo optou por aprovar uma legislação de zoneamento isolada, regulamentando o uso da terra em certos bairros, deixando outros com uma regulamentação escassa ou simplesmente inexistente. Entre 1950 e 1960, pelo menos 194 regras para o uso da terra haviam sido adotadas pela administração de São Paulo, e pelo menos 120 pretendiam regular bairros residenciais, e uma parte considerável em áreas ricas de São Paulo (NERY JR., 2002, p. 104). Em 1955, o primeiro ato de zoneamento industrial foi aprovado, mas o regulamento final foi estabelecido apenas em 1958 (Decreto nº 3982/58).

Como se pode ver, o debate sobre planejamento urbano e um projeto de zoneamento complete começou no início do século XX. No entanto, interesses políticos e questões econômicas postergaram as discussões, e a administração municipal escolheu o caminho mais rápido: aprovar quase duzentas regras de zoneamento, ignorando o debate sobre um abrangente (e único) ato de zoneamento, formal e tecnicamente anexado a um plano municipal. Mesmo quando tentado, o zoneamento era sistematicamente ignorado.

De qualquer forma, conforme São Paulo entrava na era da república populista (1950-1964) sob uma forte expansão econômica, as questões relativas a um zoneamento e a um ato de planejamento surgiram novamente. Como a administração continuou a ignorar os problemas urgentes da planificação, a cidade exigiu uma legislação mais eficaz. E, com o golpe de 1964, essa situação aumentou dramaticamente.

b) O cenário da ditadura: o Plano Diretor de Desenvolvimento Integrado e a Lei Geral de Zoneamento – 1971-72

A discussão sobre zoneamento e planejamento urbano durante a primeira metade do século XX terminou com a adoção de um modelo parcial de zoneamento. Protegendo áreas ricas, a legislação em São Paulo deixou uma enorme área da cidade sem regulamentação de zoneamento. No máximo, as regras de uso da terra permitiam livremente a verticalização.

Como demonstrado por Somekh (1987) e Feldman (2005, p. 272), o período compreendido entre 1967 e 1971 possibilitou uma verticalização crescente no eixo sudoeste (a parte mais rica da cidade). Como a maioria dos vizinhos tinha um coeficiente de utilização de até seis vezes o tamanho da área, os proprietários de imóveis começaram a se preocupar com a maneira como a cidade estava crescendo.

E retornando à discussão inicial proposta aqui, a criação do Sistema Financeiro de Habitação e do fundo do FGTS aumentou seriamente os novos inícios do setor de construção civil. Como demonstrado por Somekh (2013, p. 3-4), o SFH e o FGTS.

(...) determinou um impulso significativo ao negócio imobiliário que antes se caracterizava pela lentidão tanto na obtenção de recursos financeiros quanto na construção de novos edifícios. Para esta intervenção do Estado corresponde um aumento acentuado da evolução do crescimento vertical, em São Paulo e em muitas outras cidades brasileiras.

Além disso, o Sistema Brasileiro de Poupança e Empréstimos (SBPE) teve um papel importante na verticalização da cidade. Como Nery Jr. demonstra, (2002, p. 119-120), o SBPE foi usado para financiar a parte mais rica da cidade (eixo sudoeste). Somando a isso, São Paulo agora era uma cidade com 5,5 milhões de habitantes, e um novo modelo urbano pediu para ser aprovado.

Nesse cenário, o prefeito Figueiredo Ferraz solicitou um Plano Diretor e uma Lei de Zoneamento. Em 1971, o Plano Diretor de Desenvolvimento Integrado (PDDI) foi elaborado e votado pela Câmara Municipal. O PDDI expôs que o principal instrumento para controlar a expansão urbana deveria ser o regulamento de zoneamento. (Campos, 2008, p. 124-125). Limitando o coeficiente máximo de utilização a quatro vezes a área terrestre, o PDDI baseou-se tanto em um plano anterior (Plano Urbanístico Básico – PUB, de 1969) quanto no SAGMACS (Sociedade de Análise Gráfica e Mecanográfica Aplicada a Complexos Sociais), de 1957.

Ambos os estudos indicaram que a cidade deveria abandonar seu modelo pró-carro, adotado em meados do século XX por Prestes Maia (SOMEKH e CAMPOS, 2008, 112). Desta forma, o Plano Diretor indicou que a densidade populacional deveria ser condicionada a um sistema de transporte de massa.

Embora o PDDI tivesse sido apoiado em quase duas décadas de estudos, sua formulação e aprovação foram feitas sob as práticas antidemocráticas do período: como aponta Feldman (2005, 252), o plano não tinha justificativa clara sobre os índices adotados, falta de precisão no mapeamento, poucos dados sobre litígios fundiários e equipamentos públicos.

Logo após a aprovação do PDDI, o projeto da Lei Geral de Zoneamento (LGZ) foi enviado à Câmara Municipal, em 1972. Com o novo plano de cidade aprovado, a Prefeitura deveria permitir agora uma Lei de Zoneamento. Usando como desculpa a possibilidade de corrupção, a Lei de Zoneamento foi aprovada com quase nenhuma discussão e vários registros de uma postura antidemocrática da Prefeitura. O que foi visto foi a equalização de interesses entre os proprietários de imóveis e o setor da construção.

A Lei de Zoneamento foi dividida em quatro capítulos: o primeiro, continha seus objetivos e definições. O segundo capítulo organizava o parcelamento da terra; o terceiro tratou do uso e ocupação do solo; e o quarto, as disposições gerais.

A lei foi aprovada em 1972 e investida sob um viés tecnocrático, alegando neutralidade. Esse discurso abandonou o debate anterior sobre o zoneamento em São Paulo: evitar a desvalorização da terra enfrentada pelos proprietários de imóveis sob a construção da cidade (NERY JR., 2002, p. 113).

A LGZ adotou oito zonas de uso com várias categorias distintas (17 no total), correspondendo ao que foi descrito no PDDI. De fato, a LGZ não era o fim ou o começo de algo novo (FELDMAN, 2005, p. 263), traduzindo para um único documento muitas das leis de zoneamento parcial anteriormente editadas, desde os anos 50. Como Figueiredo Ferraz indicou, a Lei de Zoneamento não ultrajou as tendências de desenvolvimento no espaço urbano que haviam sido confirmadas em São Paulo (FELDMAN, 2005, p. 267).

Com base na ideia de *orientar sem forçar*, a LGZ realmente fez um pacto: como parte importante das áreas mais ricas foi poupada da verticalização, outras foram oferecidas ao mercado de construção. Como a lei mantinha áreas como o Jardim Europa livre da verticalização e com um uso da terra que permitia apenas a construção de mansões, outras áreas de classe alta como a Avenida Paulista e a Rua da Consolação foram liberadas para serem verticalizadas. Mais do que isso, a LGZ protegeu o eixo sudoeste e centro de uma verticalização feroz, dando a região leste para o negócio de construção, sob a promessa de um sistema de metrô que nunca foi totalmente construído (CAMPOS, 2008, p. 132; FELDMAN, 2005, p. 271).

A LGZ também trouxe um padrão único para o parcelamento da terra: uma frente mínima de 10 metros (32 pés) e uma grade padrão de 250m² (2690 pés quadrados). Como Feldman apontou, (2005, p. 273-274) essa padronização ignorou os dados anteriormente pesquisados para o PUB em 1967: como as residências isoladas em grandes glebas ocupavam 7,3% da área urbana, os condomínios residenciais ocupavam apenas 1% e apenas 0,8 % correspondiam a edifícios com mais de quatro lojas. Em 1967, 91,7% da área urbana de São Paulo era ocupada por residências semi-isoladas, em pequenas glebas. O que se constatou foi que a casa padrão ocupava uma área de 211 m² com 81 m² de área construída. Mais do que ignorar os padrões existentes, a LGZ estimulou o desmembramento da terra, considerada uma prática perniciosa. De fato, a medida que a Lei estimulava o desmembramento, os antigos proprietários de casas eram forçados a vender suas propriedades, já que o setor de construção precisava de mais terras para construir.

Outro exemplo de como a LGZ mediou os interesses dos proprietários de terras com o setor da construção foi demonstrado por Benjamin Adiron Ribeiro, que foi o principal arquiteto responsável pela lei de zoneamento. Como ele mesmo disse em uma entrevista em 2015, o contato com instituições como SECOVI (Sindicato dos Empresários Imobiliários) e SINDUSCON (Sindicato dos Empresários de Construção) foi aberto e constante (RIBEIRO, 2015, *online*).

Desnecessário dizer como SECOVI estava seriamente interessado em uma lei de zoneamento que atendesse aos seus interesses. Após a criação do SFH e do BNH, a SECOVI tornou-se a maior defensora dos negócios de construção. Mais do que isso, o Sindicato foi um dos principais responsáveis pelo desvio do BNH, fazendo com que o SFH se concentrasse mais no setor mais abastado da sociedade brasileira (MARICATO, 1987, p. 83).

Assim, como o SECOVI e o SINDUSCON tinham livre acesso ao lobby, algumas outras instituições não tiveram o mesmo tratamento. O Instituto de Engenharia não conhecia todo o projeto LGZ, bem como as definições de zoneamento e os critérios técnicos utilizados (FELDMAN, 2005, p. 275).

c) O Plano Diretor Estratégico e a Lei de Parcelamento, Uso e Ocupação do Solo (LPUOS) – 2014 e 2016

Aproximadamente quatro décadas após a entrada em vigor do PDDI e da Lei Geral de Zoneamento de 1972, o poder público municipal de São Paulo começou a discutir e elaborar um novo Plano Diretor para a cidade, que foi promulgado em 2014. Dois anos depois, entrou em vigor a Lei de Terras, Uso e Ocupação do Solo (LPUOS), a nova lei de zoneamento da capital paulista.

É importante notar que durante o período mencionado, houve outros Planos Executivos, como o Plano Diretor Estratégico de 2002, e algumas novas regras esparças de zoneamento. No entanto, como veremos mais adiante, a escolha pela legislação urbana de São Paulo em 2014 e 2016 foi feita tendo em vista o grau de similaridade entre os eventos da década de 1970 e os eventos recentes.

Em substituição ao Plano Diretor de 2002, a gestão do prefeito Fernando Haddad, do Partido dos Trabalhadores, iniciou as discussões para a elaboração de um novo Plano tão logo ele iniciou seu mandato.

Diferentemente do Plano anterior, em que a participação da população nas discussões sobre a formulação da lei foi altamente questionada (VILLAÇA, 2005), a formulação do PDE 2014 e do LPUOS de 2016 mostrou-se muito mais inclusiva e democrática. Segundo dados apresentados pela Prefeitura, com relação apenas à formulação do projeto de Lei de Zoneamento, mais de 8.000 pessoas participaram de um processo de três etapas envolvendo propostas de oficinas, audiências públicas e diálogos macrorregionais por submunicípios (SÃO PAULO, 2016).

Analisando essas normas, entre os pontos que mais chamaram a atenção no novo marco regulatório da cidade, podem-se destacar a criação de novas Zonas Especiais de Interesse Social (ZEIS) em bairros como Pari, Brás, Campos Elíseos, Jabaquara e Bela Vista, por exemplo. A intenção do poder público municipal foi a regularização de favelas e loteamentos irregulares e a redução do déficit habitacional (SÃO PAULO, Lei nº 16.050, de 2014).

Além disso, uma política de desestimulo do uso de carros particulares e uma valorização do transporte coletivo e não motorizado (especialmente bicicletas, através da extensão de ciclovias) também pôde ser observada. Ademais, além de prever a densidade populacional vertical em áreas próximas a estações de transporte ferroviário e corredores de ônibus, houve também uma limitação no número de vagas de garage por unidade perto de corredores urbanos e a alocação de 30% do Fundo Municipal de Desenvolvimento Urbano (Fundurb) para o sistema de mobilidade urbana (SÃO PAULO, Lei Municipal nº 16.402 de 2016). Essas mudanças são importantes porque, segundo Fernando Nunes da Silva (2013), a discussão sobre a melhoria do trânsito e o incentivo à participação das pessoas na vida da cidade é essencial para a saúde urbana.

Além disso, é interessante destacar o incentivo à construção de fachadas ativas no andar térreo dos edifícios, uma vez que promovem maior sensação de segurança ao estimular o movimento de pessoas que chegam à essa zona de transição entre espaços públicos e privados (SCOPEL, 2017). O uso de fachadas ativas dificulta a transformação de calçadas em locais mortos, o que distrai a presença de pedestres e acaba tornando certas regiões mais inseguras (JACOBS, 2009).

Outro ponto que merece destaque foi a recriação das Zonas Rurais em 25% do território da cidade, que desde a primeira década de 2000 não existia na cidade de São Paulo.

A este respeito, a Prefeitura é enfática ao afirmar que:

Nessas áreas, o PDE propõe incentivar usos e atividades econômicas capazes de conciliar a proteção ambiental com a geração de emprego e renda, melhorar a qualidade de vida e promover a redução da vulnerabilidade e a exclusão social e ambiental dos moradores (CITY HALL. 2014).

Como pode ser visto, muitas das mudanças apresentadas pelo Plano Diretor e pela Lei de Zoneamento visam a estabelecer novas formas de utilização do espaço urbano. Tais mudanças estão alinhadas com os objetivos, princípios e diretrizes estabelecidos pela Constituição Federal e pelo Estatuto da Cidade, cujo artigo 2° é muito claro quando afirma que a política urbana deve valorizar o desenvolvimento sustentável, a gestão democrática por meio da participação populacional e as desigualdades socioespaciais etc. (BRASIL, Lei Federal nº 10.257 de 2001).

Sabe-se que é difícil fazer grandes mudanças estruturais positivas em uma cidade do tamanho de São Paulo, ainda mais pelos problemas que apresenta, que, infelizmente, são muito comuns em países da periferia do capitalismo. No entanto, mesmo com suas limitações, o PDE 2014 e o LPUOS 2016 apresentaram grandes alternativas para reorganizar a cidade a fim de que os grandes problemas urbanos fossem minimizados a médio e longo prazo.

Ocorre que, depois de algum tempo tais leis começaram a seguir caminhos diferentes daqueles inicialmente planejados. Em 2016 houve eleições municipais em todo o território brasileiro. Em São Paulo, o empresário liberal João Dória venceu a corrida. Vale ressaltar que desde o início da nova gestão, em 2017, suas medidas foram fortemente criticadas por pessoas de visão mais progressista. Isso porque, várias políticas urbanas que estavam alinhadas com a criação de um ambiente urbano mais equilibrado foram revistas pela nova gestão.

Podemos citar, como exemplo, o aumento da velocidade média nas vias expressas da cidade, Tietê e Pinheiros. Quando Haddad havia reduzido a velocidade nessas vias expressas em 2015, o objetivo era principalmente a redução do número de acidentes de carro, especialmente aqueles fatais. Ao aumentar a velocidade nas vias expressas novamente, as principais críticas dirigidas a Dória eram no sentido de que ele seria responsável pelo aumento do número de vítimas de acidentes automobilísticos. De fato, conforme relatado pelas plataformas digitais dos principais jornais do Brasil, ao final de seu primeiro ano de funcionamento, os gráficos mostraram um aumento no número de mortes no trânsito quando comparado ao mesmo período do ano anterior (G1, 2017).

Outra medida que também gerou muita controvérsia foi a retirada dos grafites da Avenida 23 de Maio para a implantação de um *Corredor Verde* (CITY HALL DE SÃO PAULO, 2017). Além das críticas sobre a perda artística e cultural dos murais de grafite, os especialistas foram críticos sobre a justificativa dada pelo Poder Público de que o Corredor Verde ajudaria a melhorar a qualidade do ar e reduziria a temperatura e o ruído na região. Embora a ideia pareça ecologicamente correta, ela esconde uma prática de lavagem verde. O corredor verde é resultado de um Termo de Compromisso Ambiental (TCA) com a empresa Tishman Speyer, que derrubou mais de 800 árvores em um terreno no Morumbi para a construção de um empreendimento imobiliário de alto padrão (ESTADÃO, 2017).

Como veremos mais adiante, em relação ao PDE e ao LPUOS, as críticas foram igualmente severas. Assim como ocorreu com a Lei de Zoneamento de 1972, logo após sua promulgação, o poder público municipal apresentou diversas mudanças que, além de desfigurar os planos anteriores, também sinalizaram positivamente para os setores de construção e imobiliário.

3 Mudanças nas leis de zoneamento como instrumento de cooptação do interesse público pelo interesse do mercado imobiliário

a) As mudanças na Lei de Zoneamento de 1972

Do ponto de vista político, como já mencionado, o desgaste criado entre o prefeito Figueiredo Ferraz e o Governador do Estado, Laudo Natel, por causa da adoção do zoneamento, fez o prefeito perder sua posição. Em seu lugar, Miguel Colassuono foi indicado. Como Campos aponta (2008, p. 130), sua queda é explicada em parte pela introdução de controles mais rígidos sobre usos e coeficientes. Quando Ferraz disse que "São Paulo precisa parar", ele se tornou um oponente natural dos setores imobiliário e de construção.

E se o zoneamento sobreviveu à demissão de seu criador, a lei que a adotou viu mudanças significativas. Já em 1973, foi introduzida a ideia anteriormente descartada pelo LGZ: os corredores comerciais. Em 1979, alterações no modelo utilizado para o cálculo do coeficiente de utilização possibilitaram uma maior verticalização em Z3, Z4 e Z5. Em 1981, outras 11 zonas (Z9 a Z19) foram adotadas, como sete tipos diferentes de corredores comerciais e cinco tipos de áreas rurais (Campos, 2008, p. 130-131).

Com o passar do tempo, o que se percebeu foi um afrouxamento do que foi inicialmente adotado por Figueiredo Ferraz. Enquanto alguns autores indicam um refinamento da norma, outros apresentam as mudanças como uma capitulação ao mercado imobiliário. Em qualquer caso, o ímpeto para conter o crescimento da cidade através da regra de zoneamento foi modificado. A crise de 1980 afetou o setor da construção civil inclusive em relação a quantidade e a maneira de construir novos edifícios.

A redução dos coeficientes máximos de utilização, caindo de seis vezes a área da parcela para quatro, indicava que a verticalização do milagre, como disse Somekh, desestabilizava os interesses dos proprietários de imóveis nas áreas mais nobres da cidade. No entanto, a liberalização para a verticalização de áreas que anteriormente não possuíam tal autorização, como o eixo Leste, assim como a fórmula utilizada para calcular o coeficiente de utilização, foram tentativas de mediar o setor de construção.

b)   As mudanças na Lei de Zoneamento de 2016

Em relação ao PDE e ao LPUOS, os críticos foram igualmente severos. Ao longo de 2017, Dória foi criticado por ter dito em diversas ocasiões que se reuniu com representantes do setor imobiliário e da construção civil sobre sua intenção de flexibilizar o Plano Diretor e a Lei de Parcelamento, Uso e Ocupação do Solo. No início de sua gestão, de acordo com boletim de notícias do Secovi-SP, "o prefeito prometeu rever as leis de ocupação da terra", além de "rever as diretrizes das operações urbanas Água Branca e Espraiada Água, para impulsionar reais produção imobiliária" (SECOVI-SP, 2017).

Logo após seu mandato e suas declarações, os setores imobiliário e da construção civil começaram a pressionar o prefeito a fazer ajustes no plano diretor e na lei de zoneamento. O seu principal argumento era que o PDE e o LPUOS haviam elevado o valor da outorga onerosa, bem como restringiram excessivamente a construção de prédios em certas regiões da cidade, como nos miolos de bairro, por exemplo (PEQUENAS EMPRESAS E GRANDES NEGÓCIOS, 2017).

O discurso mais simbólico de Doria foi dado na cerimônia de posse da nova direção do Secovi-SP, cujo conteúdo indicava explicitamente sua intenção de beneficiar o setor. Ao cobrir o evento, o jornal eletrônico Valor Econômico destacou que:

Para a secretária municipal de Urbanismo e Licenciamento, Heloisa Proença, são necessárias mudanças na Lei de Zoneamento de São Paulo para reduzir o custo dos imóveis produzidos e viabilizar atividades econômicas que confirmem o perfil da capital como cidade do mundo. O setor de incorporação exige mudanças na Lei de Zoneamento que flexibilizem a aplicação de algumas regras do Plano Diretor de São Paulo.

(...)

Segundo ela, a Prefeitura está revendo mecanismos que tornam o produto final dos projetos mais barato (VALOR ECONÔMICO, 2018).

É importante ressaltar que, quando o evento acima mencionado ocorreu, o Departamento de Urbanismo e Licenciamento já havia disponibilizado em seu site, desde o final de 2017, um projeto de alteração do LPUOS (CITY HALL DE SÃO PAULO, 2017). O fato gerou discussões, pois apesar dos sinais feitos pela Prefeitura em 2017, mudanças de tamanho tão grande nas duas principais leis de planejamento urbano da cidade não eram esperadas, ainda mais levando em consideração seu pouco tempo de existência.

É normal que os Planos Diretores e as leis de zoneamento sejam revistos e reformulados de tempos em tempos, uma vez que a cidade é dinâmica e são necessárias adaptações à realidade. No entanto, o contexto em que a proposta foi apresentada é questionado. O curto intervalo de tempo entre a entrada em vigor do PDE de 2014 e o LPUOS de 2016 e a proposta entregue pela Prefeitura em 2017 é insuficiente para que as mudanças estruturais desejadas na cidade tenham sido implementadas. Embora não sejam instrumentos perfeitos, como mostrado anteriormente, ambos tinham uma visão de política urbana que nunca havia sido vista em São Paulo.

Além disso, os discursos apresentados pela Prefeitura indicam mais atenção ao desempenho econômico dos setores imobiliário e da construção do que a promoção de uma cidade mais sustentável e menos desigual e que garantam a participação da população na elaboração de políticas urbanas. O próprio site do Sinduscon-SP relata esse alinhamento de interesses ao destacar que "vários pontos da proposta são do interesse do setor imobiliário e têm sido defendidos pela secretaria municipal de Urbanismo e Licenciamento, Heloisa Proença" (SINDUSCON, 2018).

Foram várias as modificações apresentadas pelo Departamento de Urbanismo e Licenciamento, como a alteração na regulamentação do número de vagas de estacionamento por projeto, o tamanho das unidades habitacionais, o aumento das medidas de altura em certas regiões da cidade, a regularização dos edifícios existentes em desacordo com a legislação urbana de São Paulo, o desconto sobre os valores cobrados pela outorga onerosa e a exclusão de determinados projetos do limite de área máxima de lote de 20.000 m² que o LPUOS fornece para a cidade de São Paulo.

Segundo Harvey Molotch (1976, p. 2), qualquer parcela de terra, seja uma região, uma cidade ou uma nação, deve ser vista não apenas como uma área de demarcação legal, política ou topográfica, mas como um mosaico da concorrência no terreno.

Nesse caso, a aliança entre os interesses da prefeitura e os setores da construção civil arrasou os interesses das associações de bairros de classe média e média alta como Vila Mariana ou Morumbi. Isso porque, uma das modificações propostas diz respeito à densificação no interior dos bairros (artigo 17). O projeto de lei pretende acabar com o limite de altura dos edifícios no miolo dos bairros vizinhos, longe dos eixos de transporte público, permitindo construções acima de 28 metros. Além da densificação, a estética dos bairros caracterizados pela predominância de casas também é alterada e desestimula a densificação nos eixos de transporte previstos no PDE.

Outra proposta que contraria as diretrizes estabelecidas no PDE e no LPUOS é a liberação da construção de prédios e apartamentos maiores, com mais vagas de estacionamento em regiões com boa rede de transporte (artigo 19). Como visto anteriormente, a atual legislação urbana em São Paulo desestimula o uso de carros particulares e estimula o uso de transporte coletivo ou de bicicletas, pois além de melhorar o trânsito, são alternativas menos nocivas ao meio ambiente. No entanto, em áreas onde a proposta mencionada quer influenciar, além de estimular o uso de carros, também abre espaço para a valorização imobiliária, estimulando a elitização de mais espaços urbanos e fazendo com que a população mais pobre fique cada vez mais distante da rede de transporte municipal.

Nesse sentido, prevê-se também a redução da porcentagem de moradias de interesse social que os construtores têm a obrigação de construir. Vale ressaltar que a maioria desses edifícios é feita em zonas de interesse social, muitos dos quais estão na região central. Isso significa que, diminuindo essa obrigação, a população que mais necessita de políticas habitacionais será novamente destinada a ocupar as áreas periféricas da cidade.

Outro ponto que chama muita atenção é o que Raquel Rolnik, Paula Santoro, Letícia Lemos e Pedro Lima (2018) denominaram *Black Friday Urbana*, pois foi proposto um desconto geral de 30% no valor da Outorga Onerosa no todo território urbano de São Paulo. Os pesquisadores adicionam:

> Isso significa que os empreendedores pagarão menos pelos metros quadrados de que precisam para suas construções (art. 54), e este "desconto" não vai para o consumidor das unidades à venda. Com isso, diminui a arrecadação de recursos com a venda de direitos de construir, usualmente destinados ao Fundo de Desenvolvimento Urbano (Fundurb) para promover melhorias urbanas, especialmente em áreas de maior vulnerabilidade (algo que de fato vem ocorrendo, conforme mostramos em post anterior). Ganham os empreendedores, perdem os moradores de áreas mais vulneráveis.
> Como se não bastasse o desconto geral, há uma redução do valor da Outorga Onerosa do Direito de Construir de até 20% para incentivar a construção de "edifícios sustentáveis" ou "edifícios-conceitos". Com isso, os descontos podem chegar a até 50% do valor que deveria ser pago pelo setor imobiliário para ocupar o permitido pelo zoneamento em vigor (art. 42) (OBSERVA SP, 2018).

Outra proposta significativa é que hospitais e complexos hospitalares, instituições de ensino superior e universidades, shoppings e grandes armazéns possam exceder o limite máximo de 20.000 m² (art. 42) previstos no LPUOS. A legislação atual prevê esta isenção apenas os hospitais e estabelecimentos de ensino superior já existentes, as empresas nas zonas Ind-2 e as Zonas de Ocupação Especial. Vale ressaltar que, em pesquisa realizada por Isabel Martin Pereira e Pedro Henrique Rezende Mendonça, ao investigar a participação de agentes globais no complexo imobiliário paulista na transformação e desenvolvimento do espaço urbano, descobriu-se que:

> Contra a noção de que os agentes financeiros atuam apenas nas frentes tradicionais dos shoppings e das torres corporativas, foi descoberto que hotéis, faculdades, hospitais, agências bancárias, supermercados, equipamentos de logística e terrenos disponíveis para *built-to-suit* também estão no jogo (PEREIRA; MENDONÇA, 2017, p. 11).

Os pesquisadores também observaram que o número desses equipamentos e construções para atividades de logística, que se relacionam principalmente com galpões, cresceu significativamente nos últimos anos. Além disso, o surgimento destes novos galpões coincide com o início da construção do Rodoanel, estando localizados especialmente nas saídas para as grandes rodovias que saem de São Paulo (PEREIRA; MENDONÇA, 2017, p. 15).

Finalmente, outro ponto notável é que o Departamento de Urbanismo e Licenciamento argumentou em sua Justificativa Técnica que há uma preocupação com o meio ambiente e a produção de edifícios sustentáveis e, portanto, quer tornar as regras de construção mais flexíveis para projetos que incluem utilização de energia limpa (GESTÃO URBANA, 2018, 22). No entanto, além da questão automobilística mencionada acima, houve também uma redução da área de cota ambiental. Na nova lei, a cota seria para terras maiores que 1.000 m² (atualmente é para terrenos de 500 m²), fazendo com que o incentivo para a construção de novos prédios *verdes* diminua.

Como se podem constatar, em maior ou menor grau, todas essas medidas expressam de forma positiva os interesses dos setores representados pelo Secovi e pelo Sinduscon, ou porque autorizam a construção de empreendimentos que atendam a um padrão de consumo rentável para os construtores. e imóveis, ou porque eles regularizam os outros que estão em desacordo com a lei de zoneamento promulgada em 2016. Nesse sentido, os planos para tentar reorganizar o ambiente urbano de forma mais saudável e equilibrada parecem ter sido deixados de fora.

Vale ressaltar que o termo que a prefeitura estabeleceu para a população para fazer considerações sobre o projeto de lei disponibilizado em 15 de dezembro de 2017, foi de aproximadamente um mês. No entanto, as consultas ainda não haviam sido formalizadas com os conselhos municipais, com representantes da sociedade civil, nem haviam sido realizadas audiências públicas, contrariando a redação do artigo 332 do PDE.[3]

Tendo em vista a falta de transparência e de teor democrático, levando-se em consideração a complexidade dos temas a serem abordados no anteprojeto, instituições como o Ministério Público e a Defensoria Pública do Estado de São Paulo se posicionaram para exigir que o prazo final para discussões públicas fosse estendido. A Defensoria Pública, por exemplo, foi mais incisiva e publicou uma nota técnica contrária às mudanças propostas pela Prefeitura (Defensoria Pública do Estado/SP, 2018). Órgãos como o IAB (Instituto dos Arquitetos do Brasil) e o IBDU (Instituto Brasileiro de Direito Urbanístico) também

---

[3] Art. 332. A Prefeitura realizará audiências públicas por ocasião do processo de licenciamento de empreendimentos e atividades públicas e privadas de impacto urbanístico ou ambiental, para os quais sejam exigidos estudos e relatórios de impacto ambiental ou de vizinhança.

se opuseram ao projeto e, após ampla pressão social, o prazo para a apresentação de emendas sobre o anteprojeto de lei foi prorrogado.

Além disso, foi somente em fevereiro de 2018, após toda a pressão mencionada acima, que o Departamento de Urbanismo e Licenciamento convocou audiências públicas para discutir os ajustes propostos no LPUOS. Ao todo, foram cinco audiências, cada uma em uma região da cidade (City Hall of São Paulo, 2018).

Embora a gestão de João Dória, desde o início de seu mandato, tenha indicado urgente e extremo interesse em mudar os pontos da lei de zoneamento, de janeiro a maio de 2018 sucessivos fatos políticos fizeram com que o projeto de lei fosse deixado de lado. Enfatiza-se a derrota da prefeitura ao tentar realizar a reforma da previdência social dos servidores municipais, o que gerou grande desgaste político.

Ademais, em abril de 2018, João Dória renunciou ao cargo de prefeito para concorrer às eleições de 2018 como Governador do Estado de São Paulo, ganhando o pleito. Em seu lugar na Prefeitura, assumiu o Vice Bruno Covas (FOLHA DE SÃO PAULO, 2018). Desde então, as discussões sobre as mudanças na lei de zoneamento continuam paralisadas. No entanto, é importante que a população permaneça atenta para que as discussões e o processamento possam ocorrer da forma mais democrática possível e levar em conta um planejamento urbano que vise a uma cidade mais equilibrada.

Conclusão

Observando a história do planejamento urbano e da regulação do zoneamento em São Paulo, é possível observar que a cidade tem um problema crônico de impor limites ao setor privado e aos proprietários de terras. Em 1972, após quase 50 anos de discussões sobre a adoção de um regulamento geral de zoneamento e um plano director efetivo, a administração municipal aprovou uma legislação que estava mais preocupada em manter os privilégios dos proprietários de terras e do setor de construção do que propor uma solução de longo prazo para problemas da cidade.

Mais do que isso, apenas um ano após a aprovação da LGZ (General Zoning Act), a Câmara Municipal optou por alterar o regulamento de zoneamento, interrompendo as relações entre o LGZ e o PDDI. Todas as mudanças pretendiam conceder mais privilégios para os dois principais atores citados acima: proprietários de terras e setor de construção.

A mesma situação pode ser observada em 2016, com a aprovação da nova lei de zoneamento (LPUOS). O novo regulamento de zoneamento foi projetado para atender as propostas do novo Plano Diretor, aprovado no ano anterior. Ambas as leis foram aprovados após um enorme esforço para democratizar o acesso às questões urbanas de São Paulo. Agora, sob um regime democrático, a nova legislação pretendia ser uma ferramenta útil para enfrentar os problemas da cidade.

Novamente, apenas um ano após a aprovação do novo ato de zoneamento, novas discussões começaram no sentido de que o ato de zoneamento tinha que ser alterado. Mais uma vez, as propostas pretendem beneficiar os proprietários de terras e o setor da construção, deixando os problemas da cidade e o interesse público em segundo plano.

Além disso, as questões que envolvem esses fatos vão além de um simples caso de lobby, onde os interesses privados substituem o bem comum. Como os atos de zoneamento são sistematicamente alterados para atender a interesses privados, toda a planificação e expressão dos atos de planejamento é desmantelada. Tanto em 1972 quanto em 2016, as mudanças no ato de zoneamento têm o poder de desmontar tudo o que foi proposto em termos de planejamento urbano. Como Sarah Feldman disse uma vez, no século 20, o regulamento de zoneamento se tornou o plano. Este cenário está prestes a se repetir em 2018, com os mesmos atores.

É curioso observar que quando esse tipo de movimento político é estabelecido, o que podemos ver é uma mudança de visão: quando o ato de zoneamento é alterado e a planificação é abandonada, os interesses de curto prazo de alguns são declarados mais importantes que as projeções de longo prazo. Assim, quando a discussão sobre o planejamento da cidade é retomada apenas em termos de uso do solo e parcelamento, toda a cidade perde em detrimento de poucas corporações e atores políticos.

Outro ponto interessante a observar é que ambos os atos de zoneamento foram aprovados após políticas habitacionais intensas promulgadas pelo governo federal. Em 1972, a LGZ foi aprovada após quase uma década da criação do fundo SFH, BNH e FGTS. Naquela época, ambas as linhas de crédito (SBPE – poupança e empréstimos para as classes altas; BNH / FGTS – para as classes mais baixas) tiveram uma grande repercussão no processo de verticalização de São Paulo. Em 2016, a nova legislação sobre planejamento e Zoneamento surgiram após quase oito anos do Programa Minha Casa Minha Vida. Mais uma vez, a cidade sofreu outra rodada de verticalização, mas agora, em áreas periféricas.

Esses fatos apontam para mais uma questão, que este trabalho não pretendia resolver. Talvez os interesses privados em casos como São Paulo pudessem ser rebaixados se todas as políticas urbanas no Brasil estivessem conectadas nos três níveis do Estado: União, Estados e Municípios. Possivelmente, com uma planificação mais ampla, as consequências de políticas como BNH e PMCMV poderiam ser mais bem previstas, evitando as imposições que indicamos neste artigo.

Referências

ACKEL, Luiz; CAMPOS, Cândido Malta. Freire e Bouvard: a Cidade Europeia. *In* SOMEKH, Nadia; CAMPOS, Cândido Malta (orgs). *A Cidade que não pode parar:* Planos Urbanísticos de São Paulo no Século XX. São Paulo: Mackenzie.

BOLAFFI, Gabriel. 1972. *Aspectos Sócio-Econômicos do Plano Nacional de Habitação.* Tese de Doutorado, FAU-USP.

BOLAFFI, Gabriel; CHERKEZIAN, Henry. 1985. BNH: Bode Expiatório. *Novos Estudos CEBRAP*, N 13, outubro de 1985, p. 45 a 55.

BONDUKI, Nabil. *Do Projeto Moradia ao programa Minha Casa Minha Vida.* 1 de maio de 2009. Ed. 173. Disponível em: http://www.teoriaedebate.org.br/materias/nacional/do-projeto-moradia-ao-programa-minha-casa-minha-vida?page=full. Acesso em: 10 jun. 2018.

BONDUKI, Nabil; ROLNIK, Raquel. 1982. Periferia da Grande São Paulo. Reprodução do Espaço como Expediente de Reprodução da Força de Trabalho. *In:* MARICATO, Erminia (org.). *A Produção Capitalista da Casa (e da Cidade).* 2. ed., São Paulo: Alfa-Ômega.

CAMPOS, Cândido Malta. 2008. PDDI, PMDI e Lei de Zoneamento: a questão imobiliária. *In.* SOMEKH, Nadia; CAMPOS, Cândido Malta (Orgs). *A Cidade que Não Pode Parar:* Planos Urbanísticos de São Paulo no Século XX. 2. ed. São Paulo: Mackenzie.

DEFENSORIA PÚBLICA DO ESTADO-SP. *Núcleo Especializado de Habitação e Urbanismo emite Nota Técnica à Proposta de Alteração à Lei de Parcelamento, Uso e Ocupação do Solo do Município de São Paulo – Lei nª 16.402/2016.* 17 de janeiro de 2018. Disponível em: https://www.defensoria.sp.def.br/dpesp/Conteudos/Noticias/NoticiaMostra.aspx?idItem=77593&idPagina=5343. Acesso em: 18 maio 2018.

DIAS, Edney Cielici. *Do Plano Real ao Programa Minha Casa, Minha Vida:* negócios, votos e as reformas da habitação. Dissertação de Mestrado em Ciência Política. Faculdade de Filosofia, Letras e Ciências Humanas, Universidade de São Paulo, São Paulo, 2012.

ESTADÃO. 'Pagamento' por árvores banca muro verde na 23 de Maio. Disponível em: https://sao-paulo.estadao.com.br/noticias/geral,pagamento-por-arvores-banca-muro-verde-na-23-de-maio,70001703275. Acesso em: 18 maio 2018.

FELDMAN, Sarah. 2005. *Planejamento e Zoneamento. São Paulo 1947-1972.* São Paulo: Edusp.

FIX, Mariana de Azevedo Barretto. *Financeirização e transformações recentes no circuito imobiliário no Brasil.* Tese de Doutorado. Curso de Economia, Departamento de Instituto de Economia, Unicamp, Campinas, 2011, 139-140.

G1. *Marginais registram 32 mortes em 2017, aumento de 23% em relação a 2016, aponta CET.* Disponível em: https://g1.globo.com/sp/sao-paulo/noticia/marginais-registraram-32-mortes-em-2017-aumento-de-23-em-relacao-a-2016-aponta-cet.ghtml. Acesso em: 12 maio 2018.

JACOBS, Jane. *Vida e morte das grandes cidades*, São Paulo: Martins Fontes. 2009.

MACARINI, José Pedro. 2005. A política econômica do governo Médici: 1970-1973. *Nova Economia*. Belo Horizonte, v. 15, n. 3, p 53-92, set./dez. 2005.

MARICATO, Erminia. 1987. *Política Habitacional no Regime Militar:* do Milagre Brasileiro à Crise Econômica. Petrópolis: Vozes.

MARTINS, José de Souza. 2008. *A Aparição do Demônio na Fábrica:* origens sociais do Eu dividido no subúrbio operário. São Paulo: 34.

MINISTÉRIO DAS CIDADES. Política Nacional de Habitação, Brasília. Nov. 2004. Disponível em: http://www.cidades.gov.br/images/stories/ArquivosSNH/ArquivosPDF/4PoliticaNacionalHabitacao.pdf. p. 12. Acesso em: 10 jun. 2018.

NERY JR. José Marinho. 2002. *Um Século de Política para Poucos:* o Zoneamento Paulistano 1886-1986. Tese de Doutorado, FAUUSP.

PREFEITURA DE SÃO PAULO. *Participe das audiências públicas que vão discutir ajustes na Lei de Zoneamento.* Fevereiro, 2018. Disponível em: http://www.prefeitura.sp.gov.br/cidade/secretarias/urbanismo/noticias/index.php?p=249466. Acesso em: 15 fev. 2018.

PREFEITURA DE SÃO PAULO. Prefeitura começa a instalar Corredor Verde na Avenida 23 de Maio. Disponível em: http://www.capital.sp.gov.br/noticia/prefeitura-comeca-a-instalar-corredor-verde-na-avenida-23-de-maio. Acesso em: 12 maio 2018.

PREFEITURA DE SÃO PAULO, Gestão Urbana. *Ajustes na Lei de Parcelamento, Uso e Ocupação do Solo* – LPUOS. 15 de dezembro de 2017. Disponível em: http://revisaolpuos.gestaourbana.prefeitura.sp.gov.br/. Acesso em: 6 jun. 2018.

PREFEITURA DE SÃO PAULO, Gestão Urbana. *Zona Rural*. Disponível em: http://gestaourbana.prefeitura.sp.gov.br/zona-rural/. Acesso em: 7 jun. 2018.

PROGRAMAS DO GOVERNO. *Minha Casa Minha Vida 2*. 2013. Disponível em: http://www.programadogoverno.org/minha-casa-minha-vida-2/. Acesso em: 9 jun. 2018.

REVISTA PEQUENAS EMPRESAS E GRANDES NEGÓCIOS. *Empresários do mercado imobiliário cobram de Doria ajustes no Plano Diretor*. 4 de abril de 2017. Disponível em: https://revistapegn.globo.com/Noticias/noticia/2017/04/pegn-empresarios-do-mercado-imobiliario-cobram-de-doria-ajustes-no-plano-diretor.html. Acesso em: 7 jun. 2018.

RIBEIRO, Benjamin Adiron. 2015. Entrevista concedida ao site Vitruvius. Disponível em: http://www.vitruvius.com.br/revistas/read/entrevista/16.062/5523?page=5.

ROLNIK, Raquel. 2007. *A Cidade e a Lei*. 3. ed. São Paulo: Studio Nobel.

ROLNIK, Raquel et al. *O Programa Minha Casa Minha Vida nas regiões metropolitanas de São Paulo e Campinas:* aspectos socioespaciais e segregação. São Paulo. Cad. Metrop. v. 17, n. 33. May, 2015, p. 131.

ROYER, Luciana de Oliveira. 2014. *Financeirização da Política Habitacional: Limites e Perspectivas*. São Paulo: Annablume.

SANTOS, Cláudio Hamilton M. 1999. *Políticas Federais de Habitação no Brasil: 1964/1998*. Texto para Discussão nº 654, IPEA, Brasília, julho de 1999.

SÃO PAULO. Lei Municipal nº 16.402 de 2016. Disciplina o parcelamento, o uso e a ocupação do solo no Município de São Paulo, de acordo com a Lei nº 16.050, de 31 de julho de 2014 – Plano Diretor Estratégico (PDE). Disponível em: http://www.prefeitura. sp.gov.br/cidade/secretarias/upload/desenvolvimeno_urbano/texto%20de%20lei%20pdf. pdf. Acesso em: 7 de junho de 2018.

SÃO PAULO. Novo Zoneamento – Lei nº 16.402/16. Disponível em: http://www.prefeitura. sp.gov.br/cidade/secretarias/upload/desenvolvimento_urbano/apresentacao.pdf. Acesso em: 29 maio 2018. p. 8.

SCOPEL, Vanessa Guerini. *Fachadas ativas*: uma alternativa para a melhora da relação entre arquitetura e cidade. A: Seminario Internacional de Investigación en Urbanismo. "IX Seminario Internacional de Investigación en Urbanismo, Barcelona-Bogotá, Junio 2017". Barcelona: DUOT, 2017. Disponível em: https://upcommons.upc.edu/bitstream/handle/2117/108537/15BGT_ScopelVanessa.pdf?sequence=1&isAllowed=y. Acesso em: 6 jun. 2018.

SECOVI-SP. *Prefeitura vai revisar legislações urbanas para impulsionar produção de imóveis*. 22 de fevereiro de 2017. Disponível em: http://www.secovi.com.br/noticias/prefeitura-vai-revisar-legislacoes-urbanas-para-impulsionar-producao-de-imoveis/12814. Acesso em: 7 jun. 2018.

SILVA, Fernando Nunes da. *Urban mobility*: the challenges of the future. Cadernos Metrópole, v. 15, n. 30, p. 377-388, 2013. Disponível em: http://www.scielo.br/scielo. php?pid=S2236-99962013000200377&script=sci_arttext&tlng=pt. Acesso em: 29 maio 2018.

SOMEKH, Nadia. 1987. *A (Des)Verticalização de São Paulo*. Dissertação de Mestrado. Orientadora: Maria Adélia Aparecida Souza. FAU-USP.

SOMEKH, Nadia; GAGLIOTTI, Guilherme. 2013. Metrópole e verticalização em São Paulo: exclusão e dispersão. *In: Anais dos encontros nacionais da ANPUR*, Recife. Desenvolvimento, planejamento e governança – Recife, 2013. v. 15.

VALOR ECONÔMICO. Doria promete "calibragem" do Plano Diretor em São Paulo. Disponível em: http://www.valor.com.br/politica/5295481/doria-promete-calibragem-do-plano-diretor-em-sao-paulo. Acesso em: 15 maio 2018.

VILLAÇA, Flávio. *As ilusões do plano diretor*. Disponível em: www. usp. br/fau/fau/galeria/paginas/index. html. nas/index. html. Acesso em: 29 maio 2018. v. 5.

Informação bibliográfica deste texto, conforme a NBR 6023:2018 da Associação Brasileira de Normas Técnicas (ABNT):

SALGADO, Rodrigo Oliveira; NARITA, Beatriz Sakuma. Lá e de volta outra vez: questões envolvendo leis de zoneamento de São Paulo. *In*: PIRES, Lilian Regina Gabriel Moreira; TEWARI, Geeta (Coord.). *5ª Conferência Anual de Direito Urbanístico Internacional & Comparado*: artigos selecionados. Belo Horizonte: Fórum, 2020. p. 103-132. ISBN 978-85-450-0706-7.

GENTRIFICAÇÃO *VS* MORADIA ACESSÍVEL: É POSSÍVEL TER MUDANÇAS REAIS E POSITIVAS EM UM BAIRRO SEM O DESLOCAMENTO DOS RESIDENTES DE BAIXA RENDA?

Antonio Cecílio Moreira Pires
Igor Baden Powell Mendes Rosa

Introdução

No mundo moderno, o eixo populacional teve alteração significativa, de forma que as migrações do campo para a cidade foram intensas. E é fato que a maior parte da população mundial vive em cidades. De acordo com os dados da ONU:[1]

> Hoje, 54 por cento da população mundial vive em áreas urbanas, uma proporção que se espera venha a aumentar para 66 por cento em 2050. As projeções mostram que a urbanização associada ao crescimento da população mundial poderá trazer mais 2,5 mil milhões de pessoas para as populações urbanizadas em 2050, com quase 90 por cento do crescimento centrado na Ásia e África, de acordo com o novo relatório das Nações Unidas.

No Brasil, o fato não é diferente! O desenvolvimento ficou conectado à industrialização, que teve início na década de 30, tendo as atividades econômicas se deslocado da área rural para a urbana. Esse

---

[1] Relatório da ONU Nova York, 10 de Julho – DESA, Traduzido e editado por UNRIC. Disponível em: http://www.unric.org/pt/actualidade/31537. Acesso em: 14 jun. 17.

processo de intensa urbanização veio desacompanhado de planejamento e o resultado foi um crescimento desordenado e cidades excludentes.

De outro lado, o crescente da população urbana passou a exigir uma política habitacional segura, o que não aconteceu, fazendo com que esse cenário se agravasse. O resultado, portanto, é que há déficit habitacional[2] e, de acordo com dados da Fundação João Pinheiro, em 2015, este correspondia a 6,355 milhões de domicílios, dos quais 5,572 milhões, ou 87,7%, localizados nas áreas urbanas e 783 mil unidades na área rural.[3]

Em São Paulo, a situação é um pouco mais grave. Além do fato de ser a maior metrópole brasileira, nas últimas décadas a cidade tem testemunhado um aumento nos custos de locação, principalmente para pessoas de baixa e moderada renda.

Uma das causas de referido aumento dos preços dos aluguéis dá-se pelo processo de gentrificação que vem acontecendo em algumas regiões. Bairros que até então abrigavam os mais diversos tipos de moradores e habitações acabam tendo sua dinâmica alterada pela chegada de novos comércios ou empreendimentos imobiliários que trazem consigo a valorização do local e afetam a população que vive ali, que precisa de mais dinheiro para continuar morando onde sempre morou – o que nem sempre é possível. Diante disso, a necessidade de habitações a um preço mais acessível é uma realidade na cidade.

Nesse diapasão, a falta de moradia acessível é um problema social brasileiro perceptível que chama a atenção. Essa realidade opõe-se ao quanto previsto na Constituição Federal, em especial no *caput* do artigo 6º, de ser a moradia um direito fundamental social.

E é nesse sentido que o Plano Diretor Estratégico (PDE) do Município de São Paulo (Lei Municipal nº 16.050/2014) busca atuar ao

---

[2]   O conceito de déficit habitacional utilizado está ligado diretamente às deficiências do estoque de moradias. Engloba aquelas sem condições de serem habitadas em razão da precariedade das construções ou do desgaste da estrutura física e que por isso devem ser repostas. Inclui ainda a necessidade de incremento do estoque, em função da coabitação familiar forçada (famílias que pretendem constituir um domicilio unifamiliar), dos moradores de baixa renda com dificuldades de pagar aluguel nas áreas urbanas e dos que vivem em casas e apartamentos alugados com grande densidade. Inclui-se ainda nessa rubrica a moradia em imóveis e locais com fins não residenciais. O déficit habitacional pode ser entendido, portanto, como déficit por reposição de estoque e déficit por incremento de estoque. Disponível em: http://www.fjp.mg.gov.br/index.php/docman/direi-2018/estatistica-e-informacoes/797-6-serie-estatistica-e-informacoes-deficit-habitacional-no-brasil-2015/file. Acesso em: 15 jun. 18, às 0h36.

[3]   Disponível em: http://www.fjp.mg.gov.br/index.php/docman/direi-2018/estatistica-e-informacoes/797-6-serie-estatistica-e-informacoes-deficit-habitacional-no-brasil-2015/file, p. 31. Acesso em: 15 jun. 2018. Acesso às 0h40.

estabelecer diretrizes para a política habitacional da cidade, priorizando o atendimento à população de baixa renda, reconhecendo o direito à moradia digna e a necessidade de promoção de moradia adequada e bem localizada.

O presente artigo, portanto, tem por objetivo analisar algumas estratégias adotadas pelo Município de São Paulo referente à moradia, em especial, a instituição do aluguel social, pois se revelam formas que a prefeitura encontrou para (i) manter o nível de desenvolvimento dos bairros, (ii) corrigir o déficit habitacional existente, e (iii) dar oportunidade aos moradores de permanecerem em seus bairros a um preço acessível.

O que se entende por gentrificação e como se dá a ocorrência deste fenômeno em São Paulo

A expressão *gentrificação* é tida como um conceito fundamental para o estudo das transformações experimentadas pelas cidades no mundo contemporâneo, sendo amplamente utilizada por pensadores das mais diversas áreas do conhecimento para explicar os influxos da vida urbana em nossos tempos.

Desde sua origem, como conceito nos anos 60, a maioria dos autores optou por diferenciar, especificar e categorizar os processos de *gentrificação* segundo sua localização (países desenvolvidos/sul global), seus fomentadores (investimento público, *sofisticação* urbana, imobiliárias, especuladores) e suas consequências (expulsão de residentes, *hipsterização* urbana, *recuperação* urbana).

A palavra deriva do substantivo inglês *gentry*, referindo-se a indivíduos ou grupos de *origem nobre, bem nascidos*, designando um processo de elitização de determinados espaços da cidade anteriormente caracterizados como áreas predominantemente populares.

O geógrafo Neil Smith, professor catedrático de geografia e antropologia de Nova York, foi o responsável por empregar a expressão *gentrification* sob uma perspectiva crítica, aplicando-a no contexto das relações entre a valorização imobiliária e a expulsão dos moradores originais nas experiências de renovação de áreas centrais. Esse fenômeno passou a ocorrer com frequência no fim dos anos 1970, em várias cidades do mundo, no âmbito dos processos de globalização e de transformação da gestão das cidades na era neoliberal, sendo os estudos do professor Neil Smith essenciais para compreendê-lo.[4]

---

[4] SMITH, Neil. Gentrificação, a fronteira e a reestruturação do espaço urbano. Tradução: Daniel de Mello Sanfelici. *GEOUSP – Espaço e Tempo*, São Paulo, n. 21, p. 15 – 31, 2007. Disponível em: http://citrus.uspnet.usp.br/geousp/ojs – 2.2.4/index.php/geous p/article/view/268/ 140.

Smith diferencia três tipos básicos de *gentrificação*: a) promotores de moradia que compram uma determinada propriedade, reabilitam-na e a revendem com intenção de lucrar; b) particulares que compram uma propriedade e a reabilitam para nela viver; c) proprietários que reabilitam as moradias que possuem com a finalidade de alugá-las.[5] O autor analisa também o processo que se instaura nos bairros, observando seus períodos de crescimento, declínio e revitalização ou renovação potenciais, analisando os ciclos e as disputas econômicas que ocorrem entre os grupos sociais com a sequente mudança da paisagem, do custo de vida e serviços.[6]

Chama atenção a maneira como, dos anos 80 em diante, esse processo passou a ser identificado de forma maciça ao redor do mundo, sendo hoje um fenômeno bastante comum nas mais diversas cidades tanto dos países desenvolvidos como em desenvolvimento.

É comum, em alguns locais, utilização de termos como *revitalização* de determinadas áreas urbanas para velar um verdadeiro processo de *higienização, limpeza social.*

Pois bem. Em oposição à prática do planejamento urbano, surge a corrente pós-modernista da arquitetura e passa-se à execução de projetos urbanos fragmentados, perdendo força a visão do espaço como algo a ser construído com propósitos sociais, pensando as intervenções nos espaços urbanos de forma mais parcial ou pontual, de forma "independente e autônoma a ser moldada segundo objetivos e princípios estéticos que não têm necessariamente nenhuma relação com algum objetivo social abrangente (...)".[7] Esse processo é concomitante à emergência do neoliberalismo como modelo econômico, provocando mudanças em muitas cidades que, diante de inúmeros fatores como a desindustrialização, o enxugamento da produção e a precarização do trabalho, a perda da capacidade de investimentos do setor público e o aumento do setor de serviços, financeiro, de consumo e de entretenimento vêm induzindo a certa mudança de visão nas práticas tradicionais, não só do Estado, mas de outros agentes interventores sobre o espaço urbano.[8]

---

[5] BATALLER, Maria Alba Sargatal. O estudo da gentrificação. Revista Bibliográfica de Geografía y Ciencias Sociales (ISSN 1138-9796), Universidad de Barcelona – nº 228, 3 de mayo de 2000, com o título El estudio de la gentrificación. Tradução de Maurilio Lima Botelho (UFRRJ).

[6] SMITH, Neil. Toward a theory of gentrification: a back to the city movement by capital not people, *Journal of the American Planning Association*, 45, p. 538-548.

[7] HARVEY, David. *Condição pós-moderna.* São Paulo: Loyola. 1992, p. 69.

[8] SANTOS, André da Rocha. Revitalização para quem? Política urbana e gentrificação no Centro de Santos. *Caderno Metropolitano*, São Paulo, v. 16, n. 32, p. 587-607, nov 2014. Disponível em: http://www.cadernos metropole.net/component/content/article/31/50-306.

Nesse contexto, com o surgimento de projetos coadunados com essa nova ideologia emergente, as *renovações* e *revitalizações* (e outros substantivos com o prefixo *re*) operadas no espaço urbano passaram a contemplar as camadas mais poderosas da sociedade e o grande poderio do mercado imobiliário, instalando um processo de elitização principalmente das áreas centrais, nas quais a oferta de serviços públicos e privados é de fácil acesso, bem como a maior facilidade de locomoção e mobilidade urbana, entre outras vantagens.[9]

Decorreu desse processo que, sobretudo nas grandes metrópoles, diversas áreas foram *revitalizadas* para que fossem utilizadas por grupos sociais de alta renda, gerando conflitos e expulsão dos moradores e usuários originais daquelas localidades, bem como o apagamento da história daquelas regiões urbanas, muitas vezes tradicionais e compostas por edifícios antigos, detendo valor histórico e cultural.

Dessa feita, o processo de *gentrificação* se mostra bastante interessante para os setores de investimento imobiliário, uma vez que as áreas *gentrificadas* tornam-se altamente valorizadas seja pelo valor do terreno, do imóvel ou do aluguel. Neste último caso, em se tratando de relação de inquilinato, verifica-se que a alta dos preços gera *expulsão* de moradores devido aos preços dos aluguéis mais altos, ou mesmo em razão da venda e demolição do imóvel alugado.

Os projetos de *revitalização* urbana, em muitos casos, tendem a focalizar os bairros mais centrais das cidades, devido às facilidades de acesso e por já contarem com uma complexa infraestrutura, ou locais com um rico patrimônio histórico e turístico. Dessa forma, ainda que em determinadas ocasiões o objetivo não seja beneficiar o capital especulativo, as obras acabam gerando por si só um processo semelhante à *gentrificação*, já que com a valorização do local, a população originária não consegue mais se manter ali.

O processo de *gentrificação* no Brasil, entretanto, não se assemelha totalmente ao ocorrido nos Estados Unidos e em alguns outros locais do mundo. A grande diferença diz respeito ao papel desempenhado pelo poder público aqui como condutor dos processos de *revitalização*, ao passo que nos Estados Unidos essa condução é mais comumente realizada por investidores privados.[10]

---

[9] Cf. Como a especulação imobiliária altera a cidade. Disponível em: http://revistagalileu. globo.com/Revista/Common/0, EMI343342-17773,00-como+a+especulacao+imobiliaria+alt era+a+cidade.html.

[10] Cf. BOTELHO, Tarcísio R. Revitalização de centros urbanos no Brasil: uma análise comparativa das experiências de Vitória, Fortaleza e São Luís. *Revista eure*, v. XXXI, n. 93, Santiago de Chile, agosto 2005, p. 56 e p. 115

No caso de São Paulo, por exemplo, em que pese tradicionalmente as periferias serem áreas mais pobres e os bairros centrais (ou pericentrais) serem mais ricos, é possível perceber a ocorrência desse fenômeno com maior frequência naqueles bairros centrais, que sofreram um abandono histórico das elites locais (assim como do Estado) ao longo da segunda metade do Século XX e acabaram sendo ocupados por classes mais populares.

Hoje, esses bairros frequentemente são ameaçados por propostas visando à *revitalização* e *requalificação* da região,[11] as quais pensadas tanto pelo Poder Público quanto pelo setor privado, quase que sempre deixando de levar em consideração essas classes mais populares que ali residem, o que acaba gerando um conflito entre Estado, mercado e classes populares.[12]

Corroborando com isso, escreve Fabio Raddi Uchoa:

> No caso de São Paulo, dos anos 1990 à atualidade, percebe-se um centro em vias de gentrificação, com uma série de elementos e pressupostos já consolidados, entre os quais: a) uma legislação urbana propícia aos especuladores imobiliários; b) investimentos do Governo do Estado e da Prefeitura em instituições e eventos culturais; c) o aumento dos conflitos, da vigilância policial e da criação de discursos higienizantes; d) a criação de uma "cidade revanchista" que, como indicado por Neil Smith (1996), reprime as minorias opositoras à gentrificação – como os moradores de rua, os químico-dependentes e os movimentos populares por moradia; e) bem como o engajamento de entidades civis e representantes das classes sociais prejudicadas, na resistência ante a transformação e ressignificação dos espaços em questão.[13]

Um exemplo claro disso foi a implementação da Operação Urbana Centro,[14] em prática desde 1997, por meio da qual diversos projetos visando à reativação do potencial cultural da área foram realizados, havendo a revalorização de edifícios públicos, bem como reaquecimento

---

[11] Operação Urbana Centro, que existe desde 1997 e inclui entre seus objetivos: a recuperação da área central da cidade, tornando-a novamente atraente para investimentos imobiliários, comerciais, turísticos e culturais.

[12] Cf. ARANTES, Otília; VAINER, Carlos Vainer; MARICATO, Ermínia. *A Cidade do Pensamento Único:* desmanchando Consenso. Petrópolis: Vozes, 3. ed., 2002.

[13] UCHÔA, Fabio Raddi. Espaços e Imagens da Gentrificação no Centro de São Paulo. *Revista Novos Olhares*, v. 3 n. 2. p. 47, 58. Disponível em: http://www.revistas.usp.br/novos olhares/article/viewFile/90202/92910.

[14] Cf. Operação Urbana Centro. Available at: http://gestaourbana.prefeitura.sp.gov.br/estruturacao-territorial/operacoes-urbanas/operacao-urbana-centro/. Access on: jun.14.2018.

do mercado imobiliário da região. O escopo de atuação da Operação abrange os chamados *centro novo* e *centro velho* e partes dos bairros do Glicério, Brás, Bexiga, Vila Buarque e Santa Ifigênia.

Além disso, houve vários outros projetos com esta mesma finalidade – *requalificação* da região central de São Paulo –, tais como a reforma da antiga Estação Julio Prestes originando a atual Sala São Paulo, o Projeto Nova Luz, que mais tarde foi revogado, e o mais recente deles Projeto Centro Novo (2017).[15]

O que se observa de maneira geral é que, quando se trata do fenômeno da gentrificação, há um *triunfo* dos interesses privados no espaço urbano, prevalecendo aqueles que possuem condições econômicas de desfrutar das garantias que o Estado deveria prover, como lazer e segurança, passando os direitos fundamentais a se tornarem ativos financeiros, mercadorias que podem ser arcadas pelos que são dotados de capacidade econômica. Todo o arcabouço valorativo que permeia as normas jurídicas sobre a política urbana é fragilizado quando os mecanismos de controle do espaço urbano se submetem de forma passiva aos interesses de mercado.

Moradia acessível: uma solução possível à gentrificação

Um dos meios para diminuir os efeitos negativos da *gentrificação* se dá pelo desenvolvimento de moradias acessíveis, de forma que o Poder Público, por meio dos Municípios, Estados e União, organizações sem fins lucrativos e desenvolvedores com fins lucrativos podem fornecer moradias acessíveis para famílias de baixa e média renda, construindo-as.

Entretanto, antes de se adentrar a discussão do assunto, importante esclarecer o que pode ser entendimento como moradia acessível.

Ao se falar em moradia acessível, tem-se que o custo desta, seja para sua aquisição ou aluguel, não pode ser excessivo. Isto é, não pode comprometer o orçamento do grupo familiar, e, também, deve permitir o acesso a outros direitos humanos, e.g., alimentação, educação, lazer etc. Igualmente, os gastos inerentes à moradia, como, por exemplo, luz, água e gás devem ser módicos.

Não existe um senso ou algo pré-fixado para dizer se determinada moradia pode ser considera como acessível ou não. Todavia, alguns

---

[15] Cf. Prefeitura recebe o projeto Centro Novo. Disponível em: http://www.capital.sp.gov.br/noticia/prefeitura-recebe-o-projeto-centro-novo.

estudos internacionais apontam que se o gasto com ela excede 30% (trinta por cento) da renda familiar, esta não é considera acessível.[16] [17]

Pois bem. Esclarecida tal questão, tem-se que no Brasil, no que diz respeito especificamente ao Poder Público, com a extinção dos Bancos Nacionais de Habitação (BNHs), em 1986, o país viveu uma lacuna de políticas públicas de moradia que perdurou até o ano de 2009, com o lançamento do Programa Minha Casa Minha Vida (PMCMV). Após esse período, o programa que até o ano de 2015 contratou quase 4 milhões de moradias[18] surgiu como uma alternativa anticíclica para a crise mundial de 2008, que, ironicamente, teve início com a explosão da bolha imobiliária nos Estados Unidos, tendo sido a pior crise já enfrentada por aquele setor na história norte-americana.

Ainda que o PMCMV tenha emergido mais como política econômica do que propriamente uma política habitacional, os números do programa impressionam por sua expressividade.

O índice de déficit habitacional quantitativo é um dado de extrema relevância para essa avaliação, podendo indicar de forma mais clara e objetiva o alcance das medidas públicas adotadas. Em pesquisa realizada pela Fundação João Pinheiro, instituto mineiro que estuda o tema em parceria com o Ministério das Cidades, constatou-se que, mesmo com a grande produção de habitações encampada pelo governo federal, o déficit habitacional cresceu 10% entre 2011 e 2012 nas nove metrópoles monitoradas pelo Instituto Brasileiro de Geografia e Estatística.[19] O estudo revela ainda que 5,8 milhões de famílias brasileiras carecem de habitação adequada, e que com o valor do aluguel cada vez mais caro, o direito fundamental à moradia tem sido dificultado, sobretudo nas grandes cidades.

Em São Paulo não é diferente. O déficit habitacional em 2018 chegou a 358 mil moradias. Além disso, enquanto faltam unidades populares, a cidade possui 1.385 imóveis ociosos, que estão abandonados,

---

[16] What is affordable housing?. Disponível em: https://affordablehousingonline.com/what-is-affordable-housing. Acesso em: 7 jan. 2019.

[17] What is affordable housing. *NYC Edition*. The Center for Urban Pedagogy. Disponível em: http://welcometocup.org/file_columns/0000/0011/cup-fullbook.pdf. Acesso em: 7 jan. 2019.

[18] Informação disponível em: http://www.brasil.gov.br/infraestrutura/2016/03/em-sete-anos-minha-casaminha-vida-entrega-mais-de-1-000-casas-por-dia. Acesso em: 13 jun. 2018.

[19] FUNDAÇÃO JOÃO PINHEIRO. Déficit Habitacional no Brasil / 2011-2012. Governo de Minas Gerais, Belo Horizonte, 2015. Disponível em: http://www.fjp.mg.gov.br/index.php/docman/cei/559 – deficit-habitacional-2011-2012/file. Acesso em: 15 mar. 2016.

subtilizados ou terrenos sem edificações, principalmente na região central.[20]

Percebe-se, pois, com isso que a conta no final não fecha. A região central de São Paulo vem sofrendo com os efeitos da *gentrificação*. Há um alto índice de imóveis abandonados e ociosos nesta região e, ainda, há a questão do déficit habitacional desarrazoado.

Na cidade de São Paulo há um projeto de lei (PL nº 619/16)[21] visando à instituição do Plano Municipal de Habitação, que aponta diretrizes e metas mínimas para a produção de moradia na cidade, garante a gestão participativa e organiza os instrumento e fontes de financiamento habitacional, conforme determina o Plano Diretor. Infelizmente, este projeto está parado.

Outra alternativa, então, à questão do déficit habitacional está no Plano Diretor Estratégico (PDE) do Município de São Paulo (Lei Municipal nº 16.050/2014), que estabeleceu diretrizes para a política habitacional da cidade, priorizando o atendimento à população de baixa renda, reconhecendo o direito à moradia digna e a necessidade de promoção de moradia adequada e bem localizada. Com isso em mente, foram traçadas algumas estratégias no PDE referentes à moradia, sendo as principais: o estabelecimento de fontes de recursos permanentes para aquisição de terrenos bem localizados para a produção de HIS (Habitações de Interesse Social) e subsídios para programas habitacionais, bem como a criação da Cota de Solidariedade.

Não obstante, recentemente, a Prefeitura de São Paulo vem estudando e implementando a adoção do Aluguel Social, que consiste em um novo modelo de habitação social com investimento na construção de unidades habitacionais e revitalização de imóveis já existentes para aluguel subsidiado.

Habitação de Interesse Social (HIS)

O Plano Diretor Estratégico (PDE) consolidou as Zonas Especiais de Interesse Social (ZEIS) como instrumento de planejamento urbano e habitacional no município. Elas existem para garantir que a política habitacional consiga bons terrenos para a produção de novas Habitações

---

[20] Cf. Cidade de SP tem déficit de 358 mil moradias e 1.385 imóveis ociosos. Disponível em: https://g1.globo.com/sp/sao-paulo/noticia/cidade-de-sp-tem-deficit-de-358-mil-moradias-e-1385-imoveis-ociosos.ghtml.

[21] PROJETO DE LEI 01-00619/2016 do Executivo. Disponível em: http://documentacao.camara.sp.gov.br/iah/fulltext/projeto/PL0619-2016.pdf.

de Interesse Social (HIS) e para que a regularização fundiária e urbanização de favelas, loteamentos irregulares e conjuntos habitacionais populares possam beneficiar os mais de 25% de habitantes da cidade que vivem nestes assentamentos precários e informais.

Há 4 categorias de ZEIS, sendo a ZEIS 3 a mais importante, para os fins do presente artigo, devido à sua localização prioritariamente em áreas centrais da cidade. Além disso, nas ZEIS 3 deve-se, conforme o caso, haver a recuperação de áreas urbanas deterioradas e aproveitamento de terrenos e edificações não utilizadas ou subutilizadas para a construção de novos empreendimentos com HIS, HMP ou atividades não residenciais.

Em 2002 o PDE definiu que HIS atenderia a população de 0 a 10 salários mínimos, mas com a valorização do salário mínimo nos últimos 10 anos, muita população que não precisaria estava recebendo o incentivo das HIS. Agora, segundo o novo PDE (2014), a nova faixa de renda estará em diálogo com o Programa Minha Casa Minha Vida e atenderá a população que ganha de 0 a 6 salários mínimos, sendo a Faixa 1, de 0 a 3 salários mínimos.

Cota solidariedade

Adotada em muitas cidades, principalmente nos EUA, a Cota de Solidariedade é, no Brasil, um instrumento urbanístico que busca unir a produção de habitação de mercado à produção de habitação social, apresentando-se como uma ferramenta de diversificação social e criando vizinhanças mais plurais.

Essa ferramenta legal cria a possibilidade ou demanda que construtoras de empreendimentos residenciais separem uma determinada quantidade de unidades habitacionais construídas para habitação social, as quais serão vendidas para famílias de baixa renda. Assim, além de aumentar a oferta de habitação de baixo custo, esse instrumento permite a criação de residências acessíveis em regiões de crescimento imobiliário.

A cota solidária auxilia as administrações públicas a melhorar o acesso de moradores e trabalhadores de baixa renda às regiões mais estruturadas. Entre outros benefícios, essa medida facilita a contratação e manutenção de empregados em escritórios e empresas, pela maior proximidade ao local de trabalho e facilidade de acesso à rede de transporte local; evitando o surgimento de bairros homogêneos e fechados; permitindo o acesso dos mais pobres às infraestruturas urbanas e gerando diversidade social, aumentando a segurança e a qualidade de vida dos moradores.

Esse instrumento se apresenta vantajoso por ser passível de aplicação em diferentes condições de mercado. Em comunidades sofrendo *gentrificação* a cota solidária é capaz de diminuir a saída de moradores de baixa renda e sua consequente mudança para áreas periféricas; já em novos bairros ou áreas em crescimento populacional ou construtivo, as unidades de cota solidária criam residências de baixo custo e previnem a geração de comunidades homogêneas, fechadas ou excluídas.

No caso de São Paulo, especificamente, a Cota de Solidariedade estabelece que todos os empreendimentos imobiliários com mais de 20 mil m² de área construída são obrigados a destinar o equivalente a 10% de sua área para Habitações de Interesse Social (HIS), que pode ser promovida no próprio empreendimento, em terrenos bem localizados ou através de repasse de recursos ao Fundo de Desenvolvimento Urbano (FUNDURB) para fins de produção de Habitação de Interesse Social.[22]

Trata-se de minimizar o impacto urbano do próprio empreendimento, garantindo o bem mais difícil de obter, a TERRA em área *nobre* para a população trabalhadora mais pobre, e não compensações em dinheiro ou coisa que o valha, democratizando a cidade já na origem do processo de urbanização.

Aluguel social

O aluguel é uma realidade expressiva no cotidiano dos brasileiros, porém o instituto do inquilinato não é eixo prioritário nas políticas públicas de moradia, sendo também a legislação brasileira um modelo não intervencionista, em que os contratos e os preços têm eminentemente a presença da autonomia privada.

A política habitacional no Brasil nunca privilegiou a locação como uma possibilidade, isso porque o senso comum nunca tenha, de fato, distinguido o direito à propriedade do direito à moradia – o que torna a implementação do aluguel social deveras complicada no Brasil. A provisão de moradia digna ainda é concebida sob a ótica da aquisição e titularidade da propriedade.

---

[22] Cf. Um Plano para assegurar o direito à moradia digna para quem precisa. Disponível em: http://gestaourbana.prefeitura.sp.gov.br/um-plano-para-assegurar-o-direito-a-moradia-digna-para-quem-precisa/.

Apesar de ser um dos componentes básicos da atual política, optou-se pela propriedade da casa, e isso contribuiu para que as nossas cidades se esparramassem pela periferia, tornando-se entes ingovernáveis. O desejo da casa própria se tornou uma meta a ser conquistada por todos. Esse discurso hegemônico prevaleceu e ainda prevalece nos programas de habitação. Na verdade, a locação nunca foi entendida pelos governos, técnicos e os movimentos como solução para o déficit habitacional.[23]

Ocorre que, com os processos de *gentrificação* e a valorização dos terrenos e imóveis, e num contexto em que os direitos se tornam mercadorias, o acesso ao direito à moradia tem sido cada vez mais oneroso. Esse fenômeno afeta não apenas as relações de compra e venda, mas todas as demais relações imobiliárias, como a alta dos preços dos aluguéis, nos quais famílias de baixa renda chegam a comprometer 30% ou mais de seus rendimentos com moradia, i.e., pagamento de aluguel. Trata-se de um dado bastante relevante, apontando para uma possível alternativa estatal de auxílio às famílias pobres, que precisam habitar e não necessariamente de propriedade.

Essas famílias, sobretudo, encontram-se à margem da valorização imobiliária e seus preços, que variam segundo as leis de mercado, sofrendo o impacto negativo advindos das obras de valorização e revitalização realizadas pela iniciativa pública e privada. Essas questões apontam para a temática do aluguel social, que tem se apresentado uma alternativa viável para a questão do déficit habitacional.

Sobre o tema Luiz Kohara, Francisco Comaru e Carolina Ferro apontam alguns dos diversos pontos positivos desta medida:[24]

> A locação social constitui-se em uma das formas de manter a moradia fora do mercado e protegida do mesmo, assim como de assegurar o investimento publico para o interesse social no longo prazo. Uma vez que a moradia é pública e não poderá ser vendida, o investimento de recursos públicos na produção da moradia torna-se um investimento de caráter mais permanente, protegido das turbulências do mercado imobiliário que, em regiões sujeitas a grande valorização imobiliária, pode pressionar a população de baixa renda a vender ou repassar

---

[23] BALTRUSIS, Nelson; MOURAD Laila Nazem. *Política habitacional, regulação do solo e aluguel social no Brasil.* Cad. CRH v. 27 n. 71 Salvador June/Aug. 2014. Disponível em: http://dx.doi.org/10.1590/S0103-49792014000200001.

[24] COMARU, Francisco; FERRO, Carolina; KOHARA, Luiz. Pela retomada dos programas de locação social. Disponível em: https://observasp.wordpress.com/2015/04/22/pela – retomada-dosprogramas-de-locacao-social/. Acesso em: 20 mar. 2016.

suas casas e se mudar para regiões mais baratas da cidade – processo conhecido como expulsão branca.

O próprio Banco Interamericano de Desenvolvimento (BID), em estudo realizado, aponta o aluguel social como meio a ajudar na redução do déficit habitacional no Brasil.[25] Inclusive, o próprio Plano Nacional de Habitação de 2009 (PlanHab) prevê, enquanto uma de suas linhas programáticas, a promoção da Locação Subsidiada de Unidades Habitacionais em Centros Históricos e Áreas Urbanas Consolidadas.[26] Veja:

> Visa constituir-se numa alternativa de acesso à moradia que permite mobilidade espacial dos beneficiários que necessitam mudar os locais de residência ou que, por sua condição de vulnerabilidade social, não podem se responsabilizar pela propriedade de um imóvel.

A locação subsidiada, se realizada como prevista no PlanHab, em Centros Históricos e em Áreas Urbanas Consolidadas, pode se efetivar enquanto um eficaz instrumento de salvaguardar a realização da moradia adequada, conforme orientação do Comentário Geral nº 4, supracitado, do Comitê de Direitos Econômicos, Sociais e Culturais da Organização das Nações Unidas, uma vez que com a outorga de legitimidade do Estado, subsidiando a locação com a infraestrutura adequada e contra a ordem geográfica excludente dos nossos subúrbios, a moradia obedecerá aos requisitos de segurança da posse; disponibilidade de serviços, materiais, instalações e infraestrutura; economicidade; habitabilidade; acessibilidade; localização e adequação cultural. Além disso, essa medida poderia garantir a função social da propriedade a muitos imóveis que hoje servem apenas à acumulação de valor da especulação imobiliária.

No caso do município de São Paulo, pode ser citado o Programa de Locação Social, pioneira no caso do Brasil. No Plano Municipal de Habitação de São Paulo (PMH), havia a previsão de programas de melhoria de cortiços e de locação social, devendo este último subsidiar

---

[25] BLANCO, Andrés G; CIBILS, Vicente Fretes; MUÑOZ, Andrés F. Procura-se casa para alugar. Opções de política para a América Latina e Caribe. Banco Interamericano de Desenvolvimento.

[26] BRASIL. Plano Nacional de Habitação. Ministério das Cidades/Secretaria Geral de Habitação. Brasília, 2010. p. 155.

o aluguel de famílias sem condições econômicas de financiar suas moradias.[27]

Referido programa previa o aluguel, por meio da celebração de um contrato de locação social, de unidades habitacionais, novas ou reformadas, do poder público ou da iniciativa privada a preços mais baixos. Além disso, possuía como objetivo primário a ampliação da possibilidade de acesso à moradia para as classes de renda mais baixa.

No caso de São Paulo, toda gestão é feita pela Secretaria Municipal de Habitação (SEHAB), a qual coordena o programa, seleciona suas principais demandas e desenvolve o acompanhamento socioeducativo dos envolvidos. Ainda, ela é responsável por reavaliar o perfil dos beneficiários periodicamente para atualização dos valores dos subsídios, cabendo a ela a análise e aprovação da prestação de contas.

Por outro lado, a operação do programa é feita pela Companhia Metropolitana de Habitação de São Paulo (COHAB), envolvendo principalmente as atividades de elaboração do projeto, aquisição do imóvel, e obras necessárias (construção ou reforma e manutenção). Tal Companhia é responsável, ainda, pelos contratos de locação e pela administração do condomínio. Além disso, compete à COHAB calcular o valor do subsídio de cada beneficiário e executar o retorno mensal dos aluguéis ao FMH (Fundo Municipal de Habitação) e, por fim, prestar contas dos recursos utilizados no programa.

Por último, há a figura dos beneficiários, os quais devem cumprir as obrigações previstas no contrato de locação social.

O grande desafio do aluguel social, seja em São Paulo ou em alguma outra localidade, consiste na ruptura da ideologia de posse do imóvel (propriedade) em detrimento ao aluguel (moradia), bem como nas dificuldades de gestão dos imóveis por parte do poder público, como as despesas com condomínio, IPTU e taxas, o que abriria possibilidades, por exemplo, para a realização de parcerias público-privadas.

Conforme já dito, no caso da cidade de São Paulo, a partir do ano de 2001, durante a gestão da prefeita Marta Suplicy, o executivo municipal tomou a iniciativa de produzir habitação de interesse social no centro da cidade utilizando o aluguel social como alternativa. Assim, o município se mantinha na condição de proprietário dos imóveis, alugando-os a um baixo custo para famílias de baixa renda, dando início

---

[27] FORMICKI, Guilherme Rocha; IWAI, Danielle Naomi. *Locação Social em São Paulo*: análise das condições para uma virada na política habitacional do município. V Encontro da Associação Nacional de Pesquisa e Pós-Graduação em Arquitetura e Urbanismo. 4. 2018. Salvador, BA. Anais... Salvador: FAUFBA, v. 5, 2018.

ao Programa de Locação Social como forma de inclusão habitacional à população de baixa renda na região central.

A experiência paulistana foi pioneira no país e é a única a ter viabilizado empreendimentos para esta finalidade específica. Em que pese a abordagem limitada do direito à moradia como sinônimo de *teto*, o Programa foi interessante pelo fato de a locação social se dar nas áreas centrais da cidade, onde há maior oferta de serviços públicos e privados, maior facilidade de locomoção e maior acesso à cultura e lazer. Além disso, por ser uma região que sofre com os efeitos da *gentrificação*, a adoção dessa medida revela-se uma forma viável de manter os residentes locais no bairro, sem que tenham que ser deslocados involuntariamente.

Conclusão

Os efeitos negativos gerados pelo processo de gentrificação são reais e reclamam medidas urgentes de planejamento. O Plano Diretor Estratégico de São Paulo se mostra um instrumento valioso, ao trazer estratégias reais e significativas de moradia, priorizando o atendimento à população de baixa renda, reconhecendo o direito à moradia digna e a necessidade de promoção de moradia adequada e bem localizada.

Assim, é urgente enfrentar o déficit habitacional e a Prefeitura de São Paulo tem-se mostrado preocupada com o assunto e buscado soluções alternativas para que esses moradores permaneçam em seus bairros de origem. Não obstante, medidas esparsas não resolvem o cerne da questão e, apesar de repetitivo, a instituição e cumprimento de um Plano Habitacional é o caminho para enfrentar a mudança de postura e olhar com relação à produção do espaço e frear a especulação imobiliária.

Referências

ARANTES, Otília; VAINER, Carlos; MARICATO, Ermínia. *A Cidade do Pensamento Único*: Desmanchando Consenso. Petrópolis: Vozes, 3. ed. 2002.

BALTRUSIS, Nelson; MOURAD, Laila Nazem. *Política habitacional, regulação do solo e aluguel social no Brasil*. Cad. CRH v. 27 n. 71 Salvador June/Aug. 2014.

BATALLER, Maria Alba Sargatal. *O estudo da gentrificação*. Revista Bibliográfica de Geografía y Ciencias Sociales (ISSN 1138-9796), Universidad de Barcelona – n. 228, 3 de mayo de 2000, com o título El estudio de la gentrificación. Tradução de Maurilio Lima Botelho (UFRRJ).

BOTELHO, Tarcísio R. *Revitalização de centros urbanos no Brasil*: uma análise comparativa das experiências de Vitória, Fortaleza e São Luís. Revista eure, v. XXXI, n. 93, Santiago de Chile, agosto 2005, p. 56 e p. 115.

FORMICKI, Guilherme Rocha; IWAI, Danielle Naomi. *Locação Social em São Paulo*: análise das condições para uma virada na política habitacional do município. V Encontro da Associação Nacional de Pesquisa e Pós-Graduação em Arquitetura e Urbanismo. 4. 2018. Salvador, BA. Anais... Salvador: FAUFBA, v. 5, 2018.

HARVEY, David. *Condição pós-moderna*. São Paulo: Loyola, 1992.

SANTOS, André da Rocha. Revitalização para quem? Política urbana e gentrificação no Centro de Santos. *Caderno Metropolitano*, São Paulo, v. 16, n. 32, p. 587-607, nov. 2014.

SMITH, Neil. *Gentrificação, a fronteira e a reestruturação do espaço urbano*. Tradução: Daniel de Mello Sanfelici. GEOUSP – Espaço e Tempo, São Paulo, n. 21, p. 15-31, 2007.

SMITH, Neil. *Toward a theory of gentrification*: a back to the city movement by capital not people, Journal of the American Planning Association, 45, p. 538-548.

UCHÔA, Fabio Raddi. *Espaços e Imagens da Gentrificação no Centro de São Paulo*. Revista Novos Olhares, v. 3 n. 2. p. 47, 58.

Informação bibliográfica deste texto, conforme a NBR 6023:2018 da Associação Brasileira de Normas Técnicas (ABNT):

PIRES, Antonio Cecílio Moreira; ROSA, Igor Baden Powell Mendes. Gentrificação *vs* Moradia acessível: é possível ter mudanças reais e positivas em um bairro sem o deslocamento dos residentes de baixa renda? *In*: PIRES, Lilian Regina Gabriel Moreira; TEWARI, Geeta (Coord.). *5ª Conferência Anual de Direito Urbanístico Internacional & Comparado*: artigos selecionados. Belo Horizonte: Fórum, 2020. p. 133-148. ISBN 978-85-450-0706-7.

A REGULARIZAÇÃO FUNDIÁRIA EM ÁREAS DE PRESERVAÇÃO PERMANENTE E OS COMPROMISSOS EM ADAPTAÇÃO CLIMÁTICA ASSUMIDOS PELO BRASIL EM SUA iNDC: AVANÇOS OU RETROCESSOS?

Mariana Mencio
Debora Sotto

Introdução

A Lei Federal nº 13.465, editada em 2007, alterou radicalmente o regime da regularização fundiária no Brasil, promovendo uma simplificação excessiva do processo de regularização fundiária urbana, anteriormente regulamentado pela Lei Federal nº 11.977/2009, suprimindo etapas de licenciamento ambiental e urbanístico com prejuízo à gestão democrática e à participação popular, colocando em risco, no caso dos assentamentos localizados em áreas de preservação permanente, as relevantes funções ecológicas desempenhadas pelas APPs, sobretudo no equilíbrio do clima. Neste contexto, o presente estudo busca avaliar se essas modificações legislativas foram ou não capazes de promover a garantia do direito social à moradia das populações de baixa renda que ocupam áreas ambientalmente sensíveis sem descuidar da proteção das áreas de preservação permanente, essencial ao cumprimento de compromissos internacionais climáticos assumidos pelo Brasil sob o Acordo de Paris.

1 A iNDC Brasileira e as ações nacionais, regionais e locais de mitigação

O Brasil é signatário tanto da Convenção-quadro das Nações Unidas para a Mudança do Clima, ratificada em 1995, quanto do Protocolo de Quioto, ratificado em 2002, e do Acordo de Paris, ratificado em 2016.

Visando a estruturar os esforços nacionais no enfrentamento das mudanças climáticas, foi editada no ano de 2009 a Lei Federal nº 12.187/2009 estruturando a Política Nacional para a Mudança do Clima (PNMC), por meio do estabelecimento de objetivos, princípios, diretrizes e eixos de ação. Em consonância com o sistema constitucional de repartição de competências entre os entes federativos, em que as competências ambientais são comuns à União, Distrito Federal, Estados e Municípios, a PNMC estimula a edição de políticas climáticas próprias tanto em âmbito estadual quanto em âmbito municipal, de acordo com os peculiares interesses de cada ente federativo.

Em sua iNDC, o Governo brasileiro assumiu o compromisso de reduzir as emissões totais de carbono, em 37% até o ano de 2025, em comparação ao ano de 2005, com a meta complementar voluntária de chegar à redução de 43% das emissões até 2030. Também foram assumidos compromissos no âmbito da adaptação climática, como examinaremos a seguir.

De acordo com o Inventário Nacional de Emissões elaborado pelo Ministério da Ciência, Tecnologia e Comunicações para o ano de 2015, as emissões brasileiras somavam um total de 1.368.000 Gigatoneladas de CO_2. Os setores responsáveis pela maior proporção das emissões são, em primeiro lugar, o setor de Energia, com 33% das emissões, seguido pelo Setor de Agricultura, com 31% e pelo Setor de Uso do Solo, com 24% do total das emissões. Os dois últimos setores, relativos a processos industriais e resíduos, respondem, respectivamente, por 7 e 5% do total das emissões nacionais.

O exame da evolução das emissões nacionais no período de 1990 a 2015 permite depreender que os setores de Uso do Solo e Agricultura são estratégicos para o cumprimento das metas de mitigação assumidas pelo Governo brasileiro em sua iNDC. Ambos os setores experimentaram altas relativas importantes nos períodos entre 1990 e 1995 e entre 2000 e 2005, seguidas por quedas importantes nos períodos intermediários, entre 1995 e 2000 e entre 2005 e 2010, associadas ao empenho governamental em controlar o desmatamento, sobretudo na Floresta Amazônica. Ou seja, o controle do desmatamento é crucial para o cumprimento da iNDC brasileira, uma vez que se apresenta como a principal causa de redução de emissões em anos recentes.

Figura 1 – iNDC – Brasil

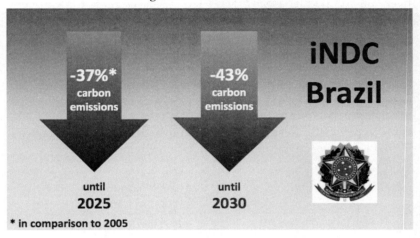

Fonte: Ministério das Relações Exteriores (2016).

Figura 2 – Evolução das emissões nacionais de 1990 a 2015

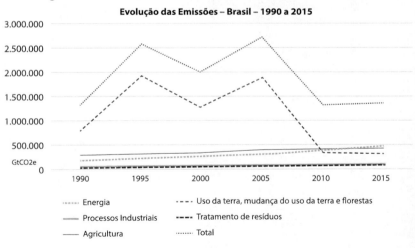

Fonte: MCTIC (2018).

Considerando a repartição das competências ambientais entre os entes federativos, o cumprimento da iNDC Nacional depende do engajamento dos Estados e dos Municípios pela preservação das florestas e áreas de preservação ambiental em geral, não obstante o

Setor de Agricultura, Florestas e Uso do Solo tenha uma participação relativamente pequena nas emissões de gases com efeito estufa em âmbito local.

O exame dos inventários de emissões das cidades de Curitiba, Goiânia, Salvador e São Paulo ilustra um pouco essa situação. Em que pese a disparidade de metodologias utilizadas (GPC e IPCC 2006), é possível observar em todas as quatro cidades o mesmo padrão, também observado mundialmente, de que os Setores de Transporte e Energia Estacionária são os que mais contribuem para as emissões de GEE, seguidos pelo Setor Resíduos. A contribuição do setor de Agricultura e Uso do Solo nas quatro cidades é praticamente insignificante.

Figura 3 – Inventários de emissões locais –
Curitiba, Goiânia, Salvador e São Paulo

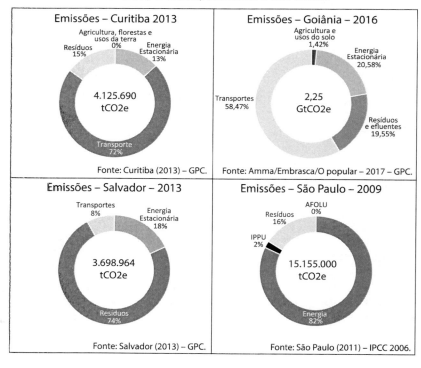

2 As cidades e o Plano Nacional de Adaptação: aspectos gerais

Formalizado com fundamento na PNMC por meio da Portaria nº 150/2016, o Plano Nacional de Adaptação brasileiro (PNA) visa a promover a gestão e a redução dos riscos climáticos, orientando a expansão e disseminação do conhecimento em adaptação, promovendo a cooperação e a coordenação entre os setores público e privado e identificando e propondo medidas de adaptação para 11 setores estratégicos: indústria, grupos sociais vulneráveis, água, saúde, infraestrutura, zonas costeiras, segurança alimentar, agricultura, biodiversidade, desastres e cidades.

Reconheceu, assim, o PNA o papel central desempenhado pelas cidades brasileiras em termos de adaptação climática.

Estima-se que, até o final do século XXI, o Brasil experimentará um aumento médio de temperatura de 2 a 4 graus Celsius. Nesse panorama, os riscos urbanos sócio-ambientais tendem a crescer significativamente, sobretudo em razão dos impactos dos eventos climáticos extremos que já se fazem observar nas cidades brasileiras: chuvas intensas, inundações, enxurradas, escorregamentos, ondas de calor, secas, *stress* hídrico, etc. A esse respeito, o exame dos dados contidos no Atlas Brasileiro de Desastres (2013) indica que houve aumento significativo nas ocorrências de todas as modalidades de desastres naturais da década de 1990 para a primeira década do século XXI.

Figura 4 – Comparativo entre décadas
Ocorrência de desastres naturais

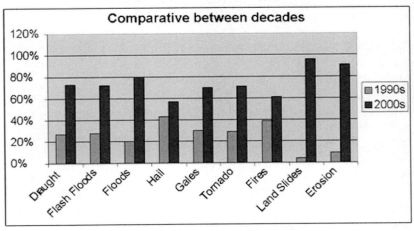

Fonte: Atlas Brasileiro de Desastres Naturais (2013).

3 O papel estratégico da regularização dos assentamentos informais urbanos no PNA

No ambiente urbano, a população mais vulnerável aos impactos negativos dos eventos climáticos extremos são os habitantes de assentamentos informais. Estes se apresentam em sua maioria, mas não exclusivamente, como produtos das agudas iniquidades socioespaciais das cidades brasileiras, decorrentes das deficiências do planejamento urbano, da expansão urbana desordenada, do significativo déficit habitacional, da provisão desigual de moradias, infraestrutura e serviços urbanos e das desigualdades socioeconômicas típicas da sociedade brasileira.

Segundo o último censo populacional do IBGE (2010), são 6.329 assentamentos subnormais distribuídos pelas cidades em todo o Brasil, somando cerca de 11.500.000 habitantes. Classificam-se como assentamentos subnormais, para fins do censo populacional, a posse e urbanização irregulares, a precariedade dos serviços urbanos disponíveis e o número mínimo de 51 unidades habitacionais.

De maneira afinada a essa realidade, o artigo 2º, inciso XIV do Estatuto da Cidade elegeu a promoção da regularização fundiária e urbanização das áreas ocupadas por população de baixa renda como uma das diretrizes da política urbana brasileira, como forma de diminuir as desigualdades e combater a segregação socioespacial urbana.

Os assentamentos informais de *baixa renda* são mais vulneráveis à ocorrência de eventos climáticos extremos porque se localizam frequentemente em áreas de alto risco, suscetíveis a enchentes, escorregamentos ou localizadas em fundos de vale, além de não disporem da infraestrutura e serviços adequados.

É importante observar, a esse respeito, que os assentamentos informais são integrados, em sua maioria, por famílias de baixa renda, mas também integram essa condição ocupações habitadas por famílias de alta e altíssima renda, sobretudo na zona costeira.

Nesse contexto, a Política Nacional de Adaptação busca estimular a introdução de medidas de adaptação climática no planejamento e gestão urbanos, fomentando a implementação de ações baseadas no princípio do *não arrependimento*, focadas na redução da vulnerabilidade climática e na resiliência urbana. Há, ainda, um claro enfoque em habitação de interesse social, por meio do manejo de três ferramentas: a urbanização de assentamentos informais de baixa renda (como programas de urbanização de favelas), a provisão habitacional em larga escala (por meio de programas como o Minha Casa Minha Vida) e a regularização fundiária de assentamentos informais.

A PNA reconhece, portanto, o papel estratégico desempenhado pela regularização de assentamentos informais na redução das vulnerabilidades sociais decorrentes das mudanças do clima.

4 As Áreas de Preservação Permanente (APPs) e a adaptação climática

O Código Florestal Brasileiro define, em seu artigo 3º, inciso II, como Áreas de Proteção Permanente toda área protegida, coberta ou não por vegetação nativa, com a função ambiental de preservar os recursos hídricos, a paisagem, a estabilidade geológica e a biodiversidade, facilitar o fluxo gênico de fauna e flora, proteger o solo e assegurar o bem-estar das populações humanas.

Figura 5 – Funções ambientais das Áreas de Preservação Permanente

Funções ambientais da APP

Preservar recursos hídricos

Proteger a paisagem mantendo as temperaturas baixas e preservando a umidade do ar

Preservar a estabilidade geológica

Proteger a biodiversidade

Preservar o fluxo gênico de flora e fauna – corredores ecológicos

Proteger o solo contra erosão

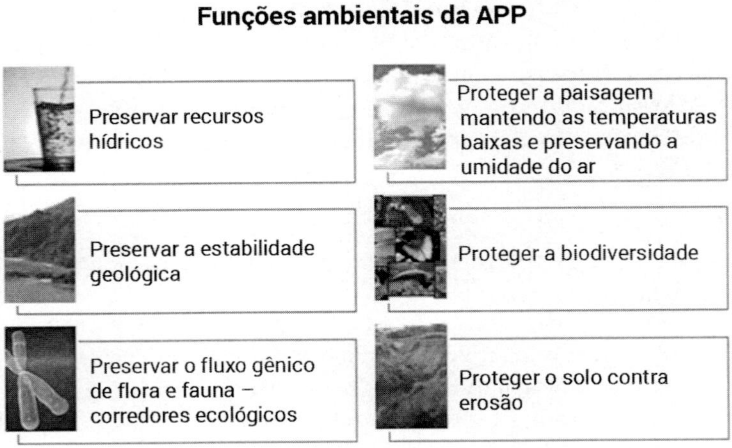

As APPs, assim como as florestas e demais formas de vegetação nativa, contribuem para a integridade do sistema climático, especialmente nas áreas urbanas. A conservação da biodiversidade e o manejo sustentável em todas as áreas de proteção ambiental, especialmente APPs, foi expressamente indicada como uma ação estratégica de adaptação climática na iNDC brasileira. Não obstante, não há dados oficiais consolidados nacionalmente sobre a metragem quadrada das APPs existente em área urbana atualmente no Brasil.

De acordo com o Ministério do Meio Ambiente, a Secretaria de Recursos Hídricos e Ambiente Urbano contratou com a Universidade de Brasília uma pesquisa, abrangendo cerca de 700 municipalidades, sobre a porcentagem de áreas verdes e corpos de água existentes em áreas efetivamente urbanizadas ou em seus arredores, no intuito de detectar a proporção da área urbanizada coberta por vegetação e o estado de preservação das APPs em suas faixas marginais. Essa pesquisa ainda não foi finalizada.

Ainda, é importante apontar que a Organização Mundial da Saúde (OMS) adota como indicador de saúde da cidade sustentável a metragem quadrada de área verde per capita. Trata-se de um indicador de saúde porque se considera que os espaços verdes urbanos filtram a poluição do ar, fomentam a prática de exercícios físicos, a produção de alimentos frescos e a melhora da saúde mental. A metragem mínima recomendada pela OMS é de 12 m² por pessoa; a metragem ideal é de 36 m² por pessoa.

A título de ilustração, entre as quatro cidades cujos inventários de emissão de GEEs examinamos no item anterior, apenas a cidade de Curitiba ultrapassa a metragem ideal, com o índice de 64,5 m² de área verde *per capita* (2012). Salvador, Goiânia e São Paulo estão todas acima do mínimo, mas abaixo do ideal, com respectivamente 30,83 m², 23,36 m² e 16,8 m².

5 Assentamentos informais em APPs – Colocação do problema

Devido a sua localização e características geofísicas, as APPs são frequentemente objeto de ocupação irregular por assentamentos informais de diferentes faixas de renda, sendo que os assentamentos informais de maior renda se instalam frequentemente em áreas de maior valor paisagístico, especialmente na zona costeira.

Diante das relevantes funções ecológicas prestadas pelas APPs, especialmente para a regulação climática, há que se questionar se a regularização de assentamentos informais localizados em APPs é de fato recomendável, e se é de fato possível reconciliar as necessidades sociais e ambientais que se colocam, nesse caso, em evidente conflito.

Para enfrentar a escassez de moradia adequada nas cidades brasileiras sem agravar a expansão urbana desordenada, tanto a legislação ambiental quanto a legislação urbanística brasileira foi paulatinamente adaptada para admitir a regularização de assentamentos informais em

APPs, especialmente aqueles construídos por famílias de baixa renda, sob a condição de que o devido licenciamento ambiental demonstrasse factível a reconciliação entre o direito à moradia com e padrões mínimos de preservação ambiental. Ao menos, este era o quadro normativo existente até 2017, quando foi editada a Lei Federal nº 13.465/2017 que alterou radicalmente os critérios de ponderação determinantes da admissibilidade da regularização fundiária de assentamentos irregulares em APPs, como demonstraremos a seguir.

Figura 6 – Evolução legislativa da regularização fundiária em APPs

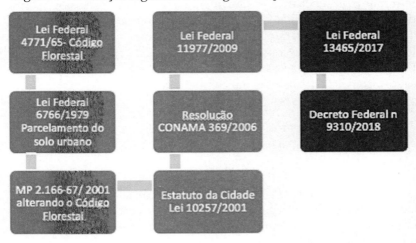

6 A regularização fundiária em APPs como *supressão legal de vegetação* – Quadro normativo de 1965 a 2006

A redação original do Código Florestal de 1965 proibia categoricamente a supressão de vegetação em Áreas de Preservação Permanente, inviabilizando juridicamente a regularização de qualquer ocupação humana nessas áreas. Somente em 2001, com a edição da Medida Provisória nº 2.166, a supressão de vegetação em APPs foi autorizada no caso de utilidade pública ou interesse social.

Após o advento do Estatuto da Cidade, no mesmo ano de 2001, introduzindo em seu artigo 2º, inciso XIV, como diretriz da política urbana a regularização fundiária e urbanização de áreas ocupadas por população de baixa renda mediante o estabelecimento de normas especiais de urbanização, uso e ocupação do solo e edificação, consideradas a situação socioeconômica da população e as normas ambientais, a Resolução CONAMA nº 369, editada em 2006, veio a incluir expressamente a regularização urbana sustentável como uma hipótese regular de interesse social, abrangendo, assim, também as ocupações em APPs.

De acordo com a Resolução CONAMA nº 369/2006, a regularização fundiária em APPs poderia abranger apenas assentamentos informais de baixa renda, predominantemente residenciais, localizados em ZEIS fora de áreas de risco, consolidados até 10 de julho de 2001 (até a edição da Medida Provisória nº 2.166), tendo como requisitos mínimos a presença a densidade máxima de 50 habitantes por hectare de ao menos três utilidades urbanas, tais como ruas, coleta de água da chuva, esgotamento sanitário, distribuição domiciliar de água, coleta de lixo ou eletricidade. A regularização se dava pela apresentação de um Plano específico, estabelecendo faixas de preservação, a ser devidamente aprovado pelo órgão ambiental competente.

7 A regularização fundiária em APPs como consequência do direito constitucional à moradia – Lei Federal nº 11.977/2009

No período de 2000 a 2009, uma série de sucessivas alterações legislativas possibilitou a reestruturação da habitação como uma política pública de âmbito nacional, com foco prioritário em baixa renda.

Essa série de transformações legislativas, que tem início com a própria promulgação da Constituição de 1988 consagrando, em seu artigo 182, parágrafo 2º, o princípio da função social da propriedade, teve um marco significativo com a edição da Emenda Constitucional nº 26/2000, que alterou o *caput* do artigo 6º da Constituição da República para incluir o direito à moradia no rol dos direitos sociais.

Outro passo significativo veio com a edição do Estatuto da Cidade, em 2001, elevando a regularização fundiária urbana à condição de diretriz e instrumento da política urbana brasileira, voltado à promoção do acesso da população mais pobre e vulnerável à terra urbana, dotada de infraestrutura e serviços, e à moradia acessível e adequada.

Em 2005, foi estruturado o Sistema Nacional de Habitação de Interesse Social, por meio da edição da Lei Federal nº 11.124/2005, com os objetivos de viabilizar para a população de menor renda o acesso à terra urbanizada e à habitação digna e sustentável (artigo 2º, inciso I); implementar políticas e programas de investimentos e subsídios, promovendo e viabilizando o acesso à habitação voltada à população de menor renda (artigo 2º, inciso II) e articular, compatibilizar e apoiar a atuação das instituições e órgãos que desempenham funções no setor da habitação (artigo 2º, inciso III). Essa lei federal estabeleceu diretrizes e princípios para o SNHIS, delineando sua estrutura básica e instituindo o Fundo Nacional da Habitação de Interesse Social com o objetivo de centralizar e gerenciar recursos orçamentários para os programas estruturados no âmbito do SNHIS.

A regulamentação da regularização fundiária, como um conjunto de medidas legais, urbanísticas, ambientais e sociais voltadas à urbanização e à regularização da posse de assentamentos informais, veio a lume somente em 2009, com a edição da Lei Federal nº 11.977/2009, que também foi responsável pelo lançamento do Programa Minha Casa Minha Vida, voltado ao subsídio e financiamento do provimento habitacional para famílias com renda de até 10 salários mínimos.

A Lei Federal nº 11.977/2009 estabeleceu duas modalidades de regularização fundiária: a regularização fundiária de interesse social e a regularização fundiária de interesse específico. A regularização fundiária de interesse social abrangia os assentamentos informais de baixa renda, com ocupação pacífica por ao menos cinco anos e localizados em áreas públicas ou privadas demarcadas como ZEIS. A regularização fundiária de interesse específico abrangia todos os demais assentamentos informais, caracterizando-se assim pela ausência de interesse social.

Para assentamentos informais localizados em APPs, a Lei Federal nº 11.977/2009 também conferiu tratamento distinto aos assentamentos informais conforme a presença ou ausência de interesse social. Admitiu a regularização fundiária de interesse social para assentamentos de baixa renda formados até 31 de dezembro de 2007 e localizados em áreas urbanas consolidadas, ou seja, compreendidas no perímetro urbano, com a presença de rede viária, ao menos dois serviços urbanos essenciais, como luz elétrica e esgotamento sanitário, por exemplo, e densidade habitacional de no mínimo 50 habitantes por hectare.

Além disso, o novo Código Florestal (Lei nº 12651/2012) introduziu na Lei Federal nº 11977/2009 uma exigência específica para os projetos de regularização fundiária de interesse social, no sentido de abranger estudo técnico que demonstrasse a melhoria das condições ambientais em relação à situação anterior com a adoção das medidas nele preconizadas (art. 64, §1º).

É importante notar que a Lei Federal nº 11.977/2009 apresentou uma preocupação legislativa no sentido de garantir um procedimento de regularização fundiária que exigia a elaboração de licenciamento ambiental e urbanístico tanto para as hipóteses de interesse social quanto para as hipóteses de interesse específico. Nos termos do parágrafo único do artigo 54, em regra era de responsabilidade dos municípios a aprovação do licenciamento ambiental e urbanístico do projeto de regularização fundiária de interesse social, desde que o Município fosse dotado de conselho de meio ambiente e órgão ambiental capacitado. Na hipótese do município não ser dotado de órgão e conselho ambiental, a regularização fundiária de interesse social em áreas de preservação permanente poderia ser admitida pelos Estados (artigo. 54, §3º).

Destacamos neste sentido o papel dos conselhos de meio ambiente, órgãos colegiados compostos paritariamente por representantes da Administração e da Sociedade Civil, ou em outros termos, coletividades de pessoas físicas ordenadas horizontalmente, com base em uma relação de coligação ou coordenação, e não uma relação de hierarquia. Estas pessoas – os membros do Conselho – são ocupantes de um mesmo plano que devem atuar coletivamente em vez de individualmente, concorrendo à vontade de todas elas ou da maioria para a formação da vontade do órgão.

A presença de dois órgãos de aprovação ambiental e urbana no procedimento posto pela Lei Federal nº 11977/2009 demonstrava nitidamente uma cautela maior na aprovação dos projetos e estudos técnicos de regularização fundiária de interesse social.

Ademais, o procedimento de regularização fundiária de interesse social dependia de prévia avaliação ambiental e decisão motivada do Município competente, demonstrando a possibilidade de conciliar a permanência do assentamento com a preservação das funções ecológicas da APP.

Por outro lado, determinava o artigo 61 da Lei Federal nº 11.977/2009 que nas hipóteses de regularização fundiária de interesse específico que a autoridade licenciadora deveria analisar e aprovar o projeto de regularização fundiária, bem como as licenças ambientais e urbanísticas, mediante a observância das restrições de ocupação em Áreas de Preservação Permanente e fixação de contrapartidas e compensações urbanísticas e ambientais. Embora a referência aos órgãos ambientais e conselhos não seja explícita nos casos de regularização fundiária de interesse específico, a autoridade licenciadora é composta pela mesma estrutura da regularização fundiária de interesse social, sob pena de gerar entre os dois procedimentos uma distinção injustificada do ponto de vista jurídico.

Desse modo, é possível afirmar que o procedimento da regularização fundiária urbana sob a égide da Lei Federal nº 11.977/2009 era dotado de um controle mais efetivo dos atos que envolviam o procedimento de licenciamento urbanístico e ambiental, bem como do número de órgãos e agentes que realizavam a análise técnica das condições de supressão ou preservação das áreas de preservação permanente para fins de regularização fundiária dos assentamentos informais.

8 A Medida Provisória nº 759/2016 e a Lei Federal nº 13.465/2017 – A regularização fundiária como instrumento indutor de desenvolvimento econômico – Inconstitucionalidades

Ao final do ano de 2016, foi editada uma nova Medida Provisória sob nº 759/2016, alterando radicalmente o regime jurídico da regularização fundiária no Brasil, adotando como objetivo central do instituto não mais a concretização do direito à moradia, mas a promoção do desenvolvimento econômico.

De acordo com a exposição de motivos da MP nº 759/2016, o novo regime jurídico da regularização fundiária, claramente fundamentado na obra do economista peruano Hernando de Soto, partiu da premissa de que a titulação da propriedade serve como motor de desenvolvimento econômico, possibilitando a geração de renda por meio da tributação, apresentando-se assim como peça fundamental para o desenvolvimento econômico e social do país.

A Medida Provisória foi convertida, com algumas alterações, na Lei Federal nº 13.465/2017 que instituiu duas novas modalidades de regularização fundiária: a REURB-S, voltada aos assentamentos informais de baixa renda, e a REURB-E, voltada aos assentamentos informais de média e alta renda.

A REURB-S se dá mediante a aprovação, pela Municipalidade, de um estudo técnico que demonstre que o procedimento conduzirá à melhoria das condições urbanísticas da área, podendo abranger inclusive assentamentos localizados em área de risco, desde que se comprove que os riscos poderão ser eliminados ou controlados; caso contrário, a remoção da população sob risco, pela Municipalidade, é obrigatória. A REURB-E, por sua vez, também se dá pela aprovação de um simples estudo técnico pela Municipalidade, sendo igualmente admitida em áreas de risco mediante a demonstração da possibilidade de controle ou eliminação dos riscos.

Ambas as modalidades de REURB são aplicáveis às unidades de conservação de uso sustentável, mananciais e APPs, mediante a simples aprovação, pelo Município, de um estudo técnico demonstrando melhorias ambientais, sem observância de quaisquer requisitos adicionais relativos à qualidade da posse, faixa de renda, data de consolidação ou localização do assentamento. A aprovação se dá sem a produção de EIA-RIMA ou licenciamento ambiental, de modo que os Conselhos Ambientais – importantes instâncias de participação popular – não são sequer consultados.

A aprovação da REURB, em qualquer de suas modalidades, REURB-S ou REURB-E, consiste na aceitação, pelo Município competente, de um estudo técnico, em geral de caráter estritamente urbanístico. Os aspectos ambientais só são exigidos se os assentamentos estiverem localizados em APPs, Unidades de Conservação de Uso Sustentável ou Mananciais. Nesse caso, admite-se que o estudo técnico seja dividido em fases ou estágios de modo a facilitar a regularização das parcelas do assentamento não localizadas em área de proteção ambiental. Ambos os aspectos urbanísticos e ambientais devem ser aprovados pelo Município da localidade do assentamento, sendo facultado ao órgão ambiental estadual assumir a apreciação do estudo ambiental caso o Município não tenha capacidade técnica para sua apreciação.

Quanto ao conteúdo do estudo técnico, há, ainda, algumas diferenças de escopo e profundidade dos elementos de caráter ambiental a serem apresentados para a REURB-S em relação à REURB-E. Para a REURB-S, o estudo ambiental é significativamente mais conciso, devendo compreender: a descrição geral da situação presente da área; as medidas de saneamento; medidas de prevenção de riscos geotécnicos ou de enchentes; recuperação de áreas degradadas; melhoras de sustentabilidade esperadas; melhoras de qualidade de vida esperadas e garantia de livre acesso a praias e corpos d'água. Para a REURB-E, somam-se os seguintes requisitos adicionais: levantamento dos recursos, riscos, fragilidades, restrições e potenciais ambientais; presença de utilidades urbanas em geral (além do saneamento); presença de APPs, Unidades de Conservação e mananciais; descrição da ocupação consolidada na área; identificação das áreas sujeitas a escorregamentos e inundações; indicação das porções de APP a serem preservadas e recuperadas; avaliação dos riscos ambientais e estabelecimento de uma faixa não-edificável de ao menos 15 metros contados de qualquer corpo d'água presente.

Verifica-se, pelo exposto, que o procedimento e requisitos de regularização fundiária impostos pela Lei Federal nº 13.465/2017 para assentamentos informais localizados em Áreas de Preservação Permanente são significativamente mais permissivos que os fixados pelas legislações precedentes, resultando na violação de importantes preceitos constitucionais.

A Lei Federal nº 13.465/2017 hipersimplificou tanto os processos quanto os critérios para a regularização fundiária em APPs, independentemente da faixa de renda, data de consolidação ou localização dos assentamentos e de maneira absolutamente descolada das relevantes funções ambientais desempenhadas pelas Áreas de Preservação Permanente, malferindo, dessa forma, o princípio da função socioambiental da propriedade.

Por força dos artigos 5º, XXII e XXIII, 182, 170, III e VI e 225 e da Constituição Federal, o conteúdo jurídico do princípio da função socioambiental da propriedade pode ser extraído da interpretação do artigo 1228 do Código Civil, que garante o direito de propriedade, mas enfatiza que este direito deve ser exercido em consonância com as suas finalidades econômicas e sociais e de modo que sejam preservados, de conformidade com o estabelecido em lei especial, a flora, a fauna, as belezas naturais, o equilíbrio ecológico e o patrimônio histórico e artístico, bem como evitada a poluição do ar e das águas.

Ainda, a Lei Federal nº 13.465/2017 isentou o procedimento de regularização fundiária da realização de Estudos prévios de Impacto Ambiental e de licenciamento ambiental, em flagrante violação ao artigo 225, §1º, inciso IV da Constituição da República, substituindo-os por uma simples *aprovação* a cargo do órgão ambiental competente, sem a participação dos conselhos ambientais, ao arrepio, portanto, do princípio da Democracia Participativa, previsto na segunda parte do parágrafo único do artigo 1º da Constituição Federal.

9 Considerações finais

Por todo o exposto, verificamos que a Lei Federal nº 13.465/2017 subverteu o relevante instrumento do processo de regularização fundiária, até então composto por etapas técnicas e democráticas de licenciamento ambiental e urbanístico, em um instrumento tecnocrático a serviço de interesses exclusivamente econômicos, sobrepostos, de maneira inconstitucional, a valores relevantes da sustentabilidade, tais como a função socioambiental da propriedade, o direito à moradia, e as relevantes funções ecológicas desempenhadas pelas APPs, sobretudo em termos de mitigação e adaptação climáticas. Contraria, desse modo, os compromissos internacionalmente assumidos pelo Governo Brasileiro em sua iNDC, no âmbito do Acordo de Paris, podendo comprometer, a médio e longo prazo, o sucesso das ações climáticas brasileiras, sobretudo no que tange à adaptação e à resiliência urbana.

Referências

ABREU, V. 2017. Produção de CO2 em Goiânia é 28,5% acima da média nacional. Goiânia: *O Popular*, maio.

AZEVEDO, Tasso Rezende (coordenação técnica). 2017. Emissões de GEE do Brasil e suas implicações para políticas públicas e a contribuição brasileira para o Acordo de Paris. Documento síntese. Período 1970 – 2015. *Observatório do Clima*; SEEG.

CARMONA, Paulo Afonso Cavichioli. *Curso de Direito Urbanístico*. Salvador: Jus Podivm, 2015.

CEPED – UFSC (2013). *Atlas Brasileiro de Desastres Naturais 1991 a 2012*. 2. ed. Florianópolis: UFSC.

DI PIETRO, Maria Sylvia Zanella. *Direito Administrativo*. 29. ed. Rio de Janeiro, 2016.

INSTITUTO EKOS BRASIL, e Geolock Consultoria e Engenharia Ambiental. 2013. *Inventário de emissões e remoções antrópicas de gases de efeito estufa do Município de São Paulo de 2003 a 2009 com atualização para 2010 e 2011 nos setores Energia e Resíduos*. ANTP.

LEITE, Luís Felipe Tegon Cerqueira. *Regularização Fundiária Urbana e Consolidação de Ocupação em Área de Preservação Permanente*. Temas de Direito Ambiental/Ministério Público do Estado de São Paulo, Centro de Apoio Operacional de Meio Ambiente, Habitação e Urbanismo – São Paulo: Imprensa Oficial, 2015.

MILARÉ, Édis; MACHADO, Paulo Affonso Leme. *Novo Código Florestal*: Comentários à Lei 12.651/2012, à Lei 12.727/2012 e do Decreto 7830/2012 – 2. ed., rev. atual e ampl. São Paulo: Revista dos Tribunais, 2013.

MINISTÉRIO DA CIÊNCIA, TECNOLOGIA E INOVAÇÃO. 2016. Terceira Comunicação Nacional do Brasil à Convenção-Quadro das Nações Unidas sobre Mudança do Clima. Brasília: Ministério da Ciência, Tecnologia e Inovação.

MINISTÉRIO DO MEIO AMBIENTE (2012). Áreas de Preservação Permanente Urbanas. Disponível em: http://www.mma.gov.br/cidades-sustentaveis/areas-verdes-urbanas/item/8050.html. Acesso em: 6 jan. 2019.

PLANO NACIONAL DE ADAPTAÇÃO À MUDANÇA DO CLIMA: v. 2: estratégias setoriais e temáticas : portaria MMA nº 150 de 10 de maio de 2016 / Ministério do Meio Ambiente. –. Brasília: MMA, 2016. 2 v.

PREFEITURA DE CURITIBA. 2016. *2º e 3º Inventários de Gases de Efeito Estufa para a Cidade de Curitiba*. Prefeitura Municipal de Curitiba.

PREFEITURA DE SALVADOR. 2016. *Inventário de Emissões dos Gases do Efeito Estufa de Salvador*. Secretaria Cidade Sustentável.

SUNDFELD, Carlos Ari. *O Estatuto da Cidade e suas Diretrizes Gerais*. Estatuto da Cidade (Comentários à Lei Federal nº 10257/2001). São Paulo: Malheiros, 4. ed. 2014.

WHO (2012). Health Indicators of sustainable cities in the context of the Rio+20 UN Conference on Sustainable Development Initial findings from a WHO Expert Consultation: 17-18 May 2012. Disponível em:https://www.who.int/hia/green_economy/indicators_cities.pdf?ua=1]. Acesso em: 06 jan. 2019.

Informação bibliográfica deste texto, conforme a NBR 6023:2018 da Associação Brasileira de Normas Técnicas (ABNT):

MENCIO, Mariana; SOTTO, Debora. A regularização fundiária em áreas de preservação permanente e os compromissos em adaptação climática assumidos pelo Brasil em sua iNDC: avanços ou retrocessos? *In*: PIRES, Lilian Regina Gabriel Moreira; TEWARI, Geeta (Coord.). *5ª Conferência Anual de Direito Urbanístico Internacional & Comparado*: artigos selecionados. Belo Horizonte: Fórum, 2020. p. 149-165. ISBN 978-85-450-0706-7.

POLÍTICA PÚBLICA NA RECEPÇÃO DE MIGRANTES E REFUGIADOS NO BRASIL – CRAI (CENTRO DE REFERÊNCIA E ASSISTÊNCIA AO IMIGRANTE NA CIDADE DE SÃO PAULO)

Lilian Regina Gabriel Moreira Pires
Victor Vieira Abecia Vicuña

Introdução

No presente artigo, apresentamos a implementação do equipamento municipal CRAI na cidade de São Paulo no ano de 2014, que, de forma inovadora, foi criado para atendimento da população de estrangeiros. Oferendo subsídios para a compreensão do trato com a população migrante da cidade de São Paulo, em trânsito ou residente, independentemente de sua nacionalidade, situação migratória ou do amparo legal para a sua permanência em território nacional, com atenção especial aos solicitantes de refúgio e imigrantes em agravada vulnerabilidade social.

Demonstramos a relevância do CRAI em especial como instrumento de viabilização do acesso à justiça na cidade de São Paulo pela comunidade migrante, bem como do sucesso na mudança de lógica por parte do setor público que reuniu esforço entre as esferas públicas e a sociedade civil com o trato dado à comunidade em questão.

Para tanto, iniciamos com a apresentação do conceito da palavra imigrante, que, de acordo com o dicionário da língua portuguesa, é a pessoa que imigra ou se estabelece em região ou país diferente do seu.[1]

---

[1] Disponível em: https://dicionariodoaurelio.com/imigrante. Acesso em: 08 jun. 2018, às 11h22.

Em razão da comunicação globalizada e da necessidade da discussão da temática direitos humanos ultrapassar fronteiras é importante que as terminologias possuam compreensão universal, para não causar confusão ou problemas com relação à proteção de direitos.

Assim, adotando a terminologia da ONU, temos o migrante[2] que é pessoa que muda de região ou país, por vontade própria, por razões multifacetadas que podem passar pela afetividade, ou seja, encontro com outros membros da família, por melhor qualidade de vida, em razão de desastres naturais, extrema pobreza. Há também as pessoas que deixam seus países por conta de conflitos políticos, éticos, religiosos, buscando proteção em outros, os quais são os refugiados,[3] amparados em proteção internacional específica. Não obstante em qualquer caso a proteção e tutela dos direitos humanos é medida que se impõe, para a proteção de discriminações, para a garantia da inexistência de trabalho forçado ou em condições de exploração, ou qualquer outra situação que seja de violação.

---

[2] Uma definição legal uniforme para o termo *migrante* não existe em nível internacional. Alguns formuladores de políticas, organizações internacionais e meios de comunicação compreendem e utilizam o termo *migrante* como um termo generalista que abarca migrantes e refugiados. Por exemplo, estatísticas globais em migrações internacionais normalmente utilizam uma definição de *migração internacional* que inclui os movimentos de solicitantes de refúgio e de refugiados. Em discussões públicas, no entanto, essa prática pode facilmente gerar confusão e pode também ter sérias consequências para a vida e segurança de refugiados. *Migração* é comumente compreendida implicando um processo voluntário; por exemplo, alguém que cruza uma fronteira em busca de melhores oportunidades econômicas. Este não é o caso de refugiados, que não podem retornar às suas casas em segurança e, consequentemente, têm direito a proteções específicas no escopo do direito internacional. Desfocar os termos *refugiados* e *migrantes* tira atenção da proteção legal específica que os refugiados necessitam, como proteção contra o *refoulement* e contra ser penalizado por cruzar fronteiras para buscar segurança sem autorização. Disponível em: http://www.acnur.org/portugues/2016/03/22/refugiados-e-migrantes-perguntas-frequentes. Acesso em: 09 jun. 2018, às 15h22.

[3] Os *refugiados* são pessoas que escaparam de conflitos armados ou perseguições. Com frequência, sua situação é tão perigosa e intolerável que devem cruzar fronteiras internacionais para buscar segurança nos países mais próximos, e então se tornarem um 'refugiado' reconhecido internacionalmente, com o acesso à assistência dos Estados, do ACNUR e de outras organizações. São reconhecidos como tal, precisamente porque é muito perigoso para eles voltar ao seu país e é necessitam de um asilo em algum outro lugar. O direito internacional define e protege os refugiados. A Convenção da ONU de 1951 sobre o Estatuto dos Refugiados e seu protocolo de 1967, assim como a Convenção da OUA (Organização da Unidade Africana) – pela qual se regularam os aspectos específicos dos problemas dos refugiados na África em 1969 – ou a Declaração de Cartagena de 1984 sobre os Refugiados continuam sendo a chave da atual proteção dos refugiados. Disponível em: http://www.acnur.org/portugues/2015/10/01/refugiado-ou-migrante-o-acnur-incentiva-a-usar-o-termo-correto/. Acesso em: 09 jun. 2018, às 15h20.

A discussão relativa ao imigrante[4] remonta às relações sociais e o modo com que o Estado encara a figura do estrangeiro em seu território, dessa evolução surge à necessidade do enfrentamento e defesa dos direitos humanos.

A passos largos na história, pode-se dizer que o desenvolvimento em escala global e regional de sistemas que englobem tratados de direitos humanos, bem como as disposições vinculativas de Direito Internacional tradicional e as não vinculativas de *International Soft Law* deu-se pelo advento da Declaração Universal dos Direitos Humanos em 1948, posto que o documento referendou um regime de direitos humanos a nível global.[5]

A referida Declaração, com relação aos deslocamentos humanos, buscou reconhecer o direito de liberdade de movimento entre fronteiras, legitimando um direito para emigrar, porém sem resguardar um direito para, na via inversa, entrar em outro Estado, isto é, o direito de imigração. Assim, dispõem os artigos XIII e XV, respectivamente:

---

[4] Com relação ao estrangeiro frente à comunidade local temos Francisco Vitória, teólogo do século XVI, que apresenta ideais relativos a não exclusão de qualquer indivíduo do mundo. SAHD, Luiz Felipe Netto de Andrade e Silva. 2009. *Hugo Grotius*: direito natural e dignidade. Disponível em: https://www.revistas.usp.br/cefp/article/viewFile/82613/85574. Acesso em: 04 fev. 2018, às 13h. Com Hugo Grócio, considerado um dos fundadores do direito internacional, houve a manifestação da primeira ideia rigorosamente jurídica acerca de um "direito das gentes", cuja força adviria da vontade de todas as nações ou várias delas, com âmbito de aplicação nas relações exteriores entre Estados. BRAZ, A. O conceito de cidadania em Kant: uma solução para o conflito entre Estados. *Revista Portuguesa de Filosofia*, v. 61, n. 2, 2005. Disponível em: https://www.jstor.org/stable/40314290. Acesso em: 04 maio 2018, às 18h. Emmanuel Kant retomara a ideia de não exclusão do indivíduo mais adiante no século XVIII, fomentando a ideia do indivíduo figura enquanto sujeito de direito internacional, e inserido, assim, num estado universal de humanidade, galgando os esforços, portanto, à utopia histórica de paz e fraternidade mundiais, pela existência de uma Sociedade das Nações, ou em sua terminologia Völkerbund, da qual surgiria uma cooperação jurídica entre os Estados. SCKELL, N. Soraya, 2017. *O Cosmopolistimo de Kant*: Direito, Política e Natureza Disponível em: http://www2.marilia.unesp.br/revistas/index.php/ek/article/view/7086. Acesso em: 04 abr. 2018, às 16h. Já no século XX, Hannah Arendt averbou: "(...) O direito a ter direitos, ou o direito de cada indivíduo permanecer à humanidade, deveria ser garantido por parte desta para com aquele. É incerto, porém, se isso é possível." em *Origens do Totalitarismo*, 1958, p. 298. Disponível em: https://www.aziomiparallele.it/images/materiali/Totalitarianism.pdf. Acesso em: 04 fev. 2018, às 13h.

[5] BENHABIB, Seyla. The right to have rights: Hannah Arendt on the contradictions of the nation-state. *In The Rights of Others*: Aliens, Residents, and Citizens 2004. Disponível em: https://www.cambridge.org/core/books/rights-of-others/right-to-have-rights-hannah-arendt-on-the-contradictions-of-the-nationstate/588DF785CC36AB1B9581C5DE03745990. Acesso em: 10 fev. 2018, às 14h.

Artigo XIII

1. Todo ser humano tem direito à liberdade de locomoção e residência dentro das fronteiras de cada Estado.

2. Todo ser humano tem o direito de deixar qualquer país, inclusive o próprio e a esse regressar.

Artigo XV

1. Todo homem tem direito a uma nacionalidade.2. Ninguém será arbitrariamente privado de sua nacionalidade, nem do direito de mudar de nacionalidade.

No mundo contemporâneo não podemos deixar de assinalar que passamos por período de intensa movimentação de pessoas, ao passo que enfrentamos a maior crise humanitária desde o fim da segunda guerra mundial.[6] Portanto, o tratamento do estrangeiro como sujeito de direitos, diante do princípio da dignidade humana, é fato que reclama atenção e proteção.

O presente trabalho apresenta um instrumento de atendimento e proteção ao imigrante, denominado CRAI, no âmbito da cidade de São Paulo.

Brasil e o indivíduo estrangeiro

A movimentação de pessoas ocorre por diversas razões e de acordo com os dados da ONU, que estima que há cerca de 244 milhões de migrantes internacionais em 2015, dos quais mais de 150 milhões (62%) são trabalhadores migrantes. E de acordo com a Comissão para Refugiados das Nações Unidas, no final de 2015 mais de 65 milhões de pessoas foram deslocadas em todo o mundo, fugindo de perseguição política, conflito, violência e violações dos direitos humanos – um aumento de 5,8 milhões em relação ao ano anterior, e especula-se que esses números vão continuar a crescer.[7]

Para uma abordagem contextualizada analisando a perspectiva do Município de São Paulo, o Brasil possuía em 2015 1,8 milhão de migrantes, tal que isso corresponde a menos de 1% da população brasileira.[8] No mesmo ano, para se comparar com a proporção brasileira,

---

[6] Conforme declaração do diretor de Operações Humanitárias da ONU, Stephen O'Brien, em discurso ao Conselho de Segurança das Nações Unidas (03/2017).

[7] Disponível em: http://seesp.com.br/noticias/cupula-da-onu-sobre-grande-movimentacao-de-refugiados-e-migrantes. Acesso em: 09 jun. 2018, às 16h12.

[8] Disponível em: http://www.politize.com.br/nova-lei-de-migracao/*Nova Lei de Migração*: O que muda? 06/07/2017. Acesso em: 10 jun. 2018, às 01h50.

os Emirados Árabes possuíam 8,09 milhões de migrantes, representando 88,4% de sua população no mesmo ano.[9]

Com base em dados do Instituto de Relações Internacionais da Universidade de São Paulo (USP), que colhera as informações do Departamento de Polícia Federal do Ministério da Justiça, o munícipio de São Paulo concentrava 32% de todos os imigrantes que vivem no Brasil no ano de 2016.[10]

O Brasil é um país de tradição amistosa e receptiva aos estrangeiros, talvez pela formação multicultural que sofrera. O período inaugural de forte imigração foi decorrente da colonização de exploração pelos portugueses, que, na opção pela mão de obra barata, implementou o fluxo forçado de africanos como escravos, no início do século XVI.

Com a libertação dos escravos e a expansão cafeeira, o fluxo imigratório de maior intensidade para o Brasil deu-se com a vinda de 4,07 milhões de pessoas de países diversos, em especial italianos, portugueses, espanhóis e alemães, cobrindo o período de 1874-1930.[11] No período de Getúlio Vargas, século XX, há política mais restritiva e seletiva com relação à imigração, e o número de pessoas vindas de outros países diminuiu, mas, mesmo assim, entre 1940 e 1970 houve a entrada de 1,1 milhão de estrangeiros.[12]

Nova fase imigratória aconteceu a partir dos anos 2000, em especial em razão da crise econômica. Nesse período tivemos a chegada dos haitianos, senegaleses e outros.[13] Esse momento revelou que, apesar do Brasil ser um país hospitaleiro, sua política migratória estava inadequada e insuficiente.

---

[9] *Os países que têm mais moradores estrangeiros do que nativos* 09/03/2017. Disponível em: https://www.bbc.com/portuguese/internacional-39216282, 2017. Acesso em: 10 jun. 2018, às 01h50.

[10] Relatório São Paulo Cosmópolis, Instituto de Relações Internacionais da Cidade de São Paulo, página 59. Disponível em: http://www.cosmopolis.iri.usp.br/sites/default/files/trabalhos-academicos-pdfs/eBook%20Cosmopolis.compressed.pdf. Acesso em: 09 jun. 2018, às 21h18.

[11] Disponível em: http://periodicos.unb.br/index.php/obmigra_periplos/article/view/16174. Migrações internacionais e políticas migratórias no Brasil, Antônio Tadeu Ribeiro de Oliveira, 2015, página 256. Acesso em: 09 jun. 2018, às 21h.

[12] Disponível em: http://periodicos.unb.br/index.php/obmigra_periplos/article/view/16174. Migrações internacionais e políticas migratórias no Brasil, Antônio Tadeu Ribeiro de Oliveira, 2015, página 257. Acesso em: 09 jun. 2018, às 21h58.

[13] Haitianos fugindo das péssimas condições, econômicas, sociais e sanitárias, com agravamento dado pelo terremoto que arrasara aquele país em 2010; bem como senegaleses, congoleses e bengalis, entre outras nacionalidades africanas, que também almejavam escapar das adversidades em seus respectivos países de origem. – Fonte acima. Página 258.

Proteção e estrutura aos direitos humanos

A Constituição Federal Brasileira de 1988 sem dúvida alguma inovou no tocante aos direitos e garantias fundamentais e institucionalizou os direitos humanos, estendendo o princípio da máxima efetividade aos respectivos direitos enunciados em tratados internacionais. (FLÁVIA PIOVESAN, 2001).[14]

No que concerne aos tratados internacionais, onde o Brasil é signatário, dentre outros, citem-se:

(i) A Convenção Americana de Direitos Humanos, constando em seu preâmbulo que os direitos essenciais da pessoa humana não derivam do fato de ser ela nacional de determinado Estado, mas apontando apenas as características inerentes da pessoa humana que clamam por proteção internacional.

(ii) O Pacto Internacional sobre Direitos Civis e Políticos, o qual disciplina que os Estados devam respeitar todos os indivíduos que se achem em seu território e que estejam sujeitos a sua jurisdição. No Pacto ainda há expressa menção vedando a discriminação por motivo de raça, cor, sexo, língua, religião, opinião política ou de outra natureza, origem nacional ou social, situação econômica, nascimento ou qualquer condição.

(iii) Já a Convenção relativa ao Estatuto dos Refugiados de 1951 contou com a adesão do Brasil apenas em 1960. Porém, o país possui, desde 1997, sua própria legislação que disciplina o instituto do refúgio.[15] Buscando elucidar a quem é atribuída a condição de refugiado no país, nos ditames da lei, o indivíduo que: (i) devido a fundados temores de perseguição por motivos de raça, religião, nacionalidade, grupo social ou opiniões políticas encontre-se fora de seu país de nacionalidade e não possa ou não queira acolher-se à proteção de tal país, (ii) não tendo nacionalidade e estando

---

[14] PIOVESAN, Flávia. *A Constituição Brasileira de 1988 e os Tratados Internacionais de Proteção dos Direitos Humanos*. 2001.

[15] O Brasil decidiu aprovar sua própria lei sobre refúgio, que vige em consonância técnica e jurídica com a Convenção de 1951. A aprovação da lei transmite regras mais claras e mais diretas aos órgãos da administração pública. Mostrou-se eficaz para maior envolvimento do Brasil com o tema do refúgio. Disponível em: http://www.acnur.org/portugues/wp-content/uploads/2018/02/Ref%C3%BAgio-no-Brasil_A-prote%C3%A7%C3%A3o-brasileira-aos-refugiados-e-seu-impacto-nas-Am%C3%A9ricas-2010.pdf. Acesso em: 09 jun. 2018, 22h. *Refúgio no Brasil – A proteção brasileira aos refugiados e seu impacto nas Américas* – Agência da ONU para Refugiados, 2010.

fora do país onde antes teve sua residência habitual, não possa ou não queira regressar a ele, em função das circunstâncias descritas no inciso anterior, ou ainda (iii) devido a grave e generalizada violação de direitos humanos, é obrigado a deixar seu país de nacionalidade para buscar refúgio em outro país.[16]

Além de assinar tais Tratados de matéria de direitos humanos, participou da Conferência Internacional sobre População e Desenvolvimento, em 1994, quando foi elaborado plano de ação que contempla em seu capítulo X a questão das migrações internacionais.[17]

Com efeito, a Constituição Federal em 1988, determinou em seu 5º artigo:

> Art. 5º Todos são iguais perante a lei, sem distinção de qualquer natureza, *garantindo-se aos brasileiros e aos estrangeiros residentes no País a inviolabilidade do direito à vida, à liberdade, à igualdade, à segurança e à propriedade (...)*

Diante do novo cenário constitucional, a legislação que tratava da situação jurídica do estrangeiro no país, Lei Federal nº 6.815/1980, foi revogada e entrou em vigor a Lei Federal nº 13.445, de 24 de maio de 2017, a chamada Lei de Migração, pautada nas diretrizes dos direitos humanos.

Referida legislação no seu artigo 3º estabelece:

> Art. 3º A política migratória brasileira rege-se pelos seguintes princípios e diretrizes:
> IX – amplo acesso à justiça e à assistência jurídica integral gratuita aos que comprovarem insuficiência de recursos;

Acesso à justiça, para nós, é um gênero que contempla a espécie solução de conflitos – judicial e extrajudicial – e acesso a um sistema jurídico que garanta devido processo legal, prazo razoável do processo,

---

[16] BRASIL, Lei nº 9.474/1997, Artigo 1º. Disponível em: http://www.planalto.gov.br/ccivil_03/leis/l9474.htm. Acesso em: 09 jun. 2018, às 22h.

[17] Disponível em: http://www.unfpa.org.br/Arquivos/relatorio-cairo.pdf. Acesso em: 09 jun. 2018, às 17h45. No Capítulo IX do Relatório da Conferência Internacional em questão, há menção quanto à distribuição da população, à urbanização e à migração interna, concebendo-se que a migração é também favorecida por fatores de pressão, como a alocação desigual de recursos de desenvolvimento, adoção de tecnologias impróprias e falta de acesso à terra disponível. Página 79.

compreensão das questões jurídicas de modo claro e didático, passando pela educação jurídica, no sentido da disseminação dos direitos e deveres. Para a discussão que trazemos no presente trabalho o acesso à justiça ganha relevo na medida em que diante de violação de direitos o sistema de proteção deve ser ativo e efetivo para a garantia da proteção e implementação dos direitos humanos.

No Brasil é a Defensoria Pública que promoverá o acesso à justiça aos hipossuficientes, isso significa que há uma ação propositiva e institucional com vistas à proteção e inclusão jurídica.

Defensoria Pública e seu desenho institucional

A Defensoria Pública está disciplinada na Constituição Federal.[18] E por meio da Lei Complementar da Defensoria Pública nº 80 de 1990 que a organizou e fixou regras gerais em relação às espécies de Defensorias Públicas, subdividindo-se da seguinte maneira no Brasil: (i) Defensoria Pública da União e Territórios, (ii) Defensoria Pública do Distrito Federal, (iii) Defensoria Pública dos Estados.[19]

A Defensoria Pública da União atuará nos Estados, no Distrito Federal e nos Territórios junto às Justiças Federal, do Trabalho, Eleitoral, Militar, Tribunais Superiores e instâncias administrativas da União, conforme o artigo 14 da Lei complementar nº 80 de 1990. Assim sendo, teremos a Defensoria Pública da União atuando nos Estados somente nas esferas administrativas federais.

---

[18] Art. 134. A Defensoria Pública é instituição permanente, essencial à função jurisdicional do Estado, incumbindo-lhe, como expressão e instrumento do regime democrático, fundamentalmente, a orientação jurídica, a promoção dos direitos humanos e a defesa, em todos os graus, judicial e extrajudicial, dos direitos individuais e coletivos, de forma integral e gratuita, aos necessitados, na forma do inciso LXXIV do art. 5º desta Constituição Federal.
§1º Lei complementar organizará a Defensoria Pública da União e do Distrito Federal e dos Territórios e prescreverá normas gerais para sua organização nos Estados, em cargos de carreira, providos, na classe inicial, mediante concurso público de provas e títulos, assegurada a seus integrantes a garantia da inamovibilidade e vedado o exercício da advocacia fora das atribuições institucionais.
§2º Às Defensorias Públicas Estaduais são asseguradas autonomia funcional e administrativa, e a iniciativa de sua proposta orçamentária dentro dos limites estabelecidos na lei de diretrizes orçamentárias e subordinação ao disposto no art. 99, §2º.
§3º Aplica-se o disposto no §2º às Defensorias Públicas da União e do Distrito Federal.
§4º São princípios institucionais da Defensoria Pública a unidade, a indivisibilidade e a independência funcional, aplicando-se também, no que couber, o disposto no art. 93 e no inciso II do art. 96 desta Constituição Federal.

[19] SOARES DOS REIS, Gustavo Augusto; ZVEIBIL, Daniel Guimarães; JUNQUEIRA, Gustavo. Comentários à Lei da Defensoria Pública. 2013. p. 51.

E a Defensoria Pública da União (DPU) é a encarregada pela prestação de assistência jurídica aos necessitados no Centro de Referência e Assistência ao Imigrante (CRAI), pela demanda de imigrantes e refugiados versar costumeiramente sobre regularização migratória.

Dessa feita, caberá à DPU prover-lhes a assistência jurídica integral e gratuita, promoção dos direitos, articulação com órgãos governamentais e a sociedade civil em prol de tais direitos, além da expedição de recomendações para sua tutela, não apenas em sua sede física institucional na cidade de São Paulo, mas no referido equipamento municipal.[20]

CRAI – Fruto da política pública municipal para migrantes

De acordo com a legislação[21] da Prefeitura de São Paulo, no ano de 2013 foi apresentado o Programa de Metas em que a Meta nº 65 estabeleceu a criação e implantação da Política Municipal para Migrantes e de Combate à Xenofobia, compreendida dentro do Objetivo de nº 9 que, por sua vez, visava a promover uma cultura de cidadania e valorização da diversidade, reduzindo as manifestações de discriminação de todas as naturezas.

Decorrente da referida meta 65, foi ainda criada a Coordenação de Políticas para Migrantes (CPMig) no âmbito da Secretaria Municipal de Direitos Humanos e Cidadania (SMDHC).[22]

A instituição de política municipal para imigrantes de forma transversal, intersetorial e participativa deu-se de forma pioneira na cidade e no Brasil, buscando a CPMig/SMDHC edificar suas políticas públicas[23] pelo viés dos direitos humanos, figurando, por fim, como o

---

[20] A sede da Defensoria Pública da União na cidade de São Paulo localiza-se à Rua Teixeira da Silva nº 217, Paraíso, São Paulo, SP. Disponível em: http://www.dpu.def.br/noticias-sao-paulo/40836-defensoria-publica-da-uniao-inaugura-nova-sede-em-sao-paulo. Acesso em: 09 jun. 2018, às 22h.

[21] A Lei Orgânica do Município de São Paulo (Emenda nº 30) obriga todo prefeito eleito, em até noventa dias após a sua posse, a apresentar um Programa que elucide as ações estratégicas, os indicadores e as metas quantitativas para cada um dos setores da administração pública municipal, conforme Fichas de detalhamento das 123 metas, página 6. Disponível em: http://www.prefeitura.sp.gov.br/cidade/secretarias/upload/planejamento/arquivos/15308-004_AF_FolhetoProgramadeMetas2Fase.pdf. Acesso em: 09 jun. 2018, às 23h30min.

[22] Página 38 do referido Programa de Metas da Cidade de São Paulo.

[23] Há de se pontuar das diversas formas legais da qual uma política pública pode se revestir no sistema jurídico, podendo esta surgir em meio a arranjos complexos típicos da atividade político-administrativa, dificultando o trabalho do cientista do direito nesse campo, que lidará com as áreas de intersecção de domínios científicos, como a Ciência Política e a Ciência

primeiro órgão público municipal criado especificamente para a pauta migratória no país.[24]

Trazendo o conceito de Ronald Dworkin, qual seja definir política como uma norma, um padrão que define um objetivo a ser alcançando, beneficiando uma determinada comunidade seja por algum viés econômico, político ou social.[25] Nesse diapasão, apresentou-se a legislação municipal,[26] representando um legado dessa gestão municipal no que se referem às migrações, compreendendo mais além: a (1) a própria consolidação da Coordenação de Políticas para Migrantes (CPMig), (2) a criação de quatro Centros de Acolhida especializados no atendimento a imigrantes; (3) a sanção da Lei Municipal nº 16.478/2016, que institui a Política Municipal para a População Imigrante; (4) a criação, dentro dessa lei, do Conselho Municipal de Imigrantes; e, por fim, como preconizado no artigo 6º daquela lei, a criação do Centro de Referência e Atendimento a Imigrantes (CRAI).[27]

O Centro de Referência e Atendimento para Imigrantes (CRAI)[28] começou as atividades em novembro de 2014, convidando o SEFRAS para administrar o serviço em parceria com a Prefeitura de São Paulo.

---

da Administração Pública. BUCCI, M. P. D. *Políticas Públicas*: Reflexões sobre o Conceito Jurídico. São Paulo, SP: Saraiva, 2009.

[24] Vf. COORDENAÇÃO DE POLÍTICAS PARA MIGRANTES. Coordenação de Políticas para Migrantes da Cidade de São Paulo. 201? Disponível em: http://www.prefeitura.sp.gov.br/cidade/secretarias/upload/direitos_humanos/participacao_social/ATAS/Relatorio%20CPMig%20OIT_pt_Final.pdf . Página 3. Acesso em: 09 jun. 2018 às 08h40min.

[25] DWORKIN, M. Ronald. The Model of Rules. University of Chicago Law Review: v. 35: Iss. 1, Article 3. 1967. p. 1-33. Disponível em: https://chicagounbound.uchicago.edu/uclrev/vol35/iss1/3/. Acesso em: 10 jun. 2018, às 22h. Tradução livre.

[26] O art. 1º de sua Lei Municipal nº 16.478/16 estabelece: (i) a garantia ao imigrante o acesso a direitos sociais e aos serviços públicos; (ii) promoção do respeito à diversidade e à interculturalidade; (iii) impedimento de violações de direitos; (iv) fomento à participação social e desenvolver ações coordenadas com a sociedade civil. Como princípios seu art. 2º enumera seis: quais sejam (i) igualdade de direitos e de oportunidades, observadas as necessidades específicas dos imigrantes; (ii) promoção da regularização da situação da população imigrante; (iii) universalidade, indivisibilidade e interdependência dos direitos humanos dos imigrantes; (iv) combate à xenofobia, ao racismo, ao preconceito e a quaisquer formas de discriminação; (v) promoção de 80 direitos sociais dos imigrantes, por meio do acesso universalizado aos serviços públicos, nos termos da legislação municipal; (vi) fomento à convivência familiar e comunitária.

[27] COORDENAÇÃO DE POLÍTICAS PARA MIGRANTES. Coordenação de Políticas para Migrantes da Cidade de São Paulo. 201?. p. 3. Acesso em: 09 jun. 2018, às 21h.

[28] Art. 9º da Lei Municipal nº 16.478/2016 dispõe: O Centro de Referência e Atendimento a Imigrantes– CRAI será mantido e supervisionado pela SMDHC, e terá como principais objetivos:
I – promover o acesso a direitos e à inclusão social, cultura e econômica da população imigrante, por meio de atendimento especializado e multilíngue, de forma articulada com outros equipamentos públicos e organizações da sociedade civil; (...)

O CRAI realiza atendimentos institucionais e itinerantes, promovendo atendimento especializado à população migrante, bem como o acesso a direitos e inclusão social, cultural e econômica.

O equipamento teve sua instituição graças à parceria entre a SMDHC, representando o munícipio em questão, e a Secretaria Nacional de Justiça do Ministério da Justiça, tal que os entes federados cooperaram economicamente entre si.

Por meio do convênio federal nº 806.422[29] de 2014, a União repassou à cidade de São Paulo, o montante de R$ 1.200.000,00 (um milhão e duzentos mil reais) para implementação do CRAI, que nos próprios termos do disponibilizado pelo Portal da Transparência, atrelado ao Governo Federal, preconizaria uma forma de minimizar as dificuldades dos imigrantes recém-chegados na cidade, favorecendo sua inserção e integração sociocultural.

O CRAI, por sua vez, é gerido pelo Serviço Franciscano de Solidariedade (SEFRAS), uma rede de serviços sociais coordenados pelos frades franciscanos da Província Franciscana da Imaculada Conceição do Brasil, com vínculo à Igreja Católica, de tal sorte que a associação volta seu atendimento a grupos vulneráveis da sociedade; para citar apenas alguns, veem-se crianças, pessoas em situação de rua, catadores de material reciclável, pessoas vivendo com HIV/AIDS, imigrantes e refugiados.[30]

Seguindo as diretrizes da Política Nacional de Assistência Social (PNAS),[31] o SEFRAS conseguira realizar por meio dos convênios com o

---

IV – auxiliar a Administração Pública Municipal em situações emergenciais ocasionadas pela eventual chegada de grandes contingentes de imigrantes e refugiados em situação de vulnerabilidade.

§1º O atendimento especializado referido no inciso I do *caput* deste artigo compreende a orientação para regularização migratória, oferecimento e encaminhamento para cursos de português e serviços públicos, cadastramento para benefícios sociais e outras ações de intermediação para a efetivação de direitos dos imigrantes.

§2º Nos casos de violações de direitos relacionadas à imigração, tais como tráfico de pessoas, trabalho escravo, xenofobia e violações decorrentes do processo de deslocamento, o CRAI atuará em conjunto com a Ouvidoria Municipal de Direitos Humanos para fazer cessar e reparar tais violações.

[29] BRASIL, Ministério da Transparência e Controladoria-Geral da União. Disponível em: http://www.portaldatransparencia.gov.br/convenios/DetalhaConvenio.asp?CodConvenio=806422&TipoConsulta=0&UF=sp&CodMunicipio=7107&CodOrgao=&Pagina=599&Periodo. Acesso em: 10 jun. 2018, às 00h20min.

[30] Disponível em: http://www.sefras.org.br/novo/quem-somos/missao/. Acesso em: 08 maio 2018, às 7h.

[31] Uma diretriz colocada pela Política de Assistência Social é a participação da população, por meio de organizações representativas, na formulação das políticas e no controle das ações em todos os níveis, amparada no artigo 5º da Lei Orgânica da Assistência Social do Brasil,

município nº 61 de 2014, seguido pelo de nº 43 de 2016,[32] com a Secretaria Municipal de Direitos Humanos e Cidadania, implementando suas atividades no CRAI, que variam desde as atribuições institucionais já mencionadas até a disponibilização de curso de português, rodas de conversa e oficinas, como muitas além dessas.[33]

É oportuno ressaltar o suporte legal do decreto regulamentador da lei instituidora da política municipal para a população imigrante, o Decreto nº 57.533 de 15 de dezembro de 2016. Nele há menções expressas quanto ao funcionamento do CRAI, enquanto equipamento municipal.

A Defensoria Pública da União realizara desde o início de 2015 até março de 2018 no CRAI o total de 956 atendimentos, prestando a assistência jurídica judicial e extrajudicial, em conformidade com a última disponibilização de dados de atendimentos consolidados do CRAI, por meio do documento enviado para a Prefeitura para indicação de dados quantitativos.[34]Para deslinde desses dados, ora exemplificativos, da atuação do equipamento municipal em referência, foram realizados 2.446 de atendimentos itinerantes e 73 atendimentos psicológicos desde o início de sua atuação na cidade.

Conclusão

Em um primeiro momento, cumpre destacar que os fluxos humanos voltados à cidade de São Paulo muitas vezes podem possuir a característica comum de mirarem a cidade mais rica do país e historicamente atrativa para imigração. Haja vista São Paulo ter abrigado 32% de todos os imigrantes que viviam no país em 2016, tal dado norteia a compreensão do movimento imigratório em conformidade com a concentração de riqueza.

Lei nº 8.742 de 1993. BRASIL, Ministério do Desenvolvimento Social. *Orientação Acerca dos Conselhos e do Controle Social da Política Pública de Assistência Social*. Disponível em: http://www.mds.gov.br/webarquivos/publicacao/assistencia_social/cartilhas/SUAS_Orientacoes_conselhos_controlesocial.pdf>página 31. Acesso em: 10 jun. 2018, às 01h20min.

[32] Disponível para consulta pública, na seção "Parcerias" no Contratos, Convênios e Parcerias da Secretaria de Direitos Humanos e Cidadania. Disponível em: http://www.prefeitura.sp.gov.br/cidade/secretarias/direitos_humanos/acesso_a_informacao/index.php?p=178727. Acesso em: 10 jun. 2018, às 7h20min.

[33] Informações no site do Centro de Referência e Atendimento para Imigrantes (CRAI). Disponível em: http://www.sefras.org.br/novo/servicos/sao-paulo/crai/.

[34] E-mail recebido em 06/05/2018 da Coordenação-Geral do CRAI, contendo arquivo quanto aos dados de atendimento consolidados do CRAI desde o seu início, em novembro de 2014, até março de 2018, sendo tal documento enviado à Prefeitura para indicação de dados quantitativos.

Já que num período de crise humanitária não é incomum indivíduos de todo o planeta sentirem os efeitos da alocação desigual de recursos para o desenvolvimento humano, a metrópole brasileira passa a ser mais vislumbrada por quem pretende arquitetar sua vida no Brasil, com vistas a uma gama maior de oportunidades.

Como dito alhures, o advento da Nova Lei de Migração de 2017 revogou o antigo Estatuto do Estrangeiro de 1980, de tal sorte que este não recepcionava o imigrante como um sujeito de direitos tampouco lhe visava a garantir em território nacional, em condição de igualdade com os nacionais do Brasil, uma série de direitos hoje positivados em seu favor.

A postura do governo brasileiro que têm se mostrado ao exterior como país em ascensão e hospitaleiro respingara em sua nova legislação migratória, o que, todavia, não afastou o preparo insuficiente para conter os fluxos de imigração recentes, tal que os desafios para organizar de modo intersetorial tais fluxos humanos que recrudescem, a considerar tamanho rol de direitos positivados, não é desafio fácil para nenhum Estado.

A preocupação municipal antecipou-se ao advento da Nova Lei de Migração (2017), pois desenvolvera a Lei Municipal que instituía a política municipal para a população imigrante em 2016, e, mais anteriormente, o Município já havia implantado o equipamento CRAI no ano de 2014, ou seja, 3 anos antes da renovação da legislação nacional para com a pauta migratória.

Por conseguinte, hoje o Centro de Referência e Assistência ao Imigrante representa uma via real de efetivação do acesso à justiça para imigrantes em situação vulnerável agravada, bem como presta auxílio, em diversos idiomas, na intermediação para trabalho, agendamentos na Polícia Federal, provendo ainda informações sobre regularização migratória, documentação, cursos de qualificação e acesso aos serviços públicos municipais.

Deveras, há muito a se construir enquanto política pública dentro da pauta migratória, para estrito cumprimento dos pactos internacionais assinados pelo Brasil, a corroborar com a imagem que o país historicamente busca passar no exterior, porém não se pode excluir de apreciação que o equipamento em referência é exemplo de política pública que busca garantir respaldo à soberania e ao interesse nacionais.

O concatenamento da atuação entre a União, o Município e o ente da sociedade civil, *in casu*, o Serviço Franciscano de Solidariedade mostrou-se apto a dirimir muitas demandas de inúmeros migrantes, imigrantes e refugiados, em especial destes em particular, que carecem de maior atenção e proteção estatal, pelas razões legais já expostas.

Entrementes, é de estrita importância aproximar acesso à justiça a essa parcela vulnerável da sociedade civil, seguindo, assim o entendimento de que o acesso à justiça é o direito mais básico dos direitos humanos.

Contribuindo, por fim, a assertiva de que um país, ao enfrentar a pauta migratória junto a uma política pública transversal, intersetorial e participativa, pode ser reconhecido internacionalmente, como a Organização Internacional do Trabalho o fizera, caracterizando como exitosa a iniciativa do município, no que tange à promoção de direitos dos migrantes, alinhada com a doutrina de direitos humanos.[35]

Referências

ALTO COMISSARIADO DAS NAÇÕES UNIDAS PARA REFUGIADOS (ACNUR) *Refugiados e Migrantes*: Perguntas Frequentes. 2016. Disponível em: http://www.acnur. org/portugues/2016/03/22/refugiados-e-migrantes-perguntas-frequentes/. Acesso em: 09 jun. 2018.

ALTO COMISSARIADO DAS NAÇÕES UNIDAS PARA REFUGIADOS (ACNUR). *Refugiado ou Migrante?* O ACNUR incentiva a usar o termo correto.

ARENDT, Hannah. The Origins of Totalitarism. Em H. Arendt, The Origins of Totalitarism. Ohio: The World Publishing Company, 1958. Disponível em: https://www.azioniparallele. it/images/materiali/Totalitarianism.pdf. Acesso em: 04 fev. 2018.

BENHABIB, S. Hannah Arendt on the contradictions of the nation-state. *In The Rights of Others*: Aliens, Residents, and Citizens. Em S. Benhabib, The Right to Have Rights Cambridge: Cambridge University Press, 2004. Disponível em: https://www.cambridge. org/core/books/the-rights-of-others/06822099EB47933C07C843FC5E0F7FCD. Acesso em: 10 jun. 2018.

BRAZ, A. O Conceito de Cidadania em Kant: uma solução para o conflito entre Estados. *Revista Portuguesa de Filosofia*, v. 61, n. 2, 2005. Disponível em: https://www.jstor.org/ stable/i40012947. Acesso em: 10 jun. 2018.

BUCCI, M. P. D. *Políticas Públicas*: Reflexões sobre o conceito jurídico. São Paulo, SP: Saraiva, 2009.

---

[35] Organização Internacional do Trabalho. Disponível em: http://www.ilo.org/dyn/migpractice/ migmain.showPractice?p_lang=en&p_practice_id=193, Novembro. Novembro de 2017 *Innovation and Creativity – The experience of CPMig can be considered a successful local governance initiative in the promotion of the rights of migrants, consistent with the human rights doctrine. Drawing on the assumption that migrants are rights-holders* (...) 15.11.2017. Acesso em: 10 jun. 2018, às 07h.

DWORKIN, R. M. *The Model of Rules. University of Chigago Law Review*: v. 35: Iss. 1, Article 3, 1967. Disponível em: https://chicagounbound.uchicago.edu/uclrev/vol35/iss1/3/. Acesso em: 10 jun. 2018.

OLIVEIRA, Antonio Tadeu Ribeiro de. Migrações internacionais e políticas migratórias no Brasil. *In*: *Cadernos OBMigra*. v. 1, n. 3, p. 252-279. 2015. Disponível em: http://periodicos. unb.br/index.php/obmigra_periplos/article/view/16174. Acesso em: 10 jun. 2018.

PIOVESAN, F. *A Constituição brasileira de 1988 e os tratados internacionais de proteção dos direitos humanos*, 2001. Disponível em: STJ: www.stj.jus.br/publicacaoinstitucional/index. php/API/article/download/3516/3638. Acesso em: 30 abr. 2018.

SAHD, L. F. (02 de 2009). Hugo Grotius: Direito Natural e dignidade. *Cadernos de Ética e Filosofia Política*, 181-191. Fonte: Cadernos de Ética e Filosofia Política: Disponível em: https://www.revistas.usp.br/cefp/article/viewFile/82613/85574. Acesso em: 5 mar 2018.

SCKELL, S. N. *O cosmopolitismo de Kant*: direito, política e natureza. Fonte: Estudos Kantianos 5, 1: 2017, p. 199 – 213: Disponível em: http://www2.marilia.unesp.br/revistas/index.php/ek/article/view/7086/4553. Acesso em: 4 mar. 2018.

SOARES DOS REIS, G., Zveibil, D; Junqueira, G. *Comentários à Lei da Defensoria Pública*. São Paulo: Saraiva, 2013.

VENTURA, Deisy; REIS, Rossana; GUIMARÃES, Feliciano Sá. Coordenadoras do relatório *Imigrantes em São Paulo*: diagnóstico do atendimento à população imigrante no município e perfil dos imigrantes usuários de serviços públicos/São Paulo:IRI-USP, 2017.Disponível em: http://www.cosmopolis.iri.usp.br/sites/default/files/trabalhos-academicos-pdfs/eBook%20Cosmopolis.compressed.pdf. Acesso em: 09 jun. 2018.

Sítios eletrônicos

ALTO COMISSARIADO DAS NAÇÕES UNIDAS PARA REFUGIADOS (ACNUR) *Refugiados e Migrantes*: Perguntas Frequentes. 2016. Disponível em: http://www.acnur. org/portugues/2016/03/22/refugiados-e-migrantes-perguntas-frequentes/. Acesso em: 09 jun. 2018.

ALTO COMISSARIADO DAS NAÇÕES UNIDAS PARA REFUGIADOS (ACNUR). *Refugiado ou Migrante?* O ACNUR incentiva a usar o termo correto. 2015. Disponível em: http://www.acnur.org/portugues/2015/10/01/refugiado-ou-migrante-o-acnur-incentiva-a-usar-o-termo-correto/. Acesso em: 09 jun. 2018.

ALTO COMISSARIADO DAS NAÇÕES UNIDAS PARA REFUGIADOS (ACNUR). *Refúgio no Brasil* – A proteção brasileira aos refugiados e seu impacto nas Américas. 2010. Disponível em: http://www.acnur.org/portugues/wp-content/uploads/2018/02/Ref%C3%BAgio-no-Brasil_A-prote%C3%A7%C3%A3o-brasileira-aos-refugiados-e-seu-impacto-nas-Am%C3%A9ricas-2010.pdf. Acesso em: 9 jun. 2018.

BBC Brasil. Os países que têm mais moradores estrangeiros do que nativos https://www.bbc.com/portuguese/internacional-39216282. 2017. Acesso em: 9 jun 2018.

BRASIL. Lei nº 9.474, de 22 de julho de 1997. Define mecanismos para a implementação do Estatuto dos Refugiados de 1951, e determina outras providências. Disponível em: http://www.planalto.gov.br/ccivil_03/leis/L9474.htm. Acesso em: 9 jun 2018.

BRASIL. Constituição da República Federativa do Brasil de 1988. Versão compilada. Disponível em: http://www.planalto.gov.br/ccivil_03/constituicao/constituicaocompilado. htm. Acesso em: 04 jun. 2018.

BRASIL. Defensoria Pública da União. Defensoria Pública da União inaugura nova sede em São Paulo. 2018. Disponível em: http://www.dpu.def.br/noticias-sao-paulo/40836-defensoria-publica-da-uniao-inaugura-nova-sede-em-sao-paulo. Acesso em: 09 jun. 2018.

BRASIL. Lei Complementar nº 80 de 12 de janeiro de 1994. Organiza a Defensoria Pública da União, do Distrito Federal e dos Territórios e prescreve normas gerais para sua organização nos Estados, e dá outras providências. Disponível em: http://www.planalto.gov.br/ccivil_03/leis/lcp/Lcp80.htm. Acesso em: 06 maio 2018.

BRASIL. Lei nº 13.445, de 24 de maio de 2017. Institui a Lei de Migração. Disponível em: http://www.planalto.gov.br/ccivil_03/_ato2015-2018/2017/lei/L13445.htm . Acesso em: 03 maio 2018.

BRASIL. Lei nº 8.742 de 7 de dezembro de 1993. Dispõe sobre a organização da Assistência Social e dá outras providências. Disponível em: http://www.planalto.gov.br/ccivil_03/Leis/L8742compilado.htm. Acesso em: 09 jun. 2018.

BRASIL. Ministério da Transparência e Controladoria-Geral da União. Disponível em: http://www.portaldatransparencia.gov.br/convenios/DetalhaConvenio.asp?CodConvenio=806422&TipoConsulta=0&UF=sp&CodMunicipio=7107&CodOrgao=&Pagina=599&Periodo 201?. Acesso em: 10 jun. 2018.

BRASIL. Ministério do Desenvolvimento Social. Orientação Acerca dos Conselhos e do Controle Social da Política Pública de Assistência Social. 201?. Disponível em: http://www.mds.gov.br/webarquivos/publicacao/assistencia_social/cartilhas/SUAS_Orientacoes_conselhos_controlesocial.pdf. Acesso em: 09 jun. 2018.

COORDENAÇÃO DE POLÍTICAS PÚBLICAS PARA MIGRANTES (CPMig). 201?. Disponível em: http://www.prefeitura.sp.gov.br/cidade/secretarias/upload/direitos_humanos/participacao_social/ATAS/Relatorio%20CPMig%20OIT_pt_Final.pdf. Acesso em: 09 jun. 2018.

COORDENAÇÃO DE POLÍTICAS PÚBLICAS PARA MIGRANTES. Decreto Municipal nº 57.533, de 15 de dezembro de 2016b. Regulamenta a Lei nº 16.478, de 8 de julho de 2016, que institui a Política Municipal para a População Imigrante. Disponível em: http://legislacao.prefeitura.sp.gov.br/leis/decreto-57533-de-15-de-dezembro-de-2016. Acesso em: 08 jun. 2018.

COORDENAÇÃO DE POLÍTICAS PÚBLICAS PARA MIGRANTES. Lei nº 16.478, de 08 de julho de 2016. Institui a Política Municipal para a População Imigrante, dispõe sobre seus objetivos, princípios, diretrizes e ações prioritárias, bem como sobre o Conselho Municipal de Imigrantes. Disponível em: http://legislacao.prefeitura.sp.gov.br/leis/decreto-57533-de-15-de-dezembro-de-2016/. Acesso em: 09 jun 2018.

COORDENAÇÃO DE POLÍTICAS PÚBLICAS PARA MIGRANTES. Secretaria de Direitos Humanos e Cidadania – Contratos, Convênios e Parcerias. Disponível em: http://www.prefeitura.sp.gov.br/cidade/secretarias/direitos_humanos/acesso_a_informacao/index.php?p=178727. Acesso em: 09 jun. 2018.

DICIONÁRIO DO AURÉLIO. *Significado de Imigrante*. Publicado em 19/04/2018 Disponível em: https://dicionariodoaurelio.com/imigrante. Acesso em: 08 jun. 2018.

FUNDO DAS NAÇÕES UNIDAS PARA A INFÂNCIA (UNICEF). Declaração Universal dos Direitos Humanos. 1948. Disponível em: https://www.unicef.org/brazil/pt/resources_10133.htm.

ORGANIZAÇÃO INTERNACIONAL DO TRABALHO. *Coordination Office for Migrant Policy* (CPMIg) – City of São Paulo. 2017. Disponível em: http://www.ilo.org/dyn/migpractice/migmain.showPractice?p_lang=en&p_practice_id=193, Novembro. Acesso em: 10 jun. 2018.

POLITZE! 2017. A Nova Lei de Migração. 2017 Disponível em http://www.politize.com.br/nova-lei-de-migracao/. Acesso em 10 de jun de 2018.

PREFEITURA MUNICIPAL DE SÃO PAULO. Fichas de detalhamento das 123 metas. (201?)b. Disponível em: http://www.prefeitura.sp.gov.br/cidade/secretarias/upload/planejamento/arquivos/15308-004_AF_FolhetoProgrmadeMetas2Fase.pdf. Acesso em: 08 jun. 2018.

RELATÓRIO DA CONFERÊNCIA INTERNACIONAL SOBRE POPULAÇÃO E DESENVOLVIMENTO. Plataforma de Cairo, 1994. Disponível em: http://www.unfpa.org.br/Arquivos/relatorio-cairo.pdf. Acesso em: 09 jun. 2018.

SERVIÇO FRANCISCANO DE SOLIDARIEDADE – SEFRAS. "Quem Somos". Disponível em: http://www.sefras.org.br/v2/quem-somos. Acesso em: 08 maio 2018.

SINDICATO DOS ENFERMEIROS DO ESTADO DE SÃO PAULO (SEESP) "Cúpula da ONU Sobre a Grande Movimentação de Refugiados e Migrantes". 2016. Disponível em: http://seesp.com.br/noticias/cupula-da-onu-sobre-grande-movimentacao-de-refugiados-e-migrantes. Acesso em: 09 jun. 2018.

UN NEWS. UN aid chief urges global action as starvation, famine loom for 20 million across four countries. 2017. Disponível em: UN NEWS: https://news.un.org/en/story/2017/03/553152-un-aid-chief-urges-global-action-starvation-famine-loom-20-million-across-four. Acesso em: 05 mar. 2018.

Informação bibliográfica deste texto, conforme a NBR 6023:2018 da Associação Brasileira de Normas Técnicas (ABNT):

PIRES, Lilian Regina Gabriel Moreira; VICUÑA, Victor Vieira Abecia. Política pública na recepção de migrantes e refugiados no Brasil – CRAI (Centro de Referência e Assistência ao Imigrante na cidade de São Paulo). *In*: PIRES, Lilian Regina Gabriel Moreira; TEWARI, Geeta (Coord.). *5ª Conferência Anual de Direito Urbanístico Internacional & Comparado*: artigos selecionados. Belo Horizonte: Fórum, 2020. p. 167-183. ISBN 978-85-450-0706-7.

AS CIDADES E OS RELATÓRIOS DE SUSTENTABILIDADE: ELES SÃO REAIS?

Ricardo Pedro Guazzelli Rosario
Adriano Palharini de Araújo
Isabela Coleto
Victor Kenzo Hirokado
Giulia da Matta Nigro
Estéfani Nuñes Perez Soares
Yuji Caiani Taniguchi

1 Introdução

Direito Urbanístico e Direito Ambiental caminham juntos em muitos aspectos, um dos princípios mais importantes em Direito Ambiental é o princípio do desenvolvimento sustentável, mas os aspectos práticos desse princípio, por vezes, são muito difíceis de observar. No entanto, quando pensamos em uma cidade sustentável, muitas vezes podemos dizer que este princípio *está acontecendo*. Mas como podemos observar o princípio do desenvolvimento sustentável em uma cidade sustentável?

Tentar responder questões como o que é a sustentabilidade ou as razões pelas quais as cidades são sustentáveis é certamente um trabalho complexo que ainda está em construção e, ao mesmo tempo, em disputa por várias correntes teóricas. Segundo Acselrad (2009), ainda existem expressões interrogativas em que a sustentabilidade é vista como "um princípio evolutivo", "um conceito infinito", "poucos sabem o que é" e "exigindo muita pesquisa adicional".

Ainda, de acordo com Marzall e Almeida (2000), muitos programas não definem sua compreensão do termo sustentabilidade, talvez porque considerem que seu significado seja mal entendido ou porque não entendem a complexidade do termo.

A noção de sustentabilidade e consciência ambiental começou a despertar, a partir dos anos 1960, para a reflexão sobre a posição do homem no planeta e até mesmo os padrões de consumo e produção estabelecidos, que sequer consideravam a racionalidade ecológica (CAPENA, 2007).

A revolução industrial no século XIX, juntamente com toda a tecnologia produzida durante a primeira metade do século XX, possibilitou à humanidade um grande avanço em termos de produção. No entanto, juntamente com a massificação produtiva, a exploração dos recursos naturais e a disparidade entre os países que, desigualmente, se industrializaram em épocas diferentes, também aumentaram.

Os impactos ambientais gerados pela ação antrópica, percebidos através de consequências como a poluição nuclear, a matança de espécies animais pela ação de agrotóxicos e chuvas ácidas que ocorreram na Suécia e em outros países do mundo, despertaram a preocupação pela crise ambiental que o planeta passou (NASCIMENTO, 2012). Sustentabilidade, então, surge da ecologia e da economia, enfatizando a capacidade de regeneração dos ecossistemas, ou seja, sua resiliência às ações humanas e desastres naturais (resiliência) e a relação com a política de desenvolvimento do século XX (NASCIMENTO 2012).

A Conferência de Estocolmo em 1972 foi o marco das discussões sobre sustentabilidade. Como resultado dos problemas gerados pela ação humana e pela possível e perigosa diminuição dos ecossistemas ao redor do mundo, o encontro colocou frente a frente os países desenvolvidos e os países subdesenvolvidos.

Segundo Nascimento (2012), a discussão entre países do primeiro ao terceiro mundo levantou um novo ponto nas discussões sustentáveis: a pobreza. Os países subdesenvolvidos, pobres, principalmente agrícolas e atrasados no desenvolvimento industrial, mostravam-se preocupados com os constrangimentos ao seu desenvolvimento, justificando que parte da degradação do meio ambiente fazia parte da pobreza e da miséria, as quais era necessário combater visando alcançar o desenvolvimento. Então nesse cenário emergiu o conceito de Desenvolvimento Sustentável.

Foi apresentado o conceito de apenas uma Terra, desenvolvido pela Organização das Nações Unidas (ONU), com o objetivo de propiciar discussões conflitantes. Este conceito julgou que o problema ambiental tem origem bipolar. Um se deve a esse desenvolvimento, com consumo agressivo e excessivo de alta tecnologia, e outro ao baixo desenvolvimento, com crescimento populacional e baixo PIB *per capita* (WARD, DUBOS, 1973).

Com base nisso, segundo Nascimento (2012), a dicotomia "Meio-ambiente-economia" recebe um novo item, culminando com a inclusão da questão social no desenvolvimento sustentável, que passa a ser composta por fissuras ambientais, econômicas e sociais.

A partir disso, surgem as questões sobre o desenvolvimento sustentável e suas possibilidades. Segundo Capena (2007), o desenvolvimento sustentável não é um estado fixo, mas um processo de mudança da compatibilidade da exploração de recursos, desenvolvimento tecnológico, gestão de investimentos e mudanças institucionais com o presente e o futuro.

Apesar da difícil conceitualização do termo, o Vocabulário Básico de Recursos Naturais e Meio Ambiente define sustentabilidade da seguinte forma:

> Conceito associado ao Desenvolvimento Sustentável, envolve as ideias de pacto intergeracional e perspectiva de longo prazo. Sustentabilidade é a capacidade de um processo ou forma de propriedade de recursos continuar existindo por um longo período. Veja também Sustentabilidade Ambiental, Sustentabilidade Social.

A partir desse conceito, é possível apreender a ideia da preservação atual dos recursos naturais para as gerações futuras, que muitas vezes está associada à noção de sustentabilidade. Assim, para muitos teóricos, uma contradição no termo *desenvolvimento sustentável* é apresentada pelo contraste entre os termos *desenvolvimento* e *sustentabilidade*, como desenvolver (explorar) e preservar simultaneamente?

No entanto, segundo Amartya Sem (*Apud* CAPENA 2007), o desenvolvimento não pode ser visto apenas por viés econômico. Desenvolver significa superar as privações de liberdade, inclusive além das perspectivas econômica, social e ambiental. Dessa forma, o desenvolvimento sustentável deve ser visto e entendido como uma gama de múltiplas facetas: social, econômica e ambiental, na medida em que é projetado em uma série de conteúdos que fazem parte de um conjunto complexo de possibilidades.

Dessa forma, um novo instrumento relativo foi construído: os Relatórios de Sustentabilidade. Relatórios de Sustentabilidade emergem da *evolução* de Relatórios Financeiros e Relatórios Sociais, e o *triple bottom line* – econômico / social / ambiental – juntou-se. Agora temos alguns tipos de Relatório de Sustentabilidade, como o GRI (Global Report initiative), o IIRC (International Integrated Report Council) e outros.

Um dos mais utilizados é o Modelo de Relatório de Sustentabilidade da GRI. O GRI é uma organização internacional que ajuda a comunidade a entender e comunicar o desempenho de sustentabilidade para todos os interessados, empresas, governos e partes interessadas. O modelo de Relatório de Sustentabilidade do GRI sofreu uma evolução desde o início passando para os modelos G3, G4 e agora com os padrões.

Esse tipo de relatório foi utilizado principalmente para as empresas apresentarem seu desempenho de sustentabilidade para a sociedade. Esses relatórios usam muitos parâmetros e indicadores para mostrar os prós e contras da empresa e a sustentabilidade.

Diante dessa complexidade, são necessários indicadores capazes de avaliar o desenvolvimento e os rumos a serem tomados para melhorá-los. Vale lembrar que, por se tratar de um processo, o desenvolvimento sustentável é baseado em uma comparação entre passado, presente e futuro, devendo ser analisado a partir do período histórico.

Segundo van Bellen (2010), há uma gama infinita de indicadores para diferentes autores, justamente pela falta de uma conceituação mais rígida do tema. No entanto, esses indicadores foram desenvolvidos para casos específicos: econômicos, ambientais, sociais, de saúde, etc. No entanto, devido à sua complexidade, o desenvolvimento sustentável exige indicadores inter-relacionados ou agregados que cubram toda a sua complexidade.

Segundo Marzall e Almeida (2000), não é possível determinar a sustentabilidade a partir de apenas um único indicador ou conjunto de indicadores que dizem respeito apenas a um único aspecto do sistema. Sustentabilidade engloba um conjunto de fatores (ambientais, econômicos e sociais) que devem ser considerados.

Segundo o IBGE (2004), os indicadores de desenvolvimento sustentável são "estatísticas, que podem ser valores absolutos, índices ou outros índices utilizados para medir a sustentabilidade social, ambiental, econômica e institucional de uma sociedade ou território. Para algumas dessas estatísticas existem valores Considerados como metas ou objetivos a serem alcançados no médio e longo prazo. Para outros indicadores, embora não haja metas ou objetivos explicitamente declarados, há um consenso sobre se a sustentabilidade é alcançada com valores maiores ou menores".

Agora, as cidades estão usando os Relatórios de Sustentabilidade em seu nome. Temos muitas perguntas dessa maneira: por que uma cidade precisa ser sustentável? O que é uma cidade sustentável? Como a cidade poderia demonstrar que é sustentável? Por um lado, o Relatório de Sustentabilidade poderia ser um instrumento para verificar se a cidade é sustentável, mas, por outro lado, o Relatório de Sustentabilidade poderia mostrar a fragilidade da cidade.

A comunidade internacional chegou ao entendimento de que o desenvolvimento em detrimento dos recursos naturais e dos direitos das pessoas ao desenvolvimento é insustentável, sendo que a razão pela qual o conceito de uma cidade próspera, onde seus cidadãos podem e são motivados a prosperar, é o mesmo conceito de uma cidade sustentável. Porém, como esse conceito pode ser muito abstrato, o uso de indicadores pode ser um bom parâmetro para atestar essa característica em uma cidade, sendo esse o motivo pelo qual optamos por estudar a sustentabilidade nas cidades utilizando esse parâmetro.

Com relação ao desempenho econômico de uma cidade, pode ser muito difícil alinhar o desenvolvimento econômico à sustentabilidade ou, pelo menos, provar que esses dois conceitos estão alinhados. Alguns pensamentos conservadores são dados à ideia da inexistência de desenvolvimento econômico sem o esgotamento dos recursos naturais e, portanto, esses dois conceitos são opostos e não podem ser relacionados entre si.

Nesse trabalho, a visão que será apoiada será se a prosperidade da cidade em análise vier acompanhada da prosperidade de seu povo e se houver um plano claro e um parâmetro claro para o qual o esgotamento dos recursos naturais está sendo controlado e compensado por outros meios, como por exemplo, pelo investimento em capital humano e tecnologia para, no futuro, conter esse esgotamento, então, pode-se dizer que há desenvolvimento econômico alinhado com o desenvolvimento sustentável em curso nesta cidade.

Para isso, daremos uma olhada nos indicadores econômicos, ambientais e sociais, com o objetivo de atestar se os indicadores utilizados foram suficientes para sustentar a reivindicação de uma cidade sustentável e próspera.

Dessa forma, nosso objetivo é: 1) Comparar Padrões de Sustentabilidade e Apontar os melhores indicadores para um Relatório de Sustentabilidade para as cidades; 2) Comparar as cidades que estão usando os Padrões do Relatório de Sustentabilidade GRI e outros padrões, e 3) Discutir como uma cidade poderia ser sustentável.

Para este escopo, usamos a seguinte metodologia:

Primeiro, olhamos as normas internacionais sobre cidades sustentáveis para compreender os parâmetros que são usados para definir uma cidade sustentável.

Os padrões são:

1) *Global Report Iniciative* (GRI). 2016. Conjunto consolidado de Metas de Relatórios de Sustentabilidade da GRI. Amsterdã, Holanda. (GRI 2016)

2) Alcançar uma América Urbana Sustentável. Índice de Metas de Desenvolvimento Sustentável das Cidades dos EUA 2017. (US 2017)

3) Índice de Cidades Sustentáveis da Arcadi. De 2016. Colocar as pessoas no centro da sustentabilidade da cidade. *Arcadis Design & Consultancy* para ativos naturais e construídos. (Arcadis 2016)

4) Cidades sustentáveis: uma visão de nossa paisagem futura. Grant Thornton. (Grant Thornton 2011)

5) KPMG o futuro das cidades: medir a sustentabilidade. 2016. KPMG International. (KPMG 2016)

Em segundo lugar, nós olhamos para as cidades que fazem relatórios de sustentabilidade em todo o mundo, tentando usar uma de cada continente. As cidades foram escolhidas com base na disponibilidade de relatórios, pois acreditamos que um relatório deve ser facilmente acessado e prontamente disponível. Encontramos sete:

1) Cidade de Cockburn. Wetlands to Waves. Relatório de Estado de Sustentabilidade 2016-2017. Austrália. 2017. (Cockburn 2017)

2) Cidade de Helsinque. Relatório anual. 2016. Publicado pela Secretaria Municipal de Helsinque. Finlândia. 2017 (Helsinque 2017)

3) Cidade de Surrey: o futuro está aqui. Carta de Sustentabilidade 2.0. Canadá. 2016 (Surrey 2016)

4) Los Angeles. Plano de cidade sustentável. Primeiro Relatório Anual. 2015-2016. Estados Unidos da América do Norte. 2017 (Los Angeles 2017)

5) Cidade de Melborne. Relatório Anual 2016-2017. Austrália. 2017. (Melborne 2017)

6) Cidade de Stirling: Cidade da Escolha. Relatório Anual 2015-2016. Austrália 2017. (Stirling 2017)

7) Câmara Municipal de Dublin. Relatório de Sustentabilidade. 2013. Irlanda. 2014 (Dublin 2014)

Em ambas as análises, fizemos uma divisão dos parâmetros nos aspectos econômico, ambiental e social. Nesse sentido, na discussão de padrões, tentamos alcançar os melhores parâmetros para os três aspectos.

Por outro lado, nos Relatórios Sustentáveis das cidades, procuramos compará-los e também os parâmetros de cada classe, econômica, ambiental e social para entender os melhores indicadores e como é a melhor forma de comunicação.

Em seguida, observamos a relevância das informações: em que medida as informações apresentadas foram relevantes para comprovar que o indicador estava levando a um desenvolvimento sustentável, bem como em que medida as informações eram semelhantes às orientações das diretrizes que utilizamos como bibliografia. Para, finalmente, chegarmos a nossa própria conclusão sobre quais indicadores foram bem executados com base em nosso principal objetivo: alcançar uma cidade sustentável e próspera, onde seus cidadãos possam prosperar. Com base nessa análise, pudemos propor o que chamamos de "indicadores econômicos, ambientais e sociais ideais".

2 Análise de padrões

Inicialmente, foram criadas três tabelas que resultaram nos anexos A, B e C. Essas tabelas relacionam cada norma com seus respectivos indicadores, separados em economia (Anexo A), ambiental (Anexo B) e social (Anexo C).

A partir da análise desses indicadores resultou em outras tabelas com o que consideramos serem os melhores parâmetros para análise que serão feitos a seguir.

2.1 Padrões econômicos

Para a análise de indicadores econômicos e financeiros em particular, observamos se o relatório foi capaz de trazer os princípios de um relatório econômico-financeiro comum, que são: foco estratégico e orientação futura, conectividade da informação, relacionamento com acionistas, materialidade, brevidade, confiabilidade, completude e, finalmente, coerência e comparabilidade.

Os principais indicadores econômicos são apresentados na Tabela 1.

Tabela 1 – Principais indicadores econômicos para cidades sustentáveis

Descrição dos Indicadores de Sustentabilidade	
Valor Acrescentado Bruto (VAB) *per capita* / Salário Mínimo	Valor acrescentado bruto regional utilizando a produção (GVA (P) e rendimento aproximado (GVA (I)) / Salário mínimo
Taxa de desemprego	Mostra a relação de empregos gerados
Percentagem da população em risco de pobreza	População vivendo abaixo do nacional Linha de pobreza, renda pessoal real *per capita* (Acorrentado 2009 Dólares) Crianças menores de 18 anos vivem abaixo do dobro do limiar da pobreza
Indústria, Inovação e Infraestrutura	Pedidos de patentes, empreendimentos *per capita*
Desigualdades Reduzidas	Coeficiente GINI, mobilidade ascendente absoluta, segregação racial, residentes com carga alugada, habitação acessível
Energia acessível e limpa	Participação de energia renovável gerada no Estado, taxa de crescimento de empregos STEM
Habitação e desenvolvimento	Número de habitações por habitante, número de habitações em construção
Investimentos Verdes	Produção e recursos, intercâmbio e transferência, contabilidade e regulação, consumo e uso, trabalho e bem-estar, tecnologia e infraestrutura, riqueza e distribuição

Tendo em mente que o conceito de sustentabilidade está sempre sendo reconstruído e recriado, o que, consequentemente, é verdadeiro também para os padrões e diretrizes para elaboração de relatórios de sustentabilidade, com base em nossa análise dos relatórios acima criamos indicadores econômicos que acreditamos deve ser aplicado a todos os Relatórios de Sustentabilidade não apenas por sua importância global, mas também para observar o conceito de comparabilidade entre os relatórios de diferentes cidades em diferentes partes do mundo. Acreditamos que, para alcançar um planeta sustentável, todas as cidades devem se engajar no mesmo projeto e compartilhar boas práticas de como fazer isso, e esperamos que nossos indicadores sugeridos ajudem a chegar a esse caminho.

Nossos indicadores foram construídos com o objetivo de aproximar o desenvolvimento econômico e sustentável, promovendo indicadores capazes de trazer materialidade, objetivos futuros, planejamento de como chegar a esses relatórios prontamente e facilmente disponíveis para que possam ser acessados e compreendidos por todos os tipos de partes interessadas. Deve atender aos critérios de comparabilidade, pois o relatório deve ser comparável aos relatórios anteriores para que os avanços e limitações possam ser acessados e seja comparável aos de outras cidades, a fim de compartilhar boas práticas. O relatório deve ser capaz de identificar as demandas mais urgentes da população da cidade e investir no desenvolvimento de pessoal e no PIB econômico interno. Por último, mas não sem importância, ele deve se concentrar na igualdade de gênero e de minorias em relação ao acesso ao mercado e à igualdade de pagamento por serviços iguais.

Com base nessa meta, estabelecemos os seguintes indicadores: PIB, taxas de emprego, governança, impactos econômicos indiretos e transparência.

O indicador do PIB deve ser capaz de mostrar a participação da população na produção do PIB e no desempenho econômico, bem como demonstrar práticas sustentáveis ao atingir esse PIB.

As *taxas de emprego* devem ser capazes de demonstrar a relação entre empregos gerados sob o conceito de *trabalho decente* conforme estabelecido pelas Nações Unidas, porcentagem de minorias e de igualdade de gênero nesses empregos e investimento em desenvolvimento de pessoal e planos de carreira.

O indicador *governança* deve abordar como a prefeitura da cidade administra a cidade, com ênfase na mobilidade, tendo como prioridade pedestres, ciclistas e transporte público. Também deve divulgar a gestão de recursos e geração de energia elétrica sustentável. As despesas e ganhos da cidade também devem ser relatados.

Os *Impactos Econômicos Indiretos* devem abordar os incentivos e compras de produtores locais e de micro, investimento em educação e capacitação de pessoas, infraestrutura e serviços, todos relacionados à capacidade da cidade de atrair e reter investimentos.

Por último, mas não menos importante, o indicador relacionado à *transparência* deve mostrar os números financeiros e contábeis, bem como abordar o gerenciamento das despesas e do orçamento público.

2.2 Padrões ambientais

A preocupação com o meio ambiente em vários aspectos é percebida em todos os índices analisados, nos quais os indicadores foram criados como forma de avaliação. Abaixo está uma tabela mostrando os índices para cada relatório (Tabela 2):

Tabela 2 – Principais indicadores ambientais para cidades sustentáveis

Descrição dos Indicadores de Sustentabilidade	
Gestão Ambiental e Política	Espaços verdes de acordo com a% da área da cidade; espaço verde aberto por habitante; não conformidade com leis e regulamentos ambientais sujeitos a multa; participação pública nas políticas verdes. Pesquisa científica.
Energia	Consumo de energia; intensidade; distribuição de energia renovável; políticas energéticas limpas e eficientes.
Qualidade do ar (poluição e emissão de gases)	Nível médio de poluentes; políticas de ar limpo; intensidade das emissões de gases com efeito de estufa.
Gestão aste W	Tratamento de resíduos para obtenção de energia. Políticas de redução e desperdício. Libertação tóxica no ar, na água e no solo. Políticas de uso de aterros. Centros de reciclagem.
Água potável e saneamento	Consumo e vazamento de sistemas; políticas eficientes de tratamento de água; quantidade de água retirada por fonte e quanto é afetado; água tratada e reutilização de água; acesso a água limpa (% por agregado familiar); acesso a saneamento básico (% por família).
Transporte verde	*Uso de materiais reciclados e de baixo consumo. Ex.: farol LED, asfalto de plástico, iluminação dos postes por energia verde.* Uso de transporte público para deslocamento; tamanho da rede de transporte público e fácil acesso a ela; acessibilidade e estímulo às políticas de transporte verde.
Construção	Construção de edifícios. Consumo de energia de edifícios comerciais; normas e iniciativas em edifícios energeticamente eficientes; *reciclagem de materiais de construção.*
Biodiversidade	Política de preservação e recuperação de habitats. *Combate à caça e ao tráfico de fauna e flora.*

Diferentemente dos demais, em relação aos dois últimos indicadores, o GRI enfatiza as consequências da falta de tratamento de efluentes e menciona a atenção às fontes naturais afetadas pela retirada de água.

Em relação à gestão e políticas ambientais, Arcadis, América e Grant Thorton calculam em seus relatórios a quantidade de espaço verde necessário por habitante ou área da cidade, para que a terra seja mais valorizada e a cidade seja mais ambientalmente saudável.

Segundo a KPMG, uma cidade deveria ter uma melhor gestão ambiental com a participação da população na tomada de decisões. O GRI corrobora essa ideia em seus índices e complementa afirmando que as leis e multas devem ser aplicadas à sua efetividade.

Com base nas tabelas elaboradas, pode-se observar que apenas os índices América e KPMG estão preocupados com o uso do transporte verde, ou seja, estimular o uso do transporte público e aumentar a rede de transporte.

Além desses, adicionou-se o uso de materiais reciclados e de baixo consumo, pois estes seriam importantes para reduzir o uso de recursos naturais, reutilizar resíduos e também reduzir custos. Apenas a KPMG se aproximou da construção civil, relacionada ao consumo e eficiência energética. No entanto, a reciclagem de materiais de construção utilizados neste ambiente também foi adicionada a este tópico, a fim de reduzir o desperdício e o uso de recursos naturais.

No indicador de biodiversidade, os relatórios Grant Thorton e GRI foram agrupados. O primeiro não aprofundou os indicadores de energia, qualidade do ar e água potável/saneamento, mas foi o único a mencionar as mudanças climáticas, enquanto apenas o GRI tem se preocupado com a biodiversidade da fauna e flora e com a proteção de reservas. Para este tema foram adicionados o combate à caça e ao tráfico de fauna e flora, sabendo que há uma necessidade básica de correlação entre os elementos do tripé ecológico, essa questão revela um ponto de intersecção entre o social e o ambiental.

O relatório Arcadis estava preocupado com a exposição a desastres naturais. No entanto, não há descrição deles, bem como as ações preventivas a serem tomadas.

2.3 Padrões sociais

Como resultado, produzimos uma planilha com os diversos indicadores incluídos nos relatórios das diversas cidades consultadas para melhor visualização e comparação.

Nesse sentido, ao comparar os diferentes indicadores, analisando conflitos e semelhanças, procuramos pensar em indicadores únicos que sintetizassem as diversas questões apresentadas e, assim, a possibilidade de um modelo padrão ser utilizado na análise da sustentabilidade da cidade (Tabela 3).

Tabela 3 – Principais indicadores sociais para cidades sustentáveis

(Continua)

Descrição dos Indicadores de Sustentabilidade	
Pobreza	Percentagem de pessoas que vivem abaixo da linha da pobreza, ajustamento salarial de acordo com a inflação e crianças que vivem na pobreza.
Renda	Poder de compra
Gênero	Violência sexual e disparidade salarial entre homens e mulheres
Saúde	Expectativa de vida, taxa de mortalidade e acesso a cuidados básicos de saúde.
Bem-estar psicológico	Satisfação com a vida, emoções positivas, emoções negativas, espiritualidade.
Qualidade educacional	Anos na escola; abandono escolar; população acima de 25 anos ou mais, taxa de alfabetização.
Saneamento	Acesso a infraestrutura de saneamento e esgoto
Trabalhos	Taxa de desemprego, rotatividade de empregados, paternidade e licença-maternidade, média anual de horas trabalhadas.
Redução de desigualdades	Coeficiente de Gini, mobilidade social, segregação racial.
Cidades e comunidades sustentáveis	Uso do transporte público no dia a dia do trabalho; uso de bicicleta ou andar no dia a dia para o trabalho; número de ruas asfaltadas; porcentagem da renda gasta na manutenção da propriedade; aluguéis altos; acessibilidade à habitação; acesso a parques; nível de ozônio; tempo para o trabalho.
Segurança	Senso comunitário. Comunidades mais capacitadas e capazes de lidar com riscos cotidianos, satisfação com espaços públicos, pessoas que se sentem membros da comunidade.
Municípios bem planejados para uma população crescente e diversificada	Distância das instalações e instalações; distância de espaços abertos.
Direitos dos povos indígenas	Ocorrências de violações dos direitos dos povos indígenas.
Proteção do patrimônio cultural e natural do município para as gerações futuras	Número de árvores excepcionais no registro de árvores excepcionais; percentagem de edifícios e locais de proteção legal do patrimônio.
Diversidade cultural e resiliência	Fala a língua nativa; participação em eventos culturais; promoção de eventos culturais, espaços de difusão da cultura.

(Conclusão)

Economia municipal globalmente conectada	Influência do município no cenário global e nível de dependência em relação aos demais países;
Sociedade e cultura	Percentagem de estrangeiros; número de locais e eventos culturais. Ativo e inativo.
Demografia	Ativo e inativo
Habitação	Percentagem de habitação social e acessibilidade; divisão em categorias (proprietários, alugados, ocupante único, casal, etc.).

A sustentabilidade social se concentraria no ser humano e, portanto, seria baseada no bem-estar humano, bem como nas condições de vida e possibilidades de melhoria das pessoas (VAN BELLEN, 2010).

Os indicadores selecionados foram considerados como mínimos para considerar a sustentabilidade social de uma cidade, ou seja, que toda a cidade proposta para ser intitulada como sustentável deve analisar e monitorar seu desenvolvimento.

Qualidade educacional – A educação é, sem dúvida, uma grande possibilidade de transformação social, por isso não é possível pensar em uma sustentabilidade social que não tenha a educação como parâmetro. A educação pode ser vista como um meio de aumentar a conscientização e alcançar a sustentabilidade, uma vez que é generalizada e conhecida, pode ser efetivamente aplicada.

Para tanto, foram selecionados vários parâmetros que permitiram medir a qualidade educacional: anos na escola; abandono escolar; população com mais de 25 anos que tem graduação ou superior, taxa de alfabetização. Esses indicadores justificam-se na medida em que convergem para compreender o nível educacional de uma sociedade, ou seja, o acesso e a continuidade da educação.

Anos de escolaridade e abandono escolar podem indicar continuidade do progresso escolar, enquanto dados sobre a população acima de 25 anos que possui pelo menos um curso de graduação podem indicar além da continuidade educacional, o acesso ao ensino superior e, consequentemente, as possibilidades de melhores empregos. Finalmente, a taxa de alfabetização pode indicar, em termos gerais, o nível educacional mínimo de uma sociedade.

Trabalho – Em um sistema econômico capitalista, o trabalho se torna necessário como fonte de renda e até para a própria subsistência da vida. Dessa forma, o trabalho está intimamente ligado ao nível de renda e acesso a bens e serviços e, por assim dizer, qualidade de vida.

Para este indicador foram selecionados os seguintes métodos de avaliação: taxa de desemprego, rotatividade de empregados, licença paternidade e licença maternidade, média anual de horas trabalhadas.

A taxa de desemprego pode indicar o número de pessoas que não estão adquirindo renda através do trabalho e, portanto, podem estar com a qualidade de vida comprometida; a rotatividade de funcionários pode indicar a qualidade do emprego, bem como um bom ambiente de trabalho e bons salários tendem a manter os funcionários por longos períodos; a paternidade e a licença-maternidade podem indicar a igualdade de tratamento entre homens e mulheres, bem como a política de uma empresa em relação a seus empregados; já as horas anuais trabalhadas indicariam quanto trabalho está presente na vida das pessoas, e quais valores a sociedade no relacionamento trabalha *versus* vida pessoal.

Habitação, abordada de forma reduzida nos relatórios estudados, pode ser um indicador social determinante a ser adicionado na questão social. Como especificidades desse indicador, o número de habitantes das favelas e a presença de políticas públicas na reestruturação das comunidades poderiam ser aplicados. Este elemento é uma das metas da ONU para 2030, para o desenvolvimento sustentável, que visa a eliminar a pobreza, uma vez que as sub-habitações do planeta, juntas, apresentaram em 2015 aproximadamente 880 milhões de pessoas (UN-HABITAT, 2016).

O indicador de habitação selecionado na tabela destaca os seguintes aspectos: porcentagem de habitação social e acessibilidade; categorias (proprietários, alugados, ocupante único, casal, etc.). Além da sugestão anteriormente descrita e dos termos apresentados no indicador, outra possibilidade seria a relação entre tetos desprotegidos, ocupações e imóveis ociosos nas cidades.

O indicador *Bem-estar psicológico,* um medidor recorrente, tem sua origem na Felicidade Interna Bruta (IBF), criada pelo rei do Butão, Jigme Singye Wangchuck, em 1972, como contrapartida do PIB (SALES *et al.*). A maior dificuldade em usá-lo pode estar na imprecisão de medir seus dados. Uma possibilidade poderia ser o levantamento do número de indivíduos com doenças psicológicas na cidade, como depressão e ansiedade. Outra possibilidade seria a presença do número de crimes por intolerância religiosa, já que no Brasil, segundo dados do Ministério dos Direitos Humanos (2017), o número de denúncias de discriminação religiosa no país, por canal *discagem 100* aumentou quase 300% de 2014 até 2015 e quase 40% entre 2015 e 2016.

Finalmente, outro indicador a ser adicionado para um estudo mais aprofundado poderia ser a contagem do número de templos e espaços destinados à religião e à diversidade de religiões que estão nesses espaços.

No indicador *sociedade e cultura*, aborda a porcentagem de estrangeiros. Esse indicador pode ter uma relevância significativa para uma cidade sustentável, o número de refugiados e a presença de políticas públicas para lidar com crises humanitárias em todo o planeta, como a entrada de haitianos e venezuelanos no Brasil e árabes nas cidades europeias.

Para os demais indicadores selecionados, acredita-se que suas inserções na tabela constituída formam direitos civis, políticos e básicos para que o cidadão possa sobreviver e intervir na realidade presente e, portanto, na construção de uma sociedade sustentável.

3 Relatórios de Sustentabilidade

Considerando todos os itens acima, analisamos o Relatório de Sustentabilidade das cidades de Dublin, (Irlanda), Melbourne, Stirling e Cockburn (Austrália), Surrey (Canadá), Helsinque (Finlândia) e Los Angeles (Estados Unidos da América do Norte). Todas essas cidades mostraram um relatório confiável e coerente, no qual as referências de quais diretrizes foram usadas foram identificadas de forma muito clara ao longo delas.

A cidade de Dublin segue as Normas GRI e mostrou o mais conciso entre os relatórios. Um relatório conciso é muito acessível para toda a população, que deve ser o objetivo de todas as cidades ao elaborar um relatório: deve ser fácil de entender e conciso, mas sem perder a sensação de completude e materialidade. A cidade de Dublin conseguiu fazer isso. Para mostrar que a cidade era sustentável em termos econômicos, os indicadores utilizados foram *Valor agregado bruto (VAB) per capita a preços básicos, taxa de desemprego, porcentagem da população em risco de pobreza, números de turismo* e *inovação*.

A cidade de Melbourne também segue as Normas GRI, considerando e baseando sua análise em indicadores econômicos como desempenho econômico, valor econômico direto gerado e distribuído, impactos econômicos indiretos, etc. No entanto, o relatório é basicamente organizado em oito objetivos que apoiam sua visão de ser uma cidade arrojada, inspiradora e sustentável. Os objetivos são: (i) uma cidade para as pessoas, (ii) uma cidade criativa, (iii) uma cidade próspera, (iv) uma cidade do conhecimento, (v) uma ecocidade, (vi) uma cidade conectada, (vii) os recursos são bem gerenciados e (viii) uma organização acessível, transparente e responsiva. Portanto, a análise e o relato dos indicadores econômicos são englobados na visão geral e no alcance de cada meta. Dentre esses indicadores, o principal indicador econômico analisado e reportado foram "uma economia municipal sustentável e resiliente", "uma economia municipal globalmente conectada", "empresas que estão mais bem informadas sobre o setor de conhecimento", "sustentabilidade financeira como uma organização" e "a atração, retenção e desenvolvimento da força de trabalho que precisamos".

A cidade de Stirling afirma o objetivo claro de se tornar uma cidade próspera, que mostra uma boa "orientação futura". Os indicadores estão relacionados a esse objetivo, mostrando que a cidade é "um ótimo lugar para se trabalhar, investir e fazer negócios", "uma cidade de destino". Também relata o que a prefeitura está realizando para atingir esse objetivo, que está relacionado à segurança da comunidade, marketing e comunicações, serviços de recreação e lazer, aprovações, planejamento urbano, desenvolvimento econômico e regeneração urbana, saúde e conformidade e gestão de ativos. Também divulga as despesas e receitas da cidade, que é um indicador financeiro muito bom relacionado à "materialidade".

Surrey (Austrália) foi a cidade que mais alcançou a *comparabilidade* do objetivo informacional, pois mostra como os indicadores foram em 2008, mostrando o que evoluiu e o que ainda resta por abordar. Os indicadores econômicos relacionam a prosperidade econômica aos meios de subsistência, o que demonstra uma grande preocupação com um desenvolvimento econômico que abre caminho para os cidadãos prosperarem também. Faltavam, no entanto, números para os indicadores, o que torna o padrão de *materialidade* incompleto. Aquele padrão que faltava era verdadeiro para as cidades de Cockburn e Los Angeles também.

O relatório de Cockburn, apesar de não conseguir mostrar a materialidade, teve um ótimo desempenho no foco estratégico e no padrão de orientação futura. A cidade alimenta a crença de que uma economia equilibrada no presente, visando a um desenvolvimento sustentável no futuro, é a chave para a sustentabilidade, que, por sua vez, deve ser considerada como uma jornada, não um destino em si. Para isso, foram definidos oito parâmetros econômicos, todos levando à direção indicada. É importante ressaltar, também, que, embora não tenhamos acesso sobre como eles medem isso, é mostrado no relatório a quantidade de objetivos e parâmetros alcançados ao longo do ano, o que é um bom parâmetro para comparabilidade, embora não seja um bom indicador de transparência e materialidade.

Los Angeles considera a habitação um parâmetro de uma cidade desenvolvida, o que é verdade, já que concordamos que uma cidade próspera é um lugar onde seus cidadãos têm seus direitos garantidos e cumpridos. Também mostra preocupação em transportes e em alternativas verdes de transporte e visa os investimentos do governo na criação e manutenção de empregos verdes e empreendimentos focados na geração de energia verde. Uma preocupação que notamos ser inovadora foi a preocupação com a prontidão e a resiliência, o que significa que a cidade não apenas pretende estar preparada para desastres naturais, mas chegou a um entendimento de que a melhor maneira de evitar esses eventos é investir em formas de reduzir o impacto da cidade na mudança climática. O relatório como um todo mostra o objetivo para o ano de 2017 e o que realmente foi implementado, bem como que parte da implementação foi mais bem-sucedida, além de mostrar uma boa orientação futura, pois visa a atingir alguns objetivos arrojados no ano de 2025. No entanto, como já apontado anteriormente, faltavam indicações para comprovar a materialidade das informações.

Helsinque, por sua vez, não apresentou um Relatório de Sustentabilidade. O relatório de Helsinque, apesar da ausência de intenção de ser um relatório de sustentabilidade, rotulando-se como um relatório anual, mostrou um grande interesse em divulgar os números para apoiar as informações sobre investimentos e orçamento, bem como mostrou um grande controle sobre as despesas e previsão de investimentos e de despesas, o que é um bom apelo para a premissa de materialidade. Também demonstrou investimento e atenção em áreas como transporte ecológico e redução de emissões de carbono, bem como grande preocupação na educação pública e assistência de saúde para seus cidadãos, que são indicadores bons para uma cidade sustentável, mesmo quando a cidade não relatou ter feito um compromisso com o tema.

Nesse sentido, como já explicado acima, o trabalho baseou-se na análise de diversos relatórios de sustentabilidade e, como resultado, foi elaborada uma tabela comparativa e, por fim, alguns indicadores que puderam compor como um "modelo padrão" para averiguação da sustentabilidade. Alguns indicadores como trabalho, educação e saúde e bem-estar são comuns a todos os relatórios analisados, variando, entretanto, os métodos de avaliação. No entanto, há uma série de indicadores que aparecem em alguns relatórios que não se repetem em todos: acesso à banda larga, uso do tempo, artistas que recebem apoio dos municípios, bem-estar psicológico, entre outros.

Como mencionado anteriormente, os relatos encontrados partem das cidades dos países desenvolvidos, entendendo uma realidade distante daqueles em desenvolvimento e, portanto, da maioria dos países do mundo. Dessa forma, ao analisar alguns indicadores, percebeu-se uma grande dificuldade em aplicá-los a outras realidades.

O relatório de Melbourne, por exemplo, tem indicadores relacionados a aspectos culturais como: incentivar o município a artistas, a reputação da cidade como centro cultural. Outra questão a ser explorada é a acessibilidade dos relatórios de sustentabilidade. Na maior parte, são relatórios gigantescos, com 200/300 páginas, abordando uma extensa lista de indicadores, o que os torna menos funcionais e difíceis de se trabalhar. Por outro lado, observou-se que no relatório de sustentabilidade de Dublin é menor, tornando-se mais acessível neste sentido, mas talvez não seja capaz de cobrir toda a complexidade imposta pelo tema.

O Programa Cidades Sustentáveis oferece uma plataforma que busca auxiliar os gestores públicos com uma agenda completa de sustentabilidade urbana associada a um conjunto de indicadores e um banco de ações a serem tomadas como referência pelos municípios. No entanto, seu banco de indicadores apresenta 260 itens a serem tomados como referência no desenvolvimento, execução e avaliação de políticas públicas, o que inviabiliza seu uso.

Somos então confrontados com uma complexidade de problemas. Não definimos o que é sustentabilidade e nem mesmo seus parâmetros e indicadores. Nesse sentido, a própria indefinição do termo é prejudicial em sua aplicação. Agora, se não formos capazes de definir o que é sustentabilidade, como podemos projetar isso para uma cidade? O que é uma cidade sustentável?

O Artigo 2º, I, do Estatuto da Cidade compreende o direito a cidades sustentáveis, como o direito à terra urbana, habitação, saneamento ambiental, infraestrutura urbana, transporte e serviços públicos, trabalho e lazer, para as presentes e futuras.

Observa-se que o dispositivo legal é muito amplo e acaba englobando vários aspectos, que no final acabam não delimitando o que seria uma cidade sustentável. No entanto, é possível perceber a complexidade do tema por meio dos diversos meios de abordagem, aspectos sociais e ambientais e, ao mesmo tempo, a ideia de processo, como algo que não pode ser entendido como pontual, mas comparação entre passado, presente e futuro.

Considerações finais

Em relação a comparar Padrões de Sustentabilidade e apontar os melhores indicadores para um Relatório de Sustentabilidade para cidades e municípios que utilizam os Padrões do Relatório de Sustentabilidade GRI e outros padrões verificou-se a variedade de indicadores possíveis, variando de cidade para cidade, conforme suas necessidades e possibilidades.

O fato é que os relatórios disponíveis são principalmente de cidades de países desenvolvidos, especialmente da Austrália, de modo que seus indicadores muitas vezes não correspondem aos problemas presentes em cidades de países em desenvolvimento como São Paulo, que enfrenta adversidades que muitas vezes não existem.

Os índices geralmente trabalham com a previsão dos problemas, ou seja, eles não querem apenas remediar, mas evitar os impactos gerados, por meio de medidas a serem seguidas para que haja uma consciência ambiental.

Para que isso aconteça, a questão ambiental, social e econômica não deve ser dissociada. Já de acordo com o conceito do *Triple Bottom Line*, a sustentabilidade só estará em equilíbrio quando houver equilíbrio entre as três áreas.

Para responder às nossas perguntas: O que é uma cidade sustentável? Achamos que a cidade precisa assumir essa proposta e deve equilibrar os três pilares da sustentabilidade, ou seja, promover o desenvolvimento socioeconômico para minimizar os impactos ambientais. Dito isso, em vez de subtrair os impactos, uma cidade sustentável deve procurar *positivar* as ações humanas no meio ambiente. Propõe, então, uma concepção humanista em que o ser humano sai da condição de destrutivo e assume o papel de aperfeiçoamento.

Quando falamos sobre "Por que uma cidade precisa ser sustentável?"Nós temos que compartilhar o que o desenvolvimento sustentável propõe, que a economia, a sociedade e o ambiente podem ser pensados em conjunto, isto é, as decisões tomadas devem favorecer tanto o progresso socioeconômico quanto a preservação do meio ambiente. Dados os problemas ecológicos e ambientais, acompanhados pelos diversos dilemas sociais que uma cidade vive, a proposta sustentável é um caminho interessante para uma nova maneira de administrar uma cidade que visa a preservar o máximo possível, reconstruir e atrair novos investidores.

E, como pode uma cidade demonstrar que é sustentável?

Considerando as diferentes construções históricas das diferentes cidades, que culminaram em diferentes realidades, uma cidade sustentável deve conter, de acordo com sua realidade, indicadores que demonstrem melhorias e intervenções em seus males que desequilibram o tripé sustentável. Esses indicadores podem ser avaliados através de auditorias que emitem certificados e selos, garantindo a verdade e abordando a satisfação dos cidadãos que vivem e convivem com os problemas de uma dada cidade. E um dos pontos mais importantes é a participação da sociedade nos relatórios.

No entanto, a partir da análise desses relatórios é importante, na medida em que podem ser utilizados como base material para o estudo de questões relacionadas à sustentabilidade e mesmo para entender como outros países lidam com essa questão e que tipo de políticas públicas está sendo adotada para alcançar este objetivo. Além disso, outros instrumentos têm que ser usados como o CDP (*Disclosure Insight Action*), o ICLEI (Governos Locais pela Sustentabilidade) e muito mais.

Referências

ACSELRAD, Henri (org.). *A duração das cidades*: sustentabilidade e risco nas políticas urbanas. 2. ed. Rio de Janeiro: Lamparina, 2009. 256 p.

BOFF, L. Como origens do conceito de sustentabilidade. Em: BOFF, L. *Sustentabilidade*: o que é – o que não é. Rio de Janeiro: Vozes, 2015. 200 p.

CAPENA, Carla. *Cidades sustentáveis*: O município como *locus* da sustentabilidade. São Paulo: Rsc, 2007.

CIDADE DE COCKBURN. Wetlands to Waves. Relatório de Estado de Sustentabilidade 2016-2017. Austrália. 2017.

CIDADE DE HELSÍNQUIA. Relatório anual. 2016. Publicado pela Secretaria Municipal de Helsinque. Finlândia. 2017.

CIDADE DE MELBORNE. Relatório Anual 2016-2017. Austrália. 2017.

CIDADE DE STIRLING: Cidade da Escolha. Relatório Anual 2015-2016. Austrália 2017.

CIDADE DE SURREY: o futuro está aqui. Carta de Sustentabilidade 2.0. Canadá. 2016.

CIDADES SUSTENTÁVEIS: Uma visão da nossa paisagem futura. 2011. Grant Thornton. (Grant Thornton 2011).

CONSELHO DA CIDADE DE DUBLIN. Relatório de Sustentabilidade. 2013. Irlanda. 2014.

FÉRES, José. Desenvolvimento Econômico e Sustentabilidade Ambiental. Disponível em: http://epge.fgv.br/cursos/modulos-de-economia-2017/files/desenvolvimento-economico-e-sustentabilidade-ambiental.pdf. Último acesso em: 15 jun. 2018.

GLOBAL REPORT INICIATIVE (GRI). 2016. Conjunto consolidado de Metas de Relatórios de Sustentabilidade da GRI. Amesterdão A Holanda.

ÍNDICE DE CIDADES SUSTENTÁVEIS DA ARCADIS. 2016. Colocar as pessoas no centro da sustentabilidade da cidade. Arcadis Design & Consultancy para ativos naturais e construídos. (Arcadis 2016).

INSTITUTO BRASILEIRO DE GEOGRAFIA E ESTATÍSTICA (IBGE) *Vocabulário básico de recursos naturais e meio ambiente*. 2. ed. Rio de Janeiro: IBGE, 2004. 332 p.

KEMERICH, Pedro Daniel da Cunha; RITTER, Luciana Gregório; BORBA, Wilian Fernando. Indicadores de sustentabilidade ambiental: methods e aplicativos. *Revista do Centro de Ciências Naturais e Exatas* – UFSM, Santa Maria. Revista Monografias Ambientais – REMOA. v. 13, n. 5 (2014) p. 3723-3736. Disponível em: https://periodicos.ufsm.br/remoa/article/viewFile/14411/pdf. Último acesso em: 15 jun. 2018.

KPMG o futuro das cidades: medir a sustentabilidade. 2016. KPMG International. (KPMG 2016).

LOS ANGELES. Plano de cidade sustentável. Primeiro Relatório Anual. 2015-2016. Estados Unidos da América do Norte. 2017.

MARZAL, K; ALMEIDA, J. Indicadores de sustentabilidade para agroecossistemas: Estado da arte, limites e potencialidades de uma nova ferramenta para avaliar o desenvolvimento sustentável. Cadernos de Ciência e Tecnologia, Brasília, v.17, n.1, p.41-59, jan./abr. 2000.

MATOS, Richer de Andrade; ROVELLA, Syane Brandão Caribé. Crescimento sustentável ao desenvolvimento sustentável: Conceitos em evolução. http://www.opet.com.br/faculdade/revista-cc-adm/pdf/n3/do-crescimento-economico-ao-desenvolvimento-sustentavel-conceitos-em-evolucao.pdf. Último acesso em: 15 jun. 2018.

MINISTÉRIO DOS DIREITOS HUMANOS. Balanço Disque 100 – 2017: Discriminação Religiosa, 2017. Disponível em: http://www.mdh.gov.br/informacao-ao-cidadao/ouvidoria/dados-disque-100/denuncias-2011-a-2017-discriminacao – religiosa.xlsx / view. Acesso em: 04 jun. 2018.

NASCIMENTO, EP. Trajetória da sustentabilidade: do social ao ambiental, do ambiental ao econômico. *Estudos Avançados*, Universidade de São Paulo, v. 26, p. 51-64, 2012.

ONU-HABITAT. *Urbanização e Desenvolvimento*: Futuros Emergentes, Relatório Cidades Mundiais, 2016 Disponível em: http://wcr.unhabitat.org/wp-content/uploads/sites/16/2016/05/WCR-%20Full-Report-2016.pdf. Acesso em: 03 jun. 2018.

PRAKASH, Mihir; TEKSOZ, Katerina; ESPEY, Jessica; SACHS, Jeffrey; SHANK, Michael; SCHMIDT-TRAUB, Guido. 2017. Alcançar uma América Urbana Sustentável. O Índice de Metas de Desenvolvimento Sustentável das Cidades dos EUA. Rede de Soluções de Desenvolvimento Sustentável. Uma iniciativa global para as Nações Unidas.

VENDAS, Aline Pereira *et al*. Felicidade interna bruta: aplicação e discussão no contexto de cidades de porte médio brasileiras. *Revista Cade*, Rio de Janeiro, v. 12, n. 1, p. 59-82, maio. 2013. Disponível em: http://file:///C: /Temp/6330-25896-1-PB.pdf. Acesso em: 03 jun. 2018.

VAN BELLEN, Hans Michael. Indicadores de sustentabilidade – um levantamento dos principais sistemas de avaliação. Cad. EBAPE.BR. v. 2. Não. 1. Rio de Janeiro. mar. 2004. Disponível em: http://www.scielo.br/scielo.php?script=sci_arttext&pid=S1679-39512004000100002. Último acesso em: 15 jun. 2018.

VAN BELLEN, Hans Michael. *Indicadores de sustentabilidade*: uma análise comparativa. 2. ed. Rio de Janeiro: FGV, 2006. 256 p.

WARD, B; DUBOS, R. *Uma terra somente*: a preservação de um pequeno planeta. São Paulo: Melhoramentos; Universidade de São Paulo, 1973.

WBCSD. *BCSD Brasil (CEBDS)*, 2017. Disponível em: http://www.wbcsd.org/Overview/Global-Network/Regions/Latin-America/Brazil/BCSD-Brazil-CEBDS. Acesso em: 10 nov. 2017.

Anexo A
Indicadores econômicos

(Continua)

Índice de Cidades Sustentáveis (Arcadis) / 2016	Subíndice de lucro: como o indicador de desenvolvimento econômico é o produto interno bruto da cidade (PIB) *per capita* (essencialmente, a produção econômica média). A importância global também desempenha um papel através dos indicadores de turismo e importância para a rede global, uma métrica que mapeia os laços econômicos e comerciais entre as cidades do mundo.
	PIB
	Taxas de emprego
	Importância global – turismo, conectividade e facilidade em fazer negócios
Índice de metas de desenvolvimento sustentável das cidades dos EUA (América) / 2017	Siga US DSG
	Trabalho decente e crescimento econômico – taxa bruta de crescimento do produto metropolitano, taxa de desemprego, juventude desconectada.
	Igualdade de gênero – incidência de violência sexual relatada, *gap in earnings*.
	Sem pobreza – população vivendo abaixo da linha de pobreza nacional, renda pessoal real *per capita*, crianças menores de 18 anos vivem abaixo do dobro do limiar da pobreza.
	Desigualdades reduzidas – Coeficiente GINI, mobilidade ascendente absoluta, segregação racial, residentes com carga alugada, habitação acessível.
	Indústria, Inovação e Infraestruturas – pedidos de patente, empreendimentos *per capita*.
	Consumo responsável e produção – liberação tóxica no ar, água e terra.
	Parceria para os objetivos – penetração da banda larga.
	Energia acessível e limpa – participação de energia renovável gerada no Estado, taxa de crescimento de empregos.
	Cidades e comunidades sustentáveis – uso de transporte público para o deslocamento ao trabalho, caminhar ou andar de bicicleta para o trabalho, densidade da estrada, proprietários de casas hipotecadas gastando 30 por cento ou mais de renda familiar em custos do proprietário, níveis de ozônio (8 horas), tempo de deslocamento.
	Capital econômico – os ganhos de negócios e indivíduos em toda a cidade, capital manufaturado – o valor dos ativos físicos construídos da cidade, incluindo estradas, edifícios, veículos, represas e assim por diante.

(Conclusão)

KPMG / 2016 (Círculos de Cidades do Pacto Global de Sustentabilidade)	Círculos de sustentabilidade das cidades do pacto global (economia) – produção e recursos, intercâmbio e transferência, contabilidade e regulamentação, consumo e uso, trabalho e bem-estar, tecnologia e infraestrutura, riqueza e distribuição.
	Índice da cidade verde – governança ambiental, energia, edifícios, transporte.
	IESE (*Cities in Motion Index*) – economia, gestão pública, mobilidade e transporte, presença internacional.
	Índice GNH – Padrões de vida, boa governança.
Cidades Sustentáveis – Uma visão de nossa paisagem futura (Grant Thornton)	Sustentabilidade e desenvolvimento econômico estão intrinsecamente ligados em termos políticos. No mundo da austeridade e da unidade para a recuperação econômica, é provável que seja acentuada no futuro previsível. Em outras palavras, um foco próximo no benefício para a economia local, bem como valor total para o dinheiro é uma parte essencial da agenda de sustentabilidade.
	Atrai e retém investimentos – propriedade empresarial, população instruída, segurança e proteção.
	Acessibilidade/mobilidade – Grande reequilíbrio do sistema de transportes em favor dos modos públicos e/ou pedestres e bicicletas.
GRI / 2016	A dimensão econômica da sustentabilidade diz respeito aos impactos de uma organização sobre as condições econômicas de seus *stakeholders* e sobre os sistemas econômicos nos níveis local, nacional e global.
	Desempenho econômico – divulgações de abordagem gerencial, valor econômico direto gerado e distribuído, implicações financeiras e outros riscos e oportunidades devido a mudanças climáticas, obrigações de planos de benefícios definidos e outros planos de aposentadoria, assistência financeira recebida do governo.
	Presença no mercado – rácios do salário padrão de entrada por gênero comparado ao salário mínimo local, proporção da alta administração contratada do comunidade local.
	Impactos econômicos indiretos – investimentos em infraestrutura e serviços apoiados, impactos econômicos indiretos significativos.
	Práticas de aquisição – proporção de gastos com fornecedores locais.
	Anticorrupção – operações avaliadas para riscos relacionados à corrupção, comunicação e treinamento sobre políticas anticorrupção e procedimentos, incidentes confirmados de corrupção e medidas tomadas.
	Comportamento anticompetitivo – ações judiciais por comportamento anticompetitivo, antitruste e práticas de monopólio.

Anexo B
Indicadores Ambientais

(Continua)

Índice de Cidades Sustentáveis (Arcadis) / 2016	Risco ambiental – exposição a desastres naturais	
	Gestão ambiental e política	Espaços verdes de acordo com a % da área da cidade. Preocupação com a exposição a desastres naturais.
	Energia	Uso de energia; distribuição de energia renovável; consumo de energia pelo PIB.
	Qualidade do ar (poluição e emissão de gases)	Emissão de gases de efeito estufa – emissões em toneladas (*per capita*); nível médio de poluentes.
	Gestão de resíduos	Sólidos (aterro vs. reciclagem); partilha de águas residuais tratadas.
	Água potável e saneamento	Acesso a água potável (% por agregado familiar); acesso a saneamento básico (% por família).
	Transporte verde	
	Construção	
	Biodiversidade	
Índice de metas de desenvolvimento sustentável das cidades dos EUA (América) / 2017	Risco Ambiental – exposição a desastres naturais	
	Gestão ambiental e política	Espaço aberto verde por habitante.
	Energia	Participação de energias renováveis geradas no Estado; taxa de crescimento do emprego (STEM – Ciência, Tecnologia, Engenharia e Matemática).
	Qualidade do ar (poluição e emissão de gases)	CO_2 – emissão; nível de ozônio.
	Gestão de resíduos	Liberação tóxica no ar, na água e no solo.
	Água potável e saneamento	Índice de déficit normalizado (estresse hídrico); famílias sem acesso a água encanada e saneamento.

(Continua)

	Transporte verde	Uso de transporte público para deslocamento; andar a pé ou de bicicleta para o deslocamento; densidade da estrada.
	Construção	
	Biodiversidade	
	Risco ambiental – exposição a desastres naturais	
	Gestão ambiental e política	Plano de ação verde; gestão ambiental; participação pública em políticas verdes.
	Energia	Consumo; intensidade; distribuição de energia renovável; políticas energéticas limpas e eficientes.
	Qualidade do ar (poluição e emissão de gases)	Intensidade de CO2; questão; redução estratégica; Qualidade do ar – dióxido de carbono; dióxido de enxofre; ozônio; partículas de ar; políticas de ar limpo.
KPMG / 2016 (Círculos de Cidades do Pacto Global de Sustentabilidade)	Gestão de resíduos	Desperdício de produção municipal; reciclando lixo; políticas de redução de resíduos; políticas de uso de aterros.
	Água potável e saneamento	Consumo; vazamento de sistemas; tratamento de águas residuais; políticas eficientes de tratamento de água.
	Transporte verde	Eu não uso o carro como transporte; tamanho da rede de transporte sem carro; estímulo do uso do transporte verde; políticas para reduzir o congestionamento.
	Construção	Consumo de energia de edifícios comerciais; padrões de edifícios energeticamente eficientes; iniciativas de construção com eficiência energética.
	Biodiversidade	
	Risco ambiental – exposição a desastres naturais	
	Gestão ambiental e política	Plano de ação verde; gestão ambiental; participação pública em políticas verdes.

(Continua)

	Energia	
Cidades Sustentáveis – Uma visão de nossa paisagem futura (Grant Thornton)	Qualidade do ar (poluição e emissão de gases)	Baixas emissões.
	Gestão de resíduos	Menos uso de recursos (água e energia); novas formas de usar a mesma coisa (uso de material).
	Água potável e saneamento	
	Transporte verde	
	Construção	
	Biodiversidade	Maior resistência às mudanças climáticas; mudança de temperatura.
GRI / 2016	Risco ambiental – exposição a desastres naturais	Avaliação ambiental de fornecedores – novos fornecedores selecionados por critérios ambientais; impactos ambientais negativos na cadeia de suprimentos e ações tomadas.
	Gestão ambiental e política	Não conformidade com leis e regulamentos ambientais.
	Energia	Energia consumida dentro da organização; energia consumida fora da organização; intensidade de energia; consumo de energia reduzido; reduzir as necessidades energéticas de produtos e serviços.
	Qualidade do ar (poluição e emissão de gases)	Emissões de gases de efeito estufa (GEE) diretamente; energias indiretas de GEE; outras emissões indiretas de GEE; intensidade de emissões de GEE; redução de emissões de GEE; substâncias que empobrecem a camada de ozônio; NO, SO e outras emissões significativas.
	Gestão de resíduos	Descarga de água por qualidade e destino; resíduos por tipo e método de disposição; desordem significativa; transporte de resíduos perigosos; corpos de água afetados por descarga e/ou vazão de água.

(Conclusão)

GRI / 2016	Água potável e saneamento	Quantidade de água retirada por fonte; fontes hídricas significativamente afetadas pela retirada de água; água tratada e reutilização.
	Transporte verde	Material utilizado por peso ou volume; uso de materiais reciclados; produtos e seus materiais de embalagem.
	Construção	
	Biodiversidade	Sítios operacionais próprios, arrendados, administrados ou adjacentes a áreas protegidas ou áreas de alto índice de biodiversidade fora das áreas protegidas; impactos significativos de atividades, produtos e serviços e biodiversidade; hábitats protegidos ou recuperados; espécies da lista vermelha da IUCN da lista nacional.

Anexo C
Indicadores Sociais

(Continua)

Índice de Cidades Sustentáveis (Arcadis) / 2016	Acessibilidade – Índice de preços ao consumidor; preços de propriedades.
	Saúde – expectativa de vida; taxa de obesidade.
	Educação – taxa de alfabetização; *rankings* universitários; partilha da população com ensino superior.
	Equilíbrio entre vida profissional e familiar – média anual de horas trabalhadas.
	Desigualdade de renda – coeficiente de Gini.
	Crime – taxa de homicídio.
Índice de metas de desenvolvimento sustentável das cidades dos EUA (América) / 2017	Pobreza – porcentagem de pessoas vivendo abaixo da linha de pobreza, definida pela pesquisa da comunidade americana; reajuste salarial de acordo com a inflação; e crianças que vivem na pobreza.
	Renda pessoal – poder de compra dos cidadãos das cidades em comparação com aqueles que possuem maior poder aquisitivo.
	Gênero – violência sexual e disparidade salarial entre homens e mulheres.
	Combate à discriminação – casos de discriminação e ação corretiva tomada.
	Saúde e bem-estar – cobertura de seguro de saúde; acesso a cuidados médicos básicos; número de mortes por ataque cardíaco; incidência de diabetes; número de casos de sífilis, clamídia e gonorreia; mortes no trânsito; gravidez na adolescência.
	Qualidade educacional – anos na escola; abandono escolar; qualidade do ensino superior; população com mais de 25 anos que tenha um grau ou mais.
	Água limpa e saneamento – estresse hídrico; e acesso a água corrente e saneamento.
	Acessibilidade e energia limpa – porcentagem de geração solar, eólica, geotérmica, de biomassa e hidrelétrica.
	Trabalho decente e crescimento econômico – crescimento metropolitano bruto; taxa de desemprego; juventude "desconectada" (que não estuda e não trabalha); taxa de aumento de empregos na área de ciência, tecnologia, engenharia e matemática.
	Redução das desigualdades – coeficiente de Gini, mobilidade social, segregação racial.

(Continua)

Índice de metas de desenvolvimento sustentável das cidades dos EUA (América) / 2017	Cidades e comunidades sustentáveis – uso do transporte público no dia a dia do trabalho; uso de bicicleta ou andar no dia a dia para o trabalho; número de ruas asfaltadas; porcentagem da renda gasta na manutenção da propriedade; aluguéis altos; acessibilidade à habitação; acesso a parques; nível de ozônio; tempo para o trabalho.
	Consumo responsável e produção – eliminação de substâncias tóxicas no ar, água e terra.
	Paz, justiça e instituições fortes – número de homicídios; número de crimes violentos; mortes por armas de fogo.
	Parcerias para objetivos – acesso em banda larga.
KPMG / 2016 (Círculos de Cidades do Pacto Global de Sustentabilidade)	Padrões de vida – ativos; habitação; renda familiar *per capita*.
	Saúde – saúde mental; estado de saúde autorreferido; dia saudável; incapacidade.
	Bem-estar psicológico – satisfação com a vida; emoções positivas; emoções negativas; espiritualidade.
	Educação – alfabetização; ensino; conhecimento; valor.
	Contribuições políticas (monetárias).
	Comunidades locais – operações com envolvimento da comunidade local; avaliações de impacto e programas de desenvolvimento; operações com impactos potenciais significativos e negativos reais nas comunidades locais.
	Diversidade cultural e resiliência – fala a língua nativa; participação cultural; habilidades artísticas; regras para o comportamento disciplinado.
	Uso do tempo – obras; dormir.
Cidades Sustentáveis – Uma visão de nossa paisagem futura (Grant Thornton)	Saúde e bem-estar – cobertura de seguro de saúde; acesso a cuidados médicos básicos; número de mortes por ataque cardíaco; incidência de diabetes; número de casos de sífilis, clamídia e gonorreia; mortes no trânsito; gravidez na adolescência.
	Educação da população – população preparada para responder aos desafios e aproveitar as oportunidades
	Segurança – senso de comunidade; comunidades mais capacitadas e capazes de lidar com os riscos da vida cotidiana.
	Propriedade local – menos exposição a agentes econômicos externos.
GRI / 2016	Diversidade e igualdade de oportunidades – diversidade de funcionários nos órgãos de governo das organizações; relação entre salário básico/remuneração de mulheres e homens.
	Combate à discriminação – casos de discriminação e ação corretiva tomada.

(Continua)

GRI / 2016	Saúde e segurança – tipos e taxas de lesões, doenças ocupacionais, dias perdidos, absenteísmo e número de óbitos relacionados ao trabalho; acordos formais com sindicatos relacionados a saúde e segurança; comitês de representação de trabalhadores formados para a gestão conjunta de saúde ocupacional; trabalhadores com alta incidência ou alto risco de doenças relacionadas à sua ocupação (risco iminente de doenças específicas).
	Trabalho forçado ou compulsório – operações e fornecedores em risco significativo de ocorrência de trabalho forçado ou compulsório.
	Comportamento anticompetitivo – ações judiciais por comportamento anticompetitivo, antitruste e práticas de monopólio.
	Treinamento e especialização – média de horas de treinamento de cada funcionário por ano; programas para melhorar as habilidades do pessoal para a assistência de transição; percentual de empregados que recebem regularmente classificações de desempenho e desenvolvimento de carreira.
	Trabalho infantil – operações e fornecedores com risco significativo de incidentes.
	Gerenciamento de trabalho/relacionamento – períodos mínimos de aviso prévio para mudanças operacionais.
	Emprego – novos empregos e rotatividade de funcionários; benefícios fornecidos a funcionários em tempo integral que não são fornecidos a empregados temporários ou em regime de meio período; licença parental.
	Liberdade de associação e negociação coletiva – operações e fornecedores onde o direito à liberdade de associação e negociação coletiva pode estar em risco.
	Políticas públicas – contribuições políticas (monetárias).
	Conformidade socioeconômica – inobservância de leis e regulamentos sociais e econômicos.
	Privacidade do cliente – reclamações substantivas relativas a violações de privacidade do cliente e perdas de dados do cliente.
	Marketing e rotulagem – requisitos para informação e rotulagem de produtos e serviços; incidentes de não conformidade com produtos e serviços, informações.
	Saúde e segurança do cliente – avaliação dos resultados de saúde e segurança do produto e categorias de serviço; incidentes de incontinência com os produtos e serviços de saúde e segurança.
	Práticas de segurança – agentes de segurança treinados em políticas ou procedimentos de direitos humanos.

(*Conclusão*)

GRI / 2016	Comunidades locais – operações com envolvimento da comunidade local; avaliações de impacto e programas de desenvolvimento; operações com impactos potenciais significativos e negativos reais nas comunidades locais.
	Direitos indígenas – incidentes de violações em direitos autorais dos povos indígenas.
	Avaliação de direitos humanos – operações que foram submetidas a revisões de direitos humanos ou avaliações de impacto; treinamento de funcionários em políticas ou procedimentos de direitos humanos; acordos e contratos de investimento significativos que incluam cláusulas referentes a direitos humanos ou que tenham sido submetidos a avaliações referentes a direitos humanos.
	Avaliação social do fornecedor – Novos fornecedores que foram selecionados usando critérios sociais; impactos sociais negativos na cadeia de suprimentos e ações tomadas.

Informação bibliográfica deste texto, conforme a NBR 6023:2018 da Associação Brasileira de Normas Técnicas (ABNT):

ROSARIO, Ricardo Pedro Guazzelli; ARAÚJO, Adriano Palharini de; COLETO, Isabela; HIROKADO, Victor Kenzo; NIGRO, Giulia da Matta; SOARES, Estéfani Nuñes Perez; TANIGUCHI, Yuji Caiani. As cidades e os relatórios de sustentabilidade: eles são reais? *In*: PIRES, Lilian Regina Gabriel Moreira; TEWARI, Geeta (Coord.). *5ª Conferência Anual de Direito Urbanístico Internacional & Comparado*: artigos selecionados. Belo Horizonte: Fórum, 2020. p. 185-215. ISBN 978-85-450-0706-7.

DEMOCRACIA, URBANISMO E A CRISE DE IDENTIDADE DO ESTADO

André Simionato Castro
Claudia Elias Valente

1 Introdução

Ainda que a estrutura do Estado brasileiro moderno esteja baseada numa conformação que privilegia o desenvolvimento capitalista, há, também, o resguardo de direitos e garantias constitucionais fundamentais como o direito à cidade, o direito a uma moradia digna, direito a serviços públicos essenciais de qualidade, entre outros que buscam assegurar o bem viver em uma sociedade intensamente urbanizada.

É importante ressaltar que o espaço urbano não é considerado mero cenário para o acontecimento dessas interações, mas como "uma instância ativa para a dominação econômica ou ideológica" cujas disputas e contradições materializam-se no próprio tecido urbano em forma de zonas centrais excludentes e periferias precarizadas (MARICATO, 2001).

Nesse contexto de disputa pelo espaço urbano, observou-se que após os anos 70 e a introdução do corolário neoliberal pelo consenso de Washington (1989),[1] houve uma mudança paradigmática do papel do Estado quanto à gestão desse recurso e dos direitos a ele vinculados. (HARVEY, 2015).

A privatização e a *mercadificação*, típicas desse novo modelo, intensificaram a acumulação por espoliação de ativos até então considerados públicos, com o objetivo de abrir aos *investidores* campos antes excluídos do cálculo da lucratividade. Todo o tipo de utilidade pública, (água,

---

[1] Vide *Housing: Enabling Markets to Work* do Banco Mundial.

telecomunicação), de benefícios sociais (habitação social, educação, assistência à saúde, pensões), [...], foi privatizada em alguma medida por todo mundo capitalista [...] geralmente em detrimento do bem-estar da população. (*apud* HARVEY, 2005)

Para o autor, direitos de propriedade comum, obtidos ao longo de anos de longas disputas históricas, vêm sendo passados para domínio privado através de políticas de espoliação não raro impostas contra a vontade da população, colocando em cheque a gestão democrática. É com base nisso que se tem a impressão de que a crise de 2008 não foi somente um colapso do sistema financeiro desregulado como também evidenciou as limitações do próprio modelo institucional vigente frente aos imperativos de um poder econômico capaz de subverter os mais consolidados interesses coletivos. (ROYER, 2013, p. 27).

A sensação é de que o contrato social, pactuado na invenção do Estado burguês moderno, tivesse sua eficácia limitada a determinado grau de equilíbrio econômico (renda). O economista Thomas Piketty (2015), em O Capital no séc. XXI, defende que os níveis de concentração de renda a que estamos submetidos atualmente são inviáveis para o adequado funcionamento da democracia, justamente porque pessoas com muito dinheiro poderiam influenciar mais assertivamente nas decisões políticas.

Nessa linha, mas no contexto do urbanismo, o filósofo Giogio Agamben (2010) enxerga que não se está diante de um processo de crescimento e desenvolvimento da antiga ideia de cidade, mas da instauração de um novo paradigma.

Certamente, um dos seus traços evidentes é que há uma passagem do modelo de *polis* fundada sobre um centro, no qual há um espaço público, uma ágora, para uma nova espacialização metropolitana, na qual certamente está ocorrendo um processo de *despolitização*, cujo resultado é uma curiosa zona em que não é possível decidir o que é privado e o que é público.

Isto é, a influência de elementos privados nos processos de decisão parece estar despolitizando a cidade e levando o próprio conceito de gestão pública urbana a outro patamar. Exemplo disso é a campanha do então candidato à prefeitura de São Paulo, João Dória, que reiterava a necessidade de se adotar uma postura *gestora e não política*[2] pelo prefeito,

---

[2] Posição emitida pelo prefeito, então candidato, em entrevista de rádio. Disponível em: https://istoe.com.br/apos-reacao-a-anuncio-de-pre-candidatura-doria-diz-continuar-nao-sendo-politico/.http://jovempan.uol.com.br/programas/jornal-da-manha/nao-sou-politico-sou-empresario-diz-candidatojoaodoria-jr.html. Acesso em: 28 abr. 2017.

como um atributo compatibilizável com os projetos de privatização de bens públicos das mais diversas naturezas.

Diante desse cenário, o presente trabalho tem por objetivo entender e questionar a nova conformação política que incide sobre o Estado, com foco no âmbito municipal e na participação popular na produção da cidade. Nesse sentido, justifica-se a proposta porquanto é nebulosa a viabilidade de uma administração democrática da cidade em coexistência com a atual conformação política e econômica baseada na mercantilização dos direitos e garantias fundamentais – afinal, a quem o Estado serve?

A hipótese levantada é a de que o modelo de Estado que inicialmente embasou as democracias modernas não mais se assemelha ao atual fazer político, sendo por vezes incompatível com ele. É possível que a era provedora do Estado tenha chegado ao fim, dando início a um Estado gerencialista, o que trouxe, consigo, incompatibilidades sistêmicas que se materializam no espaço da cidade de maneira diferente.

O tipo de pesquisa em desenvolvimento, nessa proposta, se encaixa no perfil de pesquisa dogmática, com ampla consulta à teoria atinente ao tema. A pesquisa constrói uma abordagem teórica baseada na tradição marxista, numa visão de totalidade sobre a realidade social, considerada um processo histórico. A realidade (no caso, a cidade) é produto da atividade dos seres humanos sobre a materialidade, e das condições materiais que incidem sobre os sujeitos, numa relação de mútua incidência e determinação.

2   Participação democrática no contexto capitalista

A democracia liberal é avessa à entrega do poder decisório à classe trabalhadora para além das garantias formais que ela mesma cria. Por isso, a história das constituições reflete a história da luta de classes. De um lado, a demanda pela aplicação dessas garantias legais, por parte dos Movimentos Sociais e setores da classe trabalhadora; de outro, a sua aniquilação ou manutenção respeitando tão somente a formalidade a que elas foram pensadas, por parte dos setores dominantes.[3]

É essa ideologia liberal, forjada no bojo da ascensão burguesa ao poder, quem atrela o conceito de democracia à noção de constitucionalismo e proteção das liberdades civis. Portanto, o conceito de democracia incluído na Constituição passa a significar tão somente uma limitação do poder do Estado frente ao indivíduo, sem prever a

---

[3]   Setores que buscam a conservação da ordem política e econômica a partir do uso da força do Estado.

transferência do poder decisório de fato à população (WOOD, 2007). Em outras palavras, ao atrelar a existência de uma carta que proteja a sociedade civil de eventuais abusos de poder do Estado sem que se reconheça que a desigual distribuição de poder entre as classes, por si, configura igual abuso, está-se apelando à concepção de uma cidadania passiva na qual o cidadão ou cidadã é portadora de direitos passivos (*Idem*, 2007). O não reconhecimento da sua função na política, atrelado à noção de que a cidadania é nada mais que um conjunto de direitos passivos, representa a alienação desses sujeitos com relação ao exercício da própria política, em que, para eles, a cidadania só poderia ser exercida por meio do voto periódico, sob a égide de um governo representativo indireto.

A participação verdadeiramente democrática, portanto, não possui aplicação prática e se coloca como uma exceção à regra da representação, indo de acordo com a própria função do Estado, que surge como um *meio de apropriação do produto excedente*, fundamental para garantir altos níveis de acumulação que sustenta o sistema capitalista (WOOD, 2011, p. 37).

Nesse sentido, o direito à propriedade, as relações contratuais, bem como todo o aparato jurídico sustentam as condições das relações de produção capitalista, criando terreno fértil para uma nova relação de autoridade, que não mais se afirma através do uso da força que inspira questionamentos e reações imediatas, mas pela via ideológica que, através do Estado, justifica tais aparatos (*Idem*, 2011).

O direito é uma das instituições que compõem a estrutura que assegura que os processos decisórios se limitem ao crivo dessa classe detentora dos meios de produção, apesar de propiciar o voto universal. Ao contrário de garantir a isonomia da esfera política com relação à econômica, o conceito liberal de democracia adotado pelo direito se baseia na "alocação [que] separa as funções políticas imediatamente interessadas na extração e apropriação de mais-valia daquelas que têm um propósito mais geral ou comunitário" (*Idem*, 2011, p. 36). Assim, não importa quem ocupe os cargos políticos, uma vez que a estrutura de poder garante que os interesses de quem detém o poder econômico sejam mantidos relativamente intactos.

2.1 O Estado moderno: do contratualismo à crise de identidade

A construção do pacto social elaborado pelo contratualismo clássico foi fundamental para a viabilização do modelo de Estado liberal, dominante na estrutura política contemporânea na forma da democracia representativa. Os primeiros contratualistas[4] entendiam que os interesses da burguesia europeia revolucionária dos séculos XVII e XVIII precisavam ser assegurados ao mesmo tempo em que gerassem a estabilidade social e econômica de que o mercado precisava para girar suas engrenagens. É nesse contexto que o constitucionalismo surge como ferramenta de consolidação das estruturas do modelo capitalista contando com a maior adesão possível dos vários estratos sociais, evitando novos ciclos de revoltas e o risco que eles representavam.

Para Rousseau, "a justiça do procedimento garantiria que a maximização do autointeresse fosse neutralizada, assim o povo poderia deliberar em termos de bem público, o que criaria uma obrigação moral sobre todos os cidadãos de aceitar esses resultados". (ROUSSEAU, 1955, p. 339-340). Essa crença na forma e no procedimento como mantenedores da segurança jurídica e, por isso, de maior isonomia nas relações sociais, é uma ideia que ainda ronda a tradição jurídica brasileira. No entanto, ela mistifica os principais objetivos do Estado como instituição que nasce da necessidade de manter condições imprescindíveis à reprodução do Capital.

O historiador Eric Hobsbawn, em *A Era das Revoluções* (1992, p. 106-107), descreve o burguês liberal clássico de 1789[5] (e o liberal de 1789-1848) como um "devoto do constitucionalismo, entusiasmado com a ideia de um Estado secular com liberdades civis e garantias para a empresa privada – um governo de contribuintes e proprietários".

Já no século XX, pensadores jus-liberais como Joseph Raz e John Rawls resgataram e reformularam os contratos sociais através da noção de *Rule of Law* (Estado de Direito), ampliando a complexidade dos mecanismos jurídicos e a segurança sobre o rol de liberdades – buscando ainda mais adeptos, o que era necessário em tempos de guerra fria.

A reformulação desse modelo de Estado no período tinha como um de seus objetivos a criação de um sistema eficiente de gestão institucional, que fosse capaz de desenvolver econômica e socialmente os países sem que sentissem necessidade de sair da esfera capitalista. A situação de miséria e a profunda desigualdade em boa parte da

---

[4]   Hobbes, Locke e Rousseau.

[5]   Não por acaso a proteção à propriedade, liberdades individuais e o absenteísmo do Estado na economia são marcas de cartas jurídicas como Petition of Rights, de 1628, Instrument of Government, de 1654, e Bill of Rights de 1689 (Reino Unido); as Fundamental Orders of Connecticut, de 1639, Declaration of Rights do Estado de Virgínia, de 1776, Constituição da Confederação dos Estados Americanos, de 1781, e Constituição da Federação de 1787 (Estados Unidos); E, obviamente, a Declaração dos Direitos do Homem e do Cidadão, de 1789, seguida pela Constituição de 3.9.1791 (França).

periferia do sistema capitalista atraíam muitas nações para o sistema alternativo – o socialismo soviético.

Até alguns dos liberais mais convictos passaram a aceitar a sugestão de incorporar garantias substanciais ao rol de direitos tutelados pelo Estado democrático. Em "Justiça como equidade" (1992), por exemplo, John Rawls propõe um perfil de instituição que fomente e aplique o valor da justiça com o intuito de minimizar as discrepâncias sociais,[6] o que seria obtido a partir de abstrações de situações políticas neutralizadoras das disputas egoísticas entre os cidadãos.[7]

Oscar Vilhena Vieira (2011, p. 223), inclusive, observa que apesar de muitas incongruências na aplicação prática do que é tutelado, a Constituição federal de 1988 faz transparecer muitas influências da noção de Estado de Direito de Ralws e Joseph Raz, bem como também se modificou conforme o próprio Estado se modificava ao longo do século XX, agregando valores de muitas das lutas sociais travadas no período.

Isso, em conjunto com a dissolução da União Soviética, levou muitos teóricos ocidentais a crer que a democracia representativa liberal realmente poderia se sustentar, agregando desenvolvimento socioeconômico (capitalista), participação política e a versatilidade de incorporar novos mecanismos de solução de conflitos sem necessariamente comprometer sua estrutura política central (e, por consequência, sem romper com o contrato). Maior símbolo do otimismo da época é a obra de Francis Fukuyama (1992) e sua teoria que apregoava o fim da história, lançada no furor da queda do muro de Berlim. Para o autor, a democracia liberal constitui o "ponto final da evolução histórica da humanidade", a forma final de governo humano, o ponto de chegada do progresso histórico.

O livro pretendia demonstrar que a tese faria sentido por duas ordens de razões: a primeira deriva do progresso contínuo das ciências naturais, que conduziria a uma uniforme industrialização, característica do capitalismo tecnologicamente avançado, como último estágio da evolução económica. Em segundo lugar, e decisivamente, a luta pelo

---

[6] Para isso elaborou o conceito partindo de uma situação hipotética (posição original) utilizando-se de um "véu da ignorância" que igualava os proponentes buscando soluções democráticas e inclusivas na eventual elaboração do pacto social.

[7] A democracia constitucional razoavelmente justa, portanto, seria aquela regulada por leis endossadas pela maioria de seus representantes e passíveis de serem apoiadas por legisladores racionais que obedeçam aos princípios de justiça pactuados: "trata-se do lugar onde mediante a apresentação de concepções do bem público e de políticas concebidas para promover os objetivos sociais, os partidos rivais buscam a aprovação dos cidadãos de acordo com normas procedimentais justas, num contexto de liberdade de pensamento e de reunião no qual está assegurado o valor equitativo da liberdade política"

reconhecimento, que conduziria a sucessivas formas de conquistas políticas de direitos e reconhecimento mútuo de igualdade entre *servo* e *senhor*. Inclusive previa a abolição das guerras, vez que as estruturas democráticas universalizadas poderiam usar artifícios diplomáticos para resolver suas diferenças:

> *As mankind approaches the end of the millennium, the twin crises of authoritarianism and socialist central planning have left only one competitor standing in the ring as an ideology of potentially universal validity: liberal democracy, the doctrine of individual freedom and popular sovereignty. Two hundred years after they first animated the French and American revolutions, the principles of liberty and equality have proven not just durable but resurgent.* (FUKUYAMA, 1992, p. 42-43)

Entretanto, contrariando as expectativas liberais, a entrada no século XXI é marcada por diversas instabilidades e crises econômicas persistentes, com guerras pulverizadas e a perda de direitos tidos como garantidos ao longo do tempo – como direitos trabalhistas, direito à moradia, bem como o poder decisório sobre o território urbano. Ainda torna-se visível a dominância do poder econômico privado sobre as decisões Estatais, rompendo com muitos dos princípios previstos no próprio contratualismo. Hobsbawm (2007) observa que a fluidez financeira e livre atuação das corporações multinacionais produz poder suficiente para que elas, e não os governos, determinem o curso da política e da economia, alertando para a queda dos níveis de participação dos cidadãos.

Ainda, completa que a atual fase do desenvolvimento capitalista (internacionalizado, globalizado) estrutura-se de forma a produzir uma implosão da ordem pública vez que é incompatível com conceito de Estado-nação sobre o qual foi construída a civilização ocidental, colocando em cheque a própria estrutura da democracia liberal representativa. Atividades que antes eram de campo exclusivo do Estado, como o planejamento urbano, tendem a ser privatizadas e franqueadas, tirando da população a capacidade de decidir sobre o espaço em que vivem.

Manuel Castells (2003) alerta que a crise financeira do *subprime* de 2008 tornou evidentes os riscos da atual política neoliberal. Não só por escancarar a ficção sobre o poder autorregulador do mercado mas por trazer à tona um Estado completamente subserviente ao interesse econômico, como o dos banqueiros envolvidos no escândalo. O economista Thomas Piketty (2015, p. 33) embasa essa problemática com dados sobre a produção e distribuição de riquezas desde o século XVIII até XXI na Europa e América do Norte. Neles, observa-se que há uma tendência contínua da taxa de remuneração do Capital ultrapassar a taxa de crescimento da produção e da renda, o que favorece a concentração e a desigualdade em níveis cada vez mais drásticos. Segundo o autor, processo semelhante aconteceu no século XIX, durante a *Belle Époque*, e parece voltar a ocorrer no século XXI, após superada a recuperação do período entre guerras, no pós-1945.

Uma dos pontos críticos é a observação, na prática, de teorias como a da acumulação infinita de Marx (PIKETTY *apud* MARX, 2015, p. 33), com a constatação de que o padrão de acumulação capitalista produz desigualdades insubstituíveis, arbitrárias, e que ameaçam de maneira radical os valores de meritocracia sobre os quais se fundam nossas sociedades democráticas.

Sendo assim, por mais que inicialmente a democracia representativa liberal tenha permitido a construção de um Estado garantidor de importantes direitos e garantias individuais, a atual estrutura do capitalismo globalizado, financeirizado e concentrado parece colocar em cheque a própria estrutura em que se sustenta, subvertendo muitos de seus objetivos originais. Dessa forma, o cidadão perde-se entre a condição de consumidor e sujeito de direitos, tornando nebuloso o seu papel no cenário político em que se insere. Consequentemente, a atuação do Estado encontra seus limites. Ao mesmo tempo em que tem que dar conta da constante demanda por criar condições profícuas à reprodução do Capital, precisa prestar contas à população em razão de sua constante ofensiva sobre os direitos e garantias constitucionais a fim de criar essas condições para a expansão do Capital financeiro. A crise de identidade, portanto, consiste nessa contradição: de um lado a necessidade de potencializar a acumulação de Capital, de outro fazer valer o contrato que, dentre outras funções, busca determinada paz social garantindo direitos básicos, mas sem conceder o poder popular.

2.2 Urbanismo em tempos de financeirização do espaço

Conforme mencionado, a mudança no padrão de acumulação de Capital associada à intensa financeirização que reorganizou em parte a geração de riqueza em ordem mundial exigiu uma nova racionalidade à instituição de políticas públicas. A crise fiscal dos Estados, sobrecarregada por essa reestruturação da apropriação do excedente, implicou uma inflexão do reconhecimento de direitos e na promoção de políticas que reconheçam a oferta de bens e serviços públicos – com grande destaque para o contexto administrativo das cidades.

A política urbana, como política pública voltada à efetivação do direito à cidade, não escapou desse movimento. O direito à moradia, por exemplo, inicialmente compreendido como política de bem-estar, migrou, paulatinamente, do discurso universalista dos direitos fundamentais para a lógica seletiva dos mercados, articulando-se de maneira inovadora com a arquitetura financeira de novos padrões de acumulação do capital. (ROYER, 2013, p. 13)

David Harvey descreve esses novos processos de acumulação diferenciado pelo que chama de acumulação via espoliação e acumulação via reprodução ampliada do Capital. Foi no artigo denominado *The Spatial Fix: Hegel, von Thunen and Marx* (1981) que o autor se utiliza, pela primeira vez, do termo "fixação espacial" *(spatial fix)*. Posteriormente o conceito seria explorado como ideia fundamental do livro *The limits to Capital* (1982) e do artigo *The Geopolitics of Capitalism* (1996). As principais noções que permeiam esses trabalhos são as de que:

a) o sistema capitalista não consegue sobreviver sem se expandir geograficamente (e, consequentemente, sempre buscar *fixações espaciais* para esse problema);

b) inovações em tecnologias de transporte e comunicação são elementos essenciais para viabilizar essa expansão sobre os territórios. Daí a ênfase dos investimentos em novos aparatos que facilitam a aceleração e a diminuição progressiva das barreiras espaciais à circulação de mercadorias, matérias-primas, pessoas, informações e ideias (p. 25-26).

Em *Rebel cities* (2012) o autor resgata os desdobramentos recentes da crise imobiliária americana e propõe que o processo de urbanização pode ter, historicamente, o papel de solucionar as crises temporárias do excesso de acumulação (a que o capitalismo sempre se mostrou propenso). Nas palavras de Daniel de Mello Sanfelici, o mecanismo que possibilita essa solução é a convergência entre as instituições e regulações do Estado, de um lado, e o sistema de crédito, do outro, no sentido de estabelecer o contexto propício ao financiamento de investimentos no ambiente construído urbano. Esses investimentos absorvem capitais ociosos e mão de obra desocupada em projetos de longa duração, permitindo dar continuidade ao processo de acumulação.

Na mesma lógica, o geógrafo Erik Swyngedouw (2002) formula o conceito de fusão Estado-economia na promoção de mega eventos urbanos (*large-scale urban development projects*) cuja implementação tem alterado as formas de governança e as relações políticas, sociais e econômicas na cidade. A disputa por investimentos externos faz com que as cidades se digladiem entre si para ganhar o interesse dos investidores e se tornam, portanto, marcas vendáveis no mercado. Para ganhar *competitividade e eficiência*, assim como numa empresa, os gestores municipais alteram o espaço urbano muitas vezes sem levar em consideração garantias e direitos, como participação democrática e o direito à moradia. Isso aumenta a segregação espacial e a precarização da qualidade de vida da população mais pobre, como se observou nas remoções forçadas em morros e demais ocupações de favela durante as obras da Copa do Mundo de 2014 e das Olimpíadas de 2016.

A urbanista Raquel Rolnik (2015) descreve detalhadamente essa lógica envolvendo o programa *Minha Casa Minha Vida* bem como os projetos Olímpicos como do Porto Maravilha no Rio de Janeiro. A autora esclarece que, em geral, esses empreendimentos urbanos são implementados por meio de instrumentos administrativos como concessões urbanísticas e ou PPPs, em que pedaços inteiros de cidade – com frequência áreas públicas – em que "são transferidas às empresas para serem ocupados e, posteriormente, geridos pelo complexo imobiliário-financeiro durante o período necessário para a extração de renda daquele lugar" (*idem*, p. 355).

No caso do Rio Olímpico, ainda, chama a atenção o fato de que além das discutíveis diretrizes urbanísticas, a operação se viabiliza através de um concerto específico de atores, liderado pelo Estado (nos três níveis federativos) e totalmente financiado por um fundo público (o FGTS):

> Iniciada a operação e lançado o primeiro leilão dos Cepacs, estes foram vendidos em lote único a um único comprador: um banco público, a Caixa Econômica Federal. Utilizando recursos do FGTS, a Caixa estrutura um fundo imobiliário para participar da operação. A CDURP (Companhia de Desenvolvimento Urbano da Região do Porto do Rio de Janeiro) utiliza então os direitos de compra sobre os terrenos públicos (agora de sua propriedade), no mesmo valor pelo qual os adquiriu, para repassá-los ao fundo do FGTS, à medida que incorporadores manifestam interesse por lançar empreendimentos na área. Finalmente, o fundo imobiliário do FGTS, até o presente momento, tem procurado participar como sócio dos empreendimentos, ao invés de vender aos empreendedores seus Cepacs e direitos de compra (*idem*, p. 360)

Isto é, o Estado acaba tomando para si o risco dos investimentos e as empresas privatizam todo o lucro auferido posteriormente. No período da *abertura econômica* dos anos 90 diversas leis de caráter contratualista foram introduzidas no ordenamento com o intuito de conciliar o interesse público com o poder econômico do setor privado, numa relação que se defendia horizontal e sempre benéfica mutuamente.

Entretanto, o caso do porto olímpico se torna emblemático de como o marco regulatório das relações entre as empresas contratadas para a realização de obras do Estado vem sendo reformado, com a transferência progressiva para as primeiras do poder de planejar, definir projetos, executá-los e fazer a gestão de espaços e serviços. Dessa forma, "vão se constituindo espaços cada vez mais regidos por relações contratuais privadas e recortados dos constrangimentos político-burocráticos do Estado" (*idem*, 354). As empreiteiras definem os projetos, constroem e fazem a gestão pelo menor preço. O Estado (e o cidadão) só arcam com as despesas.

3   Conclusão

A conclusão a que se chega por meio da análise crítica dos processos sócio-históricos que permeiam a relação Estado e Democracia, no que se refere à gestão da cidade, é que não é possível conceber ambos os polos consubstanciados de maneira que o Estado reforce essa gestão de forma democrática. Piketty demonstra que a tendência de redução da desigualdade não foi fruto de uma mudança estrutural do capitalismo, mas meramente um período de recuperação do Capital parcialmente destruído no período do entre guerras (1ª Guerra Mundial, Crise de 1929, 2ª Guerra Mundial) e de políticas públicas de atenuação dos efeitos causados. Isto é, a lógica do Capital não se alterou, e a tendência de concentração de renda voltou a se notar posteriormente.

Harvey também desenvolve um estudo que analisa como ocorre a apropriação capitalista do espaço urbano para a reprodução do Capital e comprova o que chama de acumulação via espoliação, ou reprodução ampliada. Sua constatação parte do fato de que sistema não consegue sobreviver sem necessariamente se expandir espacialmente. Para conseguir essa expansão, o poder público desenvolve políticas para espoliar os direitos de propriedade comum sob a construção ideológica da eficiência do setor privado.

A partir disso, então, é possível compreender o papel do Estado na promoção de estabilidade ao sistema, tomando para si os riscos dos investimentos privados. Sua crise de identidade nada mais é do que a expressão das contradições do capitalismo, que imprescindem de níveis cada vez maiores de acumulação de riquezas num mundo de recursos naturais escassos e espaço finito. Assim, a financeirização avança sobre o espaço urbano e o que antes era um direito, o direito à moradia e à cidade, passa a ser mercadorias condicionadas à possibilidade de concentração de riquezas em detrimento do bem-estar da população.

Referências

AGAMBEN, Giorgio. Metropolis. Sopro, n. 26, abr. 2010. Disponível em: www. culturaebarbárie.ong-sopro-verbetes-metropolis.html. Acesso em: 17 fev. 2017.

CASTELLS, Manuel; SERRA, Narcís (eds.) *Guerra y Paz en el Siglo XXI. Una Perspectiva Europea.* Tusquets: Barcelona, 2003.

FUKUYAMA, Francis. *The end of history and the las man.* McMillan: New York, 1992. p. 4243.

HARVEY, David. *The Spatial Fix*: Hegel, Von Thunen and Marx. Antipode, 1981.

HARVEY, David. *Rebel cities*: from the right to the city to the urban revolution. Londres/ Nova York, Verso, 2012.

HOBSBAWM, Eric. A Era das Revoluções. 8. ed., Rio de Janeiro, Paz e Terra, 1991.

HOBSBAWM, Eric. EGUIBAR, Beatriz. *Guerra y paz en el siglo XXI.* Barcelona: Crítica, 2007.

MARICATO, Emínia. Brasil, *Cidades* – alternativas para a crise urbana. Petrópolis, RJ: Vozes, 2001.

OLIVEIRA, Fabiana Luci (org.) O sistema de justiça brasileiro sob olhares empíricos. *Justiça em foco*: Estudos Empíricos. Rio de Janeiro: FGV, 2012.

PIKETTY, Thomas. Capital no Século XXI. Rio de Janeiro: Intrínseca, 2015.

RAWLS, John. *Justiça como eqüidade: uma concepção política, não metafísica.* Lua Nova: Revista de Cultura e Política, n. 25, p. 25-59, 1992

ROLNIK, Raquel. São Paulo: (FAPESP) *A cidade e a lei.* Legislação, política urbana e territórios na cidade de São Paulo. Nobel, 1997.

ROLNIK, Raquel. *Guerra dos Lugares*. São Paulo: Boitempo, 2016.

ROYER, Luciana de Oliveira. *Financeirização da Política Habitacional* – limites e perspectivas. Annablume: São Paulo, 2013.

ROUSSEAU, J. J. 1955. *The social contract.* London: William Benton, 1955, p. 339-340.

SANTORO, Paula Freire. *Planejar a expansão urbana: dilemas e perspectivas.* Diss. Universidade de São Paulo, 2013.

SWYNGEDOUW, Erik; MOULAERT, Frank; RODRIGUES, Arantxa. *Neoliberal urbanization in Europe: Large-Scale urban development projects and the new urban policy. In*: Spaces of neoliberalism: urban restructuring in north america and western europe. eds. Oxford: Blackwell, 2002.

VIEIRA, Oscar Vilhena. A desigualdade e a subversão do Estado de Direito. *In: Estado de Direito e o Desafio do Desenvolvimento*. São Paulo: Saraiva, 2011.

WOOD, Ellen Meiksins. *Democracia contra capitalismo*: a renovação do materialismo histórico. São Paulo: Boitempo: 2011.

WOOD, Ellen Meiksins. Capitalismo e Democracia. *In: A teoria marxista hoje*: Problemas e perspectivas. Buenos Aires: Clacso, 2007.

Informação bibliográfica deste texto, conforme a NBR 6023:2018 da Associação Brasileira de Normas Técnicas (ABNT):

CASTRO, André Simionato; VALENTE, Claudia Elias. Democracia, urbanismo e a crise de identidade do Estado. *In*: PIRES, Lilian Regina Gabriel Moreira; TEWARI, Geeta (Coord.). *5ª Conferência Anual de Direito Urbanístico Internacional & Comparado*: artigos selecionados. Belo Horizonte: Fórum, 2020. p. 217-229. ISBN 978-85-450-0706-7.

SOBRE OS AUTORES

Adriano Palharini de Araújo
Estudante de Biologia na Universidade Presbiteriana Mackenzie. Ele pretende se tornar professor de biologia e pesquisar na área de educação ambiental.

André Simionato Castro
Mestre em Direito pela Faculdade de Direito de Ribeirão Preto (USP).

Antônio Cecílio Moreira Pires
Doutor e Mestre em Direito do Estado pela Pontifícia Universidade Católica de São Paulo (PUC/SP). Chefe do Núcleo Temático de Direito Público e Coordenador Adjunto da Faculdade de Direito da Universidade Presbiteriana Mackenzie. Atualmente é Professor de Direito Administrativo da Universidade Presbiteriana Mackenzie e Professor convidado da Escola Superior de Direito Constitucional (ESDC), da Universidade Federal de Mato Grosso, e do Curso de Pós-Graduação *Lato Sensu* do COGEAE da PUC/SP. Integrante do MackCidade: direito urbanístico e centro ambiental. Advogado e consultor jurídico em São Paulo.

Beatriz Sakuma Narita
Advogada e mestranda no Programa de Pós-Graduação em Direito Político e Econômico da Universidade Presbiteriana Mackenzie.

Claudia Elias Valente
Bacharel em Direito pela Faculdade de Direito de Ribeirão Preto – USP.

Debora Sotto
Bacharel em Direito pela Universidade de São Paulo (1998). Mestre em Direito do Estado – Direito Tributário pela PUC-SP (2005). Mestre Profissional em Direito Internacional do Meio Ambiente pela Universidade de Limoges (2011). Doutora em Direito Urbanístico pela Pontifícia Universidade Católica de São Paulo (2015). Procuradora do Município de São Paulo (desde 2003). Pesquisadora de Pós Doc da USP, no Instituto de Estudos Avançados – Programa Cidades Globais (desde 2019).

Estéfani Nunes Perez Soares
Formada em Ciências Biológicas pela Universidade Presbiteriana Mackenzie, com trabalho final em *Sustentabilidade em Eventos no Brasil*. Experiências acadêmicas: apresentou pesquisa de iniciação científica de aracnídeos, é líder

da Empresa de Biologia Júnior denominada "Quali Jr", participou do comitê organizador da Semana Acadêmica de Biologia e foi monitora das disciplinas de Botânica e Ecologia Animal.

Gabriel Antonio Silveira Mantelli
Mestre em Direito e Desenvolvimento pela Escola de Direito de São Paulo da Fundação Getúlio Vargas (FGV Direito SP), contemplado com bolsa da CAPES/PROSUP. Graduado em direito pela Faculdade de Direito da Universidade de São Paulo (FDUSP). Foi pesquisador visitante na Kent Law School (University of Kent, Inglaterra). Atualmente, é pesquisador no Núcleo de Direito Global e Desenvolvimento da FGV Direito SP.

Giulia da Matta Nigro
Especialista em gastronomia e tem MBA em administração de restaurantes, ambos da Universidade Anhembi Morumbi. É estudante de Biologia na Universidade Presbiteriana Mackenzie.

He Nem Kim Seo
Mestranda em Planejamento Urbano e Regional pela Universidade de São Paulo (USP), Bacharel em Direito pela Universidade Presbiteriana Mackenzie (UPM) e Arquitetura e Urbanismo pela Universidade de São Paulo (USP). Atualmente é Diretor da Divisão Técnica do Sistema de Informações de Zoneamento do Departamento Municipal de Desenvolvimento Urbano (SMDU) da Cidade de São Paulo, trabalhou no Plano Diretor do Novo São Paulo e na Lei de Zoneamento. Integrante do MackCidade:direito e espaço urbano.

Igor Baden Powell Mendes Rosa
Mestrando em Planejamento Urbano pela Universidade de Columbia em Nova York (GSSAP). Bacharel em Direito (Concentração em Direito e Desenvolvimento: Infraestrutura, Sustentabilidade e Políticas Públicas) pela Universidade Presbiteriana Mackenzie. Membro fundador do MackCidade: Núcleo de Direito e Espaço Urbano. Pesquisador nas áreas de Direito e Infraestrutura e Direito Urbanístico; Advogado atuante na área de Direito Aeronáutico.

Isabela Coleto
Formada em Contabilidade pela Universidade de São Paulo e em Direito pela Universidade Presbiteriana Mackenzie. Ela tem uma forte paixão pelo conceito de desenvolvimento sustentável e pela interdisciplinaridade que o cerca, e espera trazer ideias valiosas para a construção e evolução de tal conceito.

Julia de Moraes Almeida
Mestranda em criminologia na Faculdade de Direito da Universidade de São Paulo (FDUSP). Graduada em Direito pela Universidade de São Paulo (USP), com período de intercâmbio na Université Paris 1 - Panthéon-Sorbonne. Frequenta a Faculdade de Arquitetura e Urbanismo da Universidade de São Paulo (FAUUSP)

como aluna da Pós-Graduação. É aluna do programa *Partenariat International Triangulaire d'Enseignement Supérieur* (PITES), parceria FDUSP - Université de Lyon, restando como aluna de graduação da instituição francesa. Exerce cargo de Técnica na Câmara de Compensação Ambiental na Secretaria do Verde e do Meio Ambiente da Prefeitura do Município de São Paulo.

Lilian Regina Gabriel Moreira Pires
Doutora e Mestre em Direito Público e Direito Urbanístico pela Pontifícia Universidade Católica de São Paulo (PUC-SP). Professora de Direito Administrativo, Urbanístico e Econômico da Universidade Presbiteriana Mackenzie (UPM). Assessora Jurídica do Governo do Estado de São Paulo e integrante da Comissão de Concessões da Secretaria de Transportes Metropolitanos do Estado de São Paulo. Trabalhou como Procurador-Geral da Fundação Nacional de Assistência ao Estudante (FNDE) e Assessora Jurídica do Ministério dos Transportes. Coordenadora do MackCidade: direito e espaço urbano.

Mariana Mencio
Doutora em Direito Urbanístico pela PUC-SP. Professora na Universidade Federal do ABC.

Pedro C. B. de Paula
Professor de direito econômico na Universidade São Judas Tadeu [licenciado] e do programa de pós-graduação *lato sensu* da Escola de Direito da Fundação Getúlio Vargas, São Paulo. Doutorando e Mestre em Ciências pela Faculdade de Direito da Universidade de São Paulo.

Rafael A. F. Zanatta
Doutorando no Instituto de Energia e Meio Ambiente da Universidade de São Paulo. Mestre em Ciências pela Faculdade de Direito da Universidade de São Paulo. LLM na Universidade de Turim.

Raisa Reis Leão
Mestranda em Direito Urbanístico pela Pontifícia Universidade Católica de São Paulo (PUC/SP). Bacharel em Direito pela Universidade Presbiteriana Mackenzie (UPM). Especialista em Direito Administrativo pela Pontifícia Universidade Católica de São Paulo (PUC/SP). Integrante do MackCidade: direito urbanístico e centro ambiental. Participa do Comitê de Parcerias Público-Privadas da Secretaria de Transportes Metropolitanos do Estado de São Paulo. Advoga em São Paulo na área de infraestrutura, contratos e projetos governamentais. Experiência em licitações, processos administrativos, concessões, improbidade administrativa e lei anticorrupção.

Ricardo Pedro Guazzelli Rosario
Graduado em Ciências Biológicas e em Direito pela Universidade Presbiteriana Mackenzie. Especialização em Direito Ambiental e Gestão da Sustentabilidade

pela Pontifícia Universidade Católica de São Paulo. Mestre em Direito pela Universidade Presbiteriana Mackenzie. Mestre e Doutor em Meio Ambiente e Biodiversidade do Instituto de Botânica de São Paulo da Secretaria de Meio Ambiente do Estado de São Paulo. Professor de Direito Ambiental na Universidade Presbiteriana Mackenzie. Advogado.

Rodrigo Oliveira Salgado
Doutor e Mestre em Direito Econômico pela Universidade São Paulo. Professor de Direito na Universidade Presbiteriana Mackenzie.

Victor Kenzo Hirokado
Estudante de direito na Universidade Presbiteriana Mackenzie e estudante de geografia na Universidade de São Paulo.

Victor Vieira Abecia Vicuña
Graduando em Direito pela Universidade Presbiteriana Mackenzie.

Vinícius Monte Custodio
Mestre em Ciências Jurídico-Políticas com menção em Direito do Ordenamento, do Urbanismo e do Ambiente pela Universidade de Coimbra. Advogado. Vice-Presidente da Comissão de Direito Urbanístico da OAB/RJ – Subseção Barra da Tijuca.

Yuji Caiani Taniguchi
Especialista em Direito Ambiental pela Pontifícia Universidade Católica de São Paulo. Bacharel em Direito pela Universidade Presbiteriana Mackenzie. Orientação em Direito dos EUA - Pré LLM Program, University of California. Bacharel em Geografia pela Universidade de São Paulo.

Esta obra foi composta em fonte Palatino Linotype, corpo 10
e impressa em papel Offset 75g (miolo) e Supremo 250g (capa)
pela Gráfica Laser Plus.